el nuevo curso 2

Das Spanisch-Lehrwerk

von
Lourdes Gómez de Olea
Elisabeth Graf-Riemann
Marlies Heydel
Palmira López Pernía

Langenscheidt

Berlin · München · Wien · Zürich · New York

el nuevo curso 2

Das Spanisch-Lehrwerk

von
Lourdes Gómez de Olea, Nürnberg
Elisabeth Graf-Riemann, Pfaffenhofen
Marlies Heydel, Hamburg
Palmira López Pernía, Nürnberg

Beratende Mitarbeit:
Dr. Olga Balboa Sanchez, München; Ute Guenifi, Frankfurt; Bettina von Hauenschild, München

*Wir danken allen Kolleginnen und Kollegen, die **El Nuevo Curso 2** erprobt oder begutachtet und mit Kritik und wertvollen Anregungen zur Entwicklung des Lehrwerks beigetragen haben.*

Weitere Materialien zu diesem Band	
Audiokassette zum Lektionsteil	3-468-48217-5
Audiokassette zum Übungsteil	3-468-48218-3
CD zum Lektionsteil	3-468-48219-1
Lehrerhandreichung	3-468-48216-7

Redaktion: Cornelia Rademacher, Elisabeth Graf-Riemann
Visuelles Konzept, Layout: Ute Weber, GrafikDesign, Geretsried
Umschlaggestaltung: Theo Scherling und Andrea Pfeifer, München, unter Verwendung eines Fotos von bildarchiv steffens / Pedro García
Zeichnungen: Bruno Conquet, Paris

Bei Fragen zum Lehrwerk wenden Sie sich an: el-nuevo-curso@langenscheidt.de

Umwelthinweis: gedruckt auf chlorfrei gebleichtem Papier

Druck: J. P. Himmer, Augsburg
Printed in Germany ISBN 3-468-48215-9

3. 4. 5. 6. 7. 8. * 10 09 08 07 06 05

Liebe Lernerin, lieber Lerner,

mit dem zweiten Band von *El Nuevo Curso* möchten Sie nach dem Abschluss von Band 1 Ihre Spanischkenntnisse ausbauen oder auch früher erworbene Kenntnisse auffrischen und vertiefen. *El Nuevo Curso 2* bietet in beiden Fällen einen sicheren Weg, um auf motivierende und vielseitige Weise in der spanischsprachigen Welt und ihrer Sprache voranzukommen.

Nach Abschluss von Band 2 können Sie sich in Situationen des täglichen Lebens in sprachlich einfacher, aber angemessener Form verständigen und aus schriftlichen oder gehörten Texten die entscheidenden Informationen entnehmen. Damit haben Sie das Niveau A 2 des Europäischen Sprachenzertifikats erreicht.

El Nuevo Curso 2 setzt die erfolgreiche Konzeption von *El Nuevo Curso 1* fort

➤ *El Nuevo Curso 2* ist linear aufgebaut und hat eine ausgewogene Progression. Alle Lernschritte sind nachvollziehbar miteinander verbunden.

➤ *El Nuevo Curso 2* vermittelt Ihnen die passenden Strategien, um erfolgreich und selbstständig zu lernen. Ein Angebot zur Selbstevaluierung gibt Ihnen die Möglichkeit, Ihre erreichten Kenntnisse besser einzuschätzen und für sich selbst Ziele zu definieren.

➤ *El Nuevo Curso 2* fördert lebendige Kommunikation im Unterricht. Sie lernen im Gespräch mit anderen und führen auch kleinere Projekte zusammen durch.

➤ *El Nuevo Curso 2* vermittelt viel interkulturelles Wissen und erweitert die in den Lektionen enthaltenen landeskundlichen Informationen durch Texte, Bilder und Lieder auf den *En vivo*-Seiten.

➤ *El Nuevo Curso 2* bietet genügend Phasen zur Sicherung und Erweiterung des Gelernten durch eine Übersicht über die wichtigsten Redemittel und Grammatikstrukturen auf der *Recuerde*-Seite und in den *Repasos* mit je zwei Seiten *El mundo del trabajo* und einem Spiel.

Zum Aufbau von *El Nuevo Curso 2*
➤ **Der Lektionsteil**
– Zwölf Lektionen mit Themen des Alltags fördern das Verstehen und die Kommunikationsfähigkeit. Die *En vivo*-Seite bietet eine Erweiterung des Themas zur wahlweisen Bearbeitung. Die *Recuerde*-Seite fasst den Lektionsinhalt zusammen.
– Nach jeweils vier Lektionen finden Sie in den *Repasos* eine Doppelseite Berufsspanisch sowie eine Doppelseite mit einem Spiel zur Wiederholung der *Unidad*.

➤ **Der Serviceteil**
– 3 Seiten Übungen pro Lektion, die durch ein Verweissystem mit dem Lektionsteil verknüpft sind, und eine Seite *¿Recuerda?*, die zusammenfassende Übungen und ein Selbstevaluierungsangebot enthält.
– Nach jeweils vier Lektionen 2 Seiten *Repasos* mit Übungen zu den wichtigsten Aspekten der jeweiligen *Unidad*.
– 2 Testseiten Leseverstehen zur Prüfung Ihres Kenntnisstandes und zur Vorbereitung auf die Prüfungsaufgaben des Europäischen Sprachenzertifikats.
– Ausführlicher Anhang mit Grammatikübersicht, Lösungen der Übungen, Transkription der Hörtexte, Wortschatz, Lernertipps.

Sehen Sie sich in Ruhe das Inhaltsverzeichnis und die Hinweise auf den nächsten Seiten an – und steigen Sie ein!

Viel Spaß und viel Erfolg wünschen Ihnen
Autorinnen und Verlag

Inhalt

Inhalt

Inhalt

Service-Teil

Erläuterung der Symbole

 Alle Aufgaben mit diesem Symbol werden als Hörtexte auf der Audiokassette bzw. der -CD angeboten

▶ **Ü 4** Verweis auf den Übungsteil: Nach der entsprechenden Aufgabe im Lektionsteil können die jeweiligen Übungen bewältigt werden

 Verweis auf die Homepage von *El Nuevo Curso,* die Internet-Links zum jeweiligen Thema anbietet

 Hier wird die Aussprache trainiert

 Hinweis auf einen Lerntipp oder eine Lernstrategie (Anhang)

Landeskundliche Informationen zu Spanien

Landeskundliche Informationen zu Lateinamerika

 G Behandlung einer wichtigen Grammatikstruktur

▶ **G 1.3.2** Verweis von den *Recuerde-*Seiten am Ende jeder Lektion auf die entsprechende Stelle in der Grammatikübersicht (im Anhang)

1

400 millones

a) ¿Qué sabe usted de la lengua española? ¿En cuántos países se habla? ¿En cuántos continentes? Comenten en la clase.

b) Observe primero las fotos. ¿De dónde cree usted que son estas personas hispanohablantes? Lea después el texto. ¿Qué datos le sorprenden? Subráyelos.

La fuerza del español

Unos 400 millones de personas hablan español.

Es la tercera lengua del mundo
(después del inglés y del chino mandarín).

Es el segundo idioma en Internet, después del inglés.

Se habla en cuatro continentes
(en Europa, América, África y Asia).

Es lengua oficial en 21 países.

Lo hablan 26 millones de hispanos en EE.UU.

Aproximadamente 40 millones de personas estudian español en el mundo.

España recibe cada año 150.000 estudiantes de español.

Fuente: El País Semanal, 28/01/01

2

a) Si usted compara la situación del español en el mundo con su lengua materna, ¿qué puede decir? ¿En cuántos países se habla? ¿Cuántas personas la hablan? Comente con sus compañeros.

b) El alemán en el mundo. Complete las frases de la derecha con las cifras que están a la izquierda. Compare con su compañero/-a y después en clase. ¿Han acertado?

10	Unos 100
8	2º

1. Unos 100 millones de personas hablan alemán en el mundo.
2. El alemán está entre las ....10...... lenguas más habladas del mundo.
3. En Europa, es el ....2º........ idioma más hablado, después del ruso.
4. Se habla en ....8........ países.

Fuente: Goethe Institut

▶ **Ü 1**

3

a) ¿Qué sabe usted sobre las diferencias entre el español de España y el de Hispanoamérica?

b) Lea este artículo del periódico y responda después a la pregunta del título.

¿Dónde se habla mejor español?

400 millones de personas hablan español en el mundo, pero no hablan igual en Bolivia que en Argentina, no hablan igual los hispanos de Estados Unidos que los habitantes de Guinea Ecuatorial, no se habla igual en Barcelona que en Sevilla. Pues, ¿dónde se habla mejor español?

La pregunta no tiene sentido: el español de Caracas es tan bueno como el de Salamanca, todo depende del nivel cultural de los hablantes. Por suerte, en nuestra lengua hay una norma culta general, que hace que todos los hablantes de Jalisco, Bogotá o Zaragoza se puedan entender perfectamente. Gracias a esa norma, la industria editorial puede actuar en todos los países hispanohablantes, porque no hay grandes diferencias de vocabulario, ni de gramática, ni de ortografía (a diferencia de lo que ocurre, por ejemplo, entre Portugal y Brasil). (...)

El español de España, con el uso del *vosotros* (en América predomina el *ustedes*) y el característico sonido [θ] (en América se pronuncia universalmente [sapato] o [cabesa]) está en minoría (menos de un 10 % del total de hablantes). Sí, el español es originario de España, pero – en muchos sentidos – ya es una lengua americana.

Texto adaptado de El País Semanal, 28/01/01

▶ Ü 2

4

a) Celia, peruana, Malena, argentina, y Pilar, española, conversan alegremente. Lea primero estas frases, escuche después el diálogo y marque la que explica mejor por qué se ríen.

2

◆ Se ríen porque no se entienden.
◆ Se ríen de las diferencias que hay entre palabras que se usan en algunos países hispanoamericanos y en España.
◆ Se ríen porque una de ellas ha contado un chiste.

b) El *autobús* tiene diferentes nombres en los países hispanohablantes. Escuche otra vez y escriba el nombre del país o de los países debajo de cada palabra.

la guagua   el colectivo   el autobús   el ómnibus
Puerto Rico   *argentina*   *España*   *Perú*
Cuba   *Ecuador*
                    auto   *coche*   *carro*

c) ¿Hay diferencias regionales en su lengua materna? ¿Se entienden bien todas las personas que hablan alemán? Discutan en grupos.

▶ Ü 3

5

a) Michael quiere hacer un curso de español en una academia de lenguas. Escuche. ¿Para qué necesita Michael el español? *[handwritten: más systamático / Düsseldorf, Plaza Augustin / 9582 19456]*

3

b) Vuelva a escuchar y complete los espacios vacíos.

Hasta ahora, Michael ha aprendido español *[handwritten: en sus]* .... *[handwritten: vacaciones con sus amigos en España]* . Ha estado *[handwritten: muchas veces]* ..... en España y *[handwritten: una vez]* ..... en Bolivia. Habla español desde hace .... *[handwritten: 3]* ...... años. Además habla *[handwritten: bastante bien]* ...... inglés.

G

> **desde, desde hace**
>
> **¿Desde cuándo** estudias español?
> **Desde** 1999.
> **Desde hace** tres años.

> ¿Has estado **alguna vez** en...?
> No, (no he estado) **nunca**...
> He estado **muchas / varias veces** en...

▶ **Ü 4**

6

a) ¿Y sus experiencias con el mundo del español? En grupos de tres. Pregunte y complete la tabla con las respuestas de sus compañeros.

● ¿Habéis estado alguna vez en México?
▶ Yo no, (no he estado) nunca.

◆ Yo tampoco. ¿Y tú?
● Yo sí, varias veces...

	A	B
leer un libro en español		
hablar con un/una nicaragüense		
estar en un país sudamericano		
estar en el Museo del Prado en Madrid		
hacer un viaje con mochila por un país hispanohablante		
recibir una postal escrita en español		
comer jamón serrano		
vivir en un país hispanohablante		
escribir una carta de amor en español		

b) En parejas. Preparen las preguntas de una entrevista para averiguar más sobre las experiencias del compañero o de la compañera con el mundo hispanohablante.

– ¿Desde cuándo estudias español?
– ¿Has estado alguna vez en España?
– ¿Conoces a Shakira, la cantante colombiana?
– ¿Conoces Barcelona?
– ...

G

> **a + objeto directo (personas)**
>
> | | |
> |---|---|
> | | **a** María. |
> | Conozco | **a la** señora Rodríguez. |
> | | **al** señor Gutiérrez. |

▶ **Ü 5-8**   **c)** Cambien de pareja y hagan la entrevista.

a) Usted estudia español desde hace unos semestres y sabe que aprender una lengua es un proceso bastante complejo. Observe el dibujo. ¿Qué cree usted que representa el sol? ¿Y la flor? ¿Y el agua? Escriba los números correspondientes en los espacios vacíos.

1. ¿Cómo aprendemos?   2. La motivación   3. ¿Qué hacemos en clase?

[Ilustración: un sol, una flor grande de girasol y una regadera. En el sol: línea en blanco. En los pétalos de la flor: escuchar, escribir, conocer las culturas, leer, descubrir la gramática, fonética, comunicarnos en español, jugar, aprender vocabulario. Gotas de agua de la regadera: aprender de mis errores, aprender a aprender, aprender de otros, aceptar mis errores, aprender con otros, aprender descubriendo, organizar mi aprendizaje.]

b) **¿Qué significa para usted aprender una lengua? Responda a las siguientes preguntas.**

1. ¿Cuál es su «motor» más importante para el aprendizaje? ¿Para qué necesita usted el español?

2. Aprender una lengua es más que aprender gramática y vocabulario. ¿Qué otros aspectos le parecen importantes?

3. ¿Cree usted que es importante aprender en grupo? ¿Por qué?

4. ¿Piensa usted que es importante utilizar la lengua en clase para poder aprenderla? ¿Por qué?

c) **Intercambien sus opiniones en clase.**

> Yo opino que...
> (Pues) Yo creo que...
> A mí me parece que...

8

a) ¿Qué puedo hacer yo para mejorar mi español? Lea estas sugerencias y ponga un número de uno a siete según el orden de importancia que tienen para usted. Puede añadir otras.

☐ *participar activamente en clase*
☐ *trabajar regularmente en casa*
☐ *estudiar el vocabulario diariamente*
☐ *venir puntualmente a clase*
☐ *.............................*

☐ *hablar español en clase*
☐ *aceptar mis errores*
☐ *pasarlo bien*
☐ *.............................*
☐ *.............................*

b) En grupos de cuatro. Discutan qué piensan hacer ustedes para mejorar su español.

● Para mejorar mi español pienso trabajar regularmente en casa. ¿Y tú?
◗ Pues, yo tengo que participar activamente en clase. …
◆ Pues, yo voy a…

G *verbos con infinitivo*

pienso	
tengo que	+ infinitivo
quiero	

G *los adverbios*

activo – activ**amente**
regular – regular**mente**

▶ **Ü 9-10**

9

a) Ahora va a escuchar un reportaje. ¿Es de la radio o de la televisión?

4

b) Lea primero las preguntas, escuche y marque después.

1. El periodista está en un festival de…
✗ música latina ◆ música clásica ◆ música pop

2. El festival se llama…
✗ Son Latinos ◆ Rumba Latina ◆ Salsa Latina

3. El festival es en… *otra*
◆ Cuba ◆ Colombia ✗ Tenerife

4. En el festival hay unas… personas.
✗ 200.000 ◆ 12.000 ◆ 20.000

c) Compare sus respuestas con su compañero/-a.

El «son» cubano
Santiago de Cuba es la cuna del «son», un género musical muy rico y variado, resultado de la mezcla de la música tradicional española y de los ritmos de los esclavos africanos. A través de historias de la vida diaria, las letras y melodías del son expresan toda la alegría, la tristeza y la forma de entender la vida del pueblo cubano. El enorme interés que ha despertado el son en los últimos años ha abierto las puertas a la música y a la cultura cubana hacia el resto del mundo.

a) Lea ahora un artículo del periódico sobre ese festival. Subraye después el título más apropiado.

1. «Una lengua, un corazón»   2. «Festival del flamenco»   3. «Somos diferentes»

CULTURA Y ESPECTÁCULOS

12 de agosto de 2001

Mario Vargas Llosa

Sabor multicultural, mucha música y buen humor llenan hoy, día y noche, la Playa de los Cristianos, en la Isla de Tenerife. Músicos, escritores, fotógrafos, periodistas, actores y directores de cine hispanohablantes bailan entre el público y conversan en las terrazas, junto al Atlántico, que une y separa América y España. Es *Son Latinos*, el macrofestival iberoamericano que se celebra desde hace cuatro años durante el último fin de semana de agosto y que recibe cada año a unas doscientas mil personas, amantes de los ritmos calientes y de la cultura hispana.

El protagonista de este año es el escritor peruano Mario Vargas Llosa, que ha recibido el Premio *Son Latinos* por su concepto de «lo latino»: «*Son Latinos* es una magnífica idea.

Por das druck

Detrás del término «lo latino» hay muchas culturas antiguas y modernas, y pienso que esto es un gran privilegio para todos los que hablamos la lengua española», dice el escritor, que, por desgracia, no ha podido participar en el festival.

Y es que *Son Latinos* es algo más que un festival de la música latina: con seminarios, conferencias, ciclos de cine, conciertos y exposiciones, el festival quiere ser un acto de unión y solidaridad entre todos los hispanohablantes: venimos de culturas diferentes, pero nuestros corazones hablan la misma lengua... y aman la misma música.

Texto adaptado de El País, 12/08/01

b) En parejas. El texto responde a por lo menos cinco preguntas. ¿Pueden formularlas?

1. ¿**Cómo** se llama el festival?   *Son Latinos*
2. ¿**Qué** es Son Latinos? *macrofestival iberoamericano*
3. ¿**Dónde** *está el festival?*   *en Tenerife*
4. ¿**Desde cuándo** *años se celebra este festival? 4 años*
5. ¿**Cuántas** *personas hay en el festival? unas doscientas mil*

En vivo

a) Lea primero los tres artículos. Sitúe después en el mapa (de la contraportada) los lugares que se mencionan.

b) ¿Qué tienen en común los tres textos?

1 Las Hijas del Sol, Pasaporte Mundial
(Zomba Music Spain)

El tercer disco de Piruchi Apo y Paloma Loribo, tía y sobrina, ha impresionado a España. «Las Hijas del Sol», que viven actualmente en Madrid, han despertado el interés de los españoles por su país, Guinea Ecuatorial, el único país del África Negra donde el español es lengua oficial. En «Pasaporte Mundial» hay canciones en español y piezas escritas en bubi, la lengua autóctona de la Isla de Bioko, lugar de origen de las cantantes.

2 Saharauis

Les escribo para recordarle al autor del reportaje «400 millones» que los saharauis, además del hasania (vertiente del árabe) hablamos el español a causa de nuestra historia. Para el pueblo saharaui, el idioma español es un fuerte elemento de identidad. (...)

Liman Boicha, Saharaui (Sáhara Occidental)

3 Esperanza para el español

La declaración de independencia de la antigua colonia española, a finales del siglo XIX, está redactada en castellano. Un 25 % de las palabras del tagalo, nombres de calles y lugares, nombres propios y apellidos están directamente tomados del español. Pero sólo un 3 % de los filipinos (la minoría culta) hablan esta lengua. El inglés, exportado de los EE.UU. a principios del siglo XX, se ha impuesto como lengua nacional de Filipinas junto al tagalo. La nueva presidenta de Filipinas, Gloria Macapagal Arroyo, hablante de castellano, cree que España puede hacer mucho para evitar la desaparición del castellano en su país. *Texto adaptado de El País, 25/2/01*

¡También en África y Asia se habla español! Aquí encontrará más informaciones sobre los países lejanos donde hay mayorías o minorías que hablan castellano.

Recuerde

Angeben, seit wann man etwas macht
- ● ¿Desde cuándo estudias español?
- ◆ Desde 1998. ¿Y tú?
- ● Desde hace cuatro años.

Die Präpositionen *desde* und *desde hace* ▶ G 5
desde + Zeitpunkt

desde hace + Zeitraum

Darüber sprechen, ob man etwas bereits gemacht hat oder etwas / jemanden kennt
- ◆ ¿Conoces Andalucía?
- ● Sí, he estado una vez en Granada.

- ● ¿Ustedes han estado alguna vez en Perú?
- ◆ Sí, hemos estado varias veces.
- ● Ah, yo no he estado nunca allí.

- ◆ ¿Conocéis a Ana?
- ● Sí, claro, es la amiga de Cheche.
- ● ¿Conoces al doctor Gutiérrez?
- ▲ No, no lo conozco.

Häufigkeitsangaben + Perfekt ▶ G 6.2

una vez / alguna vez	*einmal*
dos veces	*zweimal*
varias veces	*mehrere Male, öfters*
nunca	*nie*

Die doppelte Verneinung bei *nunca* ▶ G 9.1
no + Verb + nunca
❗ Steht **nunca** nach dem Verb, so steht vor dem Verb zusätzlich eine Verneinung (**no**).

Die Präposition *a* beim direkten Objekt (Personen) ▶ G 5
Verb + **a**
al + Person
a la

Meinungen ausdrücken
- ● Yo opino que es importante aprender en grupo.
- ◆ Pues yo creo que también es necesario trabajar en casa.

Die Konjunktion *que* ▶ G 7
que   *dass*

Ein Vorhaben äußern
- ● Para mejorar mi español quiero participar activamente en clase.
- ◆ Pues, yo pienso estudiar diariamente el vocabulario.
- ▲ Y yo tengo que hablar más español en mi curso.

Die (regelmäßige) Bildung der Adverbien ▶ G 6.1
weibliche Form des Adjektivs + -**mente**

activo	activa**mente**
regular	regular**mente**
puntual	puntual**mente**

Verben mit Infinitiv ▶ G 3.1

Pienso leer más.	*Ich habe vor …*
Tengo que hablar más.	*Ich muss …*
Quiero leer más.	*Ich will …*

Wichtige Verben
creer, opinar   ▶ S. 11

2

¿Cómo quedamos?

---

1 Observe estas entradas y anuncios y responda a las siguientes preguntas. Compare después con su compañero/-a.

– ¿Qué película ponen en el cine *Capitol*?
– ¿Qué exposición hay en el *Museo Nacional del Prado*?
– ¿Dónde representan el musical «*El hombre de la Mancha*»?
– ¿Dónde, qué día y a qué hora se puede bailar tango?

2

a) Unas personas quieren salir juntas. ¿Quedan o no quedan? Escuche y marque con una cruz.

1. ◆ sí   ◆ no   2. ◆ sí   ◆ no

5

b) En parejas. Lean los diálogos.

1. ● Oye, ¿vamos a tomar algo?
   ● Vale. De acuerdo.
   ● ¿Y cómo quedamos?

2. ◆ ¿Quieres venir al cine conmigo? Hoy ponen «Solas».
   ▲ Lo siento, pero no puedo. Es que tengo que estudiar.

G

con + pronombre personal
conmigo, contigo, con él, con ella, con usted, con nosotros…

c) En parejas. Pregúntele a su compañero/-a si quiere hacer algo con usted. Pueden tomar los anuncios de arriba como guía.

---

a) Dos amigas se encuentran por la calle y quieren salir juntas el sábado. Las frases del siguiente diálogo están desordenadas. Numérelas en el orden correcto.

☐ Vale, perfecto. Bueno, entonces quedamos a las seis, en la puerta del museo…

☐ Vale, pues entonces hasta el sábado, adiós, adiós…

☐ Bien, bien… Oye, ¿qué tal si quedamos un día?

☐ Ay, pues claro que sí. Me encanta Dalí. ¿Cómo quedamos?

☐ Pues, no sé… ¿Qué tal a las cinco en la puerta del museo?

☐ Vale, de acuerdo, ¡buena idea! Entonces, ¿cuándo nos vemos? ¿Y qué podemos hacer?

☐1 ¡Hola, María Elena! ¡Cuánto tiempo! ¿Qué tal, cómo estás?

☐ Ay, no, lo siento, no puedo, es que no me va bien tan pronto. Mejor a las seis, ¿sí?

☐ Pues mira, hay una exposición nueva de Dalí en el Museo de Arte Moderno. ¿Te gustaría ir conmigo el sábado por la tarde?

☐ ¡Hola, Cecilia! Bien, bien, ¿y tú?

☐ ¡Adiós!

> *palabras «puente»*
> bueno…, pues…, entonces…

> ¿Cómo
> ¿Cuándo | quedamos?
> ¿Dónde

b) Escuche ahora el diálogo y compruebe sus resultados.

c) En parejas. Lean el diálogo en voz alta.

6
▶ Ü 1-3

4

a) Mire estas actividades. ¿Qué hace usted *A* con su familia, *B* con un buen amigo o una buena amiga, *C* con un/a colega? Escriba en cada casilla la letra correspondiente. Puede añadir otras actividades. Compare después con su compañero/-a.

☐ *ir a un museo*   ☐ *ir a bailar*   ☐ *ir a la ópera*
☐ *ir a un bar*   ☐ *ir a un concierto de rock*   ☐ *ver una obra de teatro*
☐ *tomar una copa*   ☐ *dar una vuelta*   ☐ *jugar al tenis*

....

b) Señale dos de estas actividades que le gustaría hacer hoy y dos que no quiere hacer.

c) En grupos de tres. Ustedes quieren salir esta noche juntos. Hagan sugerencias. También pueden aceptar o rechazar las otras propuestas. En este último caso pongan una excusa.

▶ Ü 4-5

Elija una ciudad en España, otra en Latinoamérica y consulte las actuales guías del ocio de esas ciudades.

2

5

a) Para quedar con alguien por teléfono, usamos frases como éstas. Escríbalas donde correspondan en los diálogos.

> No, no está. Vuelve a las ocho.   Un momento, ahora se pone.
>
> Sí, soy yo.   ¿De parte de quién, por favor?

1
¿Sí?   ¿Luis?   ....   ¡Hola! Soy Inés. ¿Qué tal, dónde estás?

¿Hola?   ¿Está María José?

3
....

2
Agencia de viajes «Vaivén», ¿dígame?

Buenos días. ¿Está el Sr. Sánchez?

En este momento no puede ponerse.
....
....

De Mario Centeno.

¿Diga?

¡Hola! ¿Está Mariana?

4
....
....

España:	¿Diga?/¿Dígame?/¿Sí?
México:	¿Bueno?
Argentina:	¿Hola?
Perú, Chile y Centroamérica:	¿Aló?

¿Está **el** Sr. del Olmo?
¿**La** Sra. Fernández, por favor?
¿**El** doctor Ribera, por favor?

b) Ahora escuche los diálogos completos. ¿Ha acertado?

7

c) En parejas. Pónganse de espaldas, como para hablar por teléfono y lean los diálogos.

d) Escuche y repita las frases típicas de 5 a). ¡Ponga atención a la entonación!

8
▶ Ü 6-7

Escuche estos diálogos y marque en el recuadro lo que pasa en cada caso.

9

	Comunica (LA: Está ocupado)	No contesta	Responde el contestador automático	No puede ponerse	Es esa persona	Se ha equivocado
1						
2						
3						
4						
5						
6						
7						

En parejas (A/B). Tape la ficha de su compañero/-a y lea sólo la que le corresponde. Luego hablen por teléfono, de espaldas. Recuerde que si no entiende algo, puede usar frases como:
Perdón, ¿puedes repetir?, No comprendo..., Más despacio / alto, por favor.

A

1. Usted contesta al teléfono.

   Usted responde afirmativamente. Pregunta quién llama.

   Usted saluda a *B* y dice que Álvaro se pone ahora mismo.
   _____

2. Usted llama y pregunta por Marisol.

   Usted dice que llama más tarde y se despide.
   _____

3. Usted llama y pregunta por Ernesto.

   Usted pide perdón y se despide.

B

Usted llama y pregunta por un amigo común (Álvaro).

Usted responde.

Usted da las gracias.
_____

Usted contesta al teléfono.

Usted responde (Marisol está en clase).

Usted se despide.
_____

Usted responde (no conoce a ningún Ernesto).

Usted lo / la disculpa y se despide.

▶ Ü 8

a) Lea el texto. ¿Cuál es el tema principal?

Mi segunda casa

Por Cristina Martín. Foto: Ramiro Ramírez

Las estadísticas dicen que los españoles y los suecos son los europeos que más tiempo dedican a estar con los amigos. Pero una cosa nos diferencia de los suecos claramente: en España, una gran parte de ese tiempo transcurre en el bar. Los 230.000 bares y restaurantes de España (más que la suma total de toda Europa) viven de nuestra necesidad de comunicarnos continuamente, de estar entre gente, de salir. Para nuestros vecinos de Europa no es fácil comprender por qué pasamos tanto tiempo en los bares y dejamos en ellos tanto dinero. Este reportaje describe un día normal en un bar normal.

Bar España, Plaza de la Universidad, Valladolid.
....

8:30 – Empleados de empresas cercanas, estudiantes y profesores de la universidad están desayunando. Algunos leen el periódico en la barra. Los estudiantes se han sentado en grupos a las mesas para hablar. La máquina de café hace un ruido infernal. En el fondo se escucha la radio.
....

12:45 – La tele ha sustituido a la radio y el olor de los calamares fritos al aroma del café. La barra y las mesas están llenas de gente, un chico está hablando por su móvil: «Estoy tomando una caña y un bocadillo de calamares con unos amigos, mamá, hoy no como en casa, ¿vale?». Unos estudiantes salen con sus vasos, sus aceitunas y sus cigarrillos a la calle. A las dos se van a casa, a comer.
....

16:00 – El público es más viejo, pero no más silencioso. En una mesa, unos pensionistas están jugando al dominó – ¡clac! ¡clac! –, otros están jugando a las cartas. Sobre las mesas, café solo y aguardiente o coñac. Muchos fuman puros. Se escuchan bromas, risas, discusiones.
....

23:00 – Las tapas y las cañas de cerveza llenan la barra. El suelo está lleno de servilletas de papel. El *Bar España* se mueve al ritmo de la salsa de moda. Casi no se puede hablar a causa del ruido. Un chico se acerca a otro, que está bailando, y le saluda con alegría: «¡César, hombre!, ¿qué haces aquí?». El otro contesta: «¿Que qué hago aquí? ¡Pero si es mi segunda casa!»

b) El reportaje está dividido en párrafos. Póngale un título a cada uno.

El café	La marcha	El desayuno	El aperitivo

c) En grupos. ¿A qué se refiere el título del texto?
¿Cómo es en su país?

G *gerundio de algunos verbos irregulares*

decir > diciendo	leer > leyendo
ir > yendo	dormir > durmiendo

G *estar + gerundio*

estoy	
estás	bail**ando**
está	com**iendo**
estamos	escrib**iendo**
estáis	
están	

▶ **Ü 9** **d)** Busque en el texto las expresiones que describen lo que las personas están haciendo en el bar y subráyelas.

En parejas. *A* mira su dibujo y escribe un nombre al lado de cada persona de la ilustración. *B* hace lo mismo con su dibujo. Después, *A* tiene que averiguar los nombres de las personas del dibujo *B*. *B* tiene que hacer lo mismo.

A: ¿Qué está haciendo Nuria?
B: Nuria está ....

A: ¡Ah! Ya sé, es ésta, la chica morena.
B: ¿Y qué está haciendo Antonio?

Antonio	Mar	Cristina	Julio
	David		Laura

Nuria	Javier	Marcela	Luis
	Miguel		Gabriela

▶ **Ü 10-11**

a) En parejas. Dos personas de los dibujos de arriba, Julio y Marcela, quieren ir el viernes al bar *Coco Loco* y hablan por teléfono para quedar. Escriban un posible diálogo.

b) Escuchen ahora la conversación entre Julio y Marcela, y averigüen…

10

qué día quedan   a qué hora quedan   quién recoge a quién

1. …………………………… 2. …………………………… 3. ……………………………

a) Piense en tres actividades que le gustaría hacer esta semana. Apúntelas en su agenda.

b) Llame a un amigo / una amiga para quedar con él / ella.

En vivo

«A todos nos gusta bailar»

a) **Ésta es una entrevista sobre las costumbres del tiempo libre en Hispanoamérica. Lea las preguntas y relaciónelas con las respuestas de Ernesto y Odile.**

1. Los jóvenes españoles practican mucho deporte. ¿Cómo es en vuestros países?
2. Ernesto, ¿hay grandes diferencias entre España y tu país en el tiempo libre?
3. ¿Entre los países de Latinoamérica hay muchas diferencias en cuanto al tiempo libre?
4. Entonces, ¿qué hacéis?
5. ¿Los jóvenes mexicanos también?

Ernesto y Odile, dos jóvenes estudiantes de Ecuador y México que viven en San Sebastián desde hace tres años, han contestado a las preguntas de la revista «Ocio» sobre la forma de pasar el tiempo libre en sus países.
Ocio: ....

Ernesto: Sí, sí. Esa costumbre española de ir de bar en bar y tomar una tapa aquí, otra allí... esto es muy especial.
Ocio: ....

Ernesto: Pues, en Esmeraldas, en la costa, donde yo vivo, los jóvenes nos encontramos en la playa o en el malecón. Allí hay bares, cantinas, discotecas, restaurantes. Si podemos, porque es cuestión de plata, cenamos o tomamos algo y planeamos la farra nocturna, la «marcha», como dicen ustedes en España, pero no cambiamos de local continuamente, toda la tarde y toda la noche.
Ocio: ....

Odile: Sí, más o menos, pero en México también son muy habituales las fiestas caseras, bueno, yo creo que en toda Latinoamérica. A veces se planean, pero muchas son espontáneas. Un viernes, sin nada que

hacer, a media tarde llama a unos amigos y uno pone unas cervezas, el otro una botella, tu amiga los refrescos y ¡nos vemos en casa de Pancho! Y así se hace la pachanga. Sobre todo en los tiempos de estudiante, cuando no tienes mucha plata, se hacen muchas fiestas en la casa. En cambio, aquí, en España, se sale mucho más, ¡a las tres de la mañana de un sábado están las calles llenas de gente!
Ocio: ....

Ernesto: Bueno, hacer deporte en clubes o centros deportivos es un privilegio de las clases más acomodadas. Sólo el fútbol se juega en todos los barrios y en cualquier ciudad americana. Donde hay muchachos, hay fútbol. Es el único deporte que no distingue clases sociales.

Odile: Sí, cierto. Bueno, en Centroamérica también se juega béisbol.
Ocio: ....

Odile: Mmm..., no, creo que no. Las diferencias son de carácter social. Pero lo más bonito es que a todos, igual de qué clase social y de qué país venimos, nos gusta bailar.

Revista «Ocio»

b) **En España «ir de marcha» significa salir, beber, bailar, pasarlo bien. ¿Cómo se dice en Ecuador y en México?**

c) **¿Qué informaciones ofrece el texto sobre las diferencias del tiempo libre entre España e Hispanoamérica?**

Recuerde

Sich verabreden

◆ ¿Quieres venir al cine conmigo?
▲ Lo siento, pero hoy no puedo.
  Es que tengo que trabajar.

● ¿Cómo quedamos?
◗ Pues, no sé, ¿a las siete?
● Mejor a las ocho.
◗ Bueno, entonces a las ocho en la puerta
  del cine.

Sich am Telefon melden und nach jemandem fragen

● ¿Dígame?
◗ Hola, ¿está la señora Roca?
● Un momento, ahora se pone.

● ¿Sí?
◗ ¿José Carlos?
● Sí, soy yo.

◆ ¿Aló?
▲ ¿Está Frida?
◆ No, no está. Vuelve más tarde.

Sagen, was man gerade macht

● Hola, chicos, ¿qué hacéis?
◗ ¡Hola! Yo estoy trabajando, es que tengo
  un examen el viernes.
● ¿Y Benito?
◗ Benito está durmiendo la siesta.

Die Präposition *con* + Personalpronomen ▶ G 4.1

conmigo	con nosotros/-as
contigo	con vosotros/-as
con él, ella, usted	con ellos, ellas, ustedes

! **con** bildet nur mit den Pronomen der 1. und
2. Person Singular (**mí** und **ti**) die Sonderformen
conmigo, **contigo**.

Partikeln ▶ G 8

pues...
bueno...
entonces...

Gebrauch des bestimmten Artikels bei *señor, señora, señorita* und Titeln ▶ G 1.1

la señora Pérez
el señor Rodríguez
el doctor Benedetti

! Der Artikel wird nicht in der direkten Anrede verwendet:
¿Cómo está usted, señora Martínez?

Das Verb *estar* + Gerundium ▶ G 3.3

estoy	
estás	trabaj**ando**
está	com**iendo**
estamos	escrib**iendo**
estáis	
están	

! *Gerade etwas tun* (die Verlaufsform) wird mit *estar* und
dem Gerundium eines Verbs ausgedrückt. Verben auf -**ar** erhalten
die Endung -**ando**, Verben auf -**er** und -**ir** die Endung -**iendo**.

Das Gerundium einiger unregelmäßiger Verben ▶ G 3.3.2

decir	>	**dici**endo
leer	>	le**y**endo
ir	>	**y**endo
dormir	>	d**u**rmiendo

Wichtige Verben

quedar ▶ S. 17

¡Buen viaje!

1

a) ¿Qué tiempo hace? Lea las palabras y expresiones de la lista y escríbalas debajo de la foto correspondiente. Puede consultar el diccionario.

1. ....

2. ....

hace calor

hace frío

hace sol

hace viento

hace buen tiempo

hace mal tiempo

nieva

llueve

está nublado

hay niebla

3. ....

4. ....

b) ¿A qué estación cree usted que corresponde cada foto? Numere las casillas.

☐ primavera   ☐ verano   4 otoño   ☐ invierno

c) Escuche cómo dos personas hablan sobre tres de las fotos. Compruebe. ¿Ha acertado?

11

2

En grupos. ¿Qué estaciones les gustan, cuáles no y por qué? Intercambien impresiones.

● A mí me encanta el otoño porque me gusta el viento, no me gusta el calor…

▶ **Ü 1-2**   ● Ah, pues a mí me gusta el verano porque…

En el país

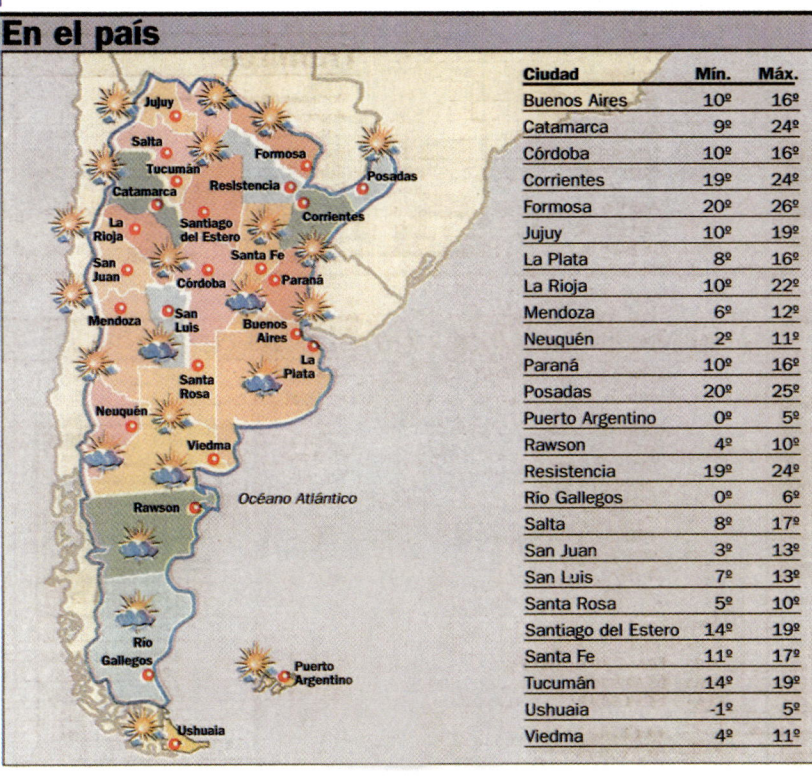

Ciudad	Mín.	Máx.
Buenos Aires	10º	16º
Catamarca	9º	24º
Córdoba	10º	16º
Corrientes	19º	24º
Formosa	20º	26º
Jujuy	10º	19º
La Plata	8º	16º
La Rioja	10º	22º
Mendoza	6º	12º
Neuquén	2º	11º
Paraná	10º	16º
Posadas	20º	25º
Puerto Argentino	0º	5º
Rawson	4º	10º
Resistencia	19º	24º
Río Gallegos	0º	6º
Salta	8º	17º
San Juan	3º	13º
San Luis	7º	13º
Santa Rosa	5º	10º
Santiago del Estero	14º	19º
Santa Fe	11º	17º
Tucumán	14º	19º
Ushuaia	-1º	5º
Viedma	4º	11º

3

a) ¿Qué saben ustedes de Argentina? ¿Han estado alguna vez allí? Comenten en la clase.

b) Observe el mapa meteorológico de Argentina. Escuche cómo dos amigos hablan por teléfono. ¿En qué ciudades están? Márquelas en el mapa.

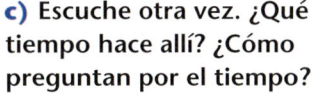

12

c) Escuche otra vez. ¿Qué tiempo hace allí? ¿Cómo preguntan por el tiempo?

d) ¿Por qué cree usted que hablan del tiempo?

4

¿Qué significan en su lengua materna las siguientes palabras? Los pictogramas y sus conocimientos del español y de otras lenguas le pueden ayudar a comprender el pronóstico del tiempo.

 despejado

algo nublado

 nubosidad variable

 inestable

 nublado

 lluvias

 tormentas

 vientos leves

 vientos moderados

 vientos fuertes

5

a) Usted está en Buenos Aires, mirando la tele porque quiere saber qué tiempo va a hacer los próximos días. ¿Qué palabras espera usted escuchar al ver estas imágenes?

16°– 23°

....

20°– 30°

....

24°– 34°

....

b) Escuche ahora el pronóstico del tiempo de la tele y escriba qué día corresponde a cada imagen. ¿Qué día es ideal para ir al Museo de Bellas Artes?

13

▶ Ü 3-4

6

a) Esta señora quiere viajar y está en la taquilla de una estación de trenes. Lea primero las preguntas.

1. ¿Adónde quiere ir la señora?
2. ¿Qué le ha pasado?
3. ¿A qué hora sale el próximo tren?

b) Lea el diálogo y responda a las preguntas.

● Buenas. Un billete para el Regional de Santander, por favor.
● Acaba de salir.
● ¿Cómo? ¿Que acaba de salir? ¡Qué mala suerte!
● Sí, ha salido hace cinco minutos.
● ¿Hay algún otro tren esta mañana?
● No, por la mañana no hay ninguno. Hay uno a las 14:35 y otro a las 18:10.
● Mmm... ¿A qué hora llega el de las 14:35?
● A las 18:52.
● Pues, déme un billete para el de las 14:35.
● ¿Ida y vuelta?
● Sí.
● ¿Fumador o no fumador?
● No fumador.
● Son 12 euros.

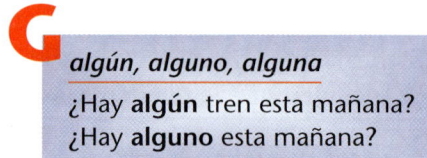

G *acabar de + infinitivo*
El tren **acaba de** salir.
Acabo de llegar.

G *algún, alguno, alguna*
¿Hay **algún** tren esta mañana?
¿Hay **alguno** esta mañana?

▶ Ü 5-7 **c)** En parejas. Lean el diálogo en voz alta.

7

En parejas. Uno de ustedes quiere ir en tren de Valladolid a Santander. Vaya a la taquilla y pida información, compre un billete. Después cambien de papel.

Renfe **Origen: Valladolid–Campo Grande**				**Destino: Santander**	
Nº Tren	Tipo Tren	Salida	Llegada	Precios	Clases
00061	TALGO	11.24	14:35	Preferente: 27,05 € Turista: 20,43 €	T/P
08103	REGIONAL	14:35	18:52	Turista: 11,18 €	2
08105	REGIONAL	18:10	22:14	Turista: 11,18 €	2
00077	TALGO	18:54	22:00	Preferente: 27,05 € Turista: 20,43 €	T/P

Busque en Internet comunicaciones de trenes entre otras ciudades en España, por ejemplo entre Madrid y Sevilla o Barcelona y Valencia.

▶ Ü 8

a) *¿Vacaciones buenas, bonitas y baratas?*

El Centro de Investigaciones Sociológicas ha hecho esta encuesta sobre las costumbres vacacionales de los españoles. Conteste ahora usted a las preguntas. Puede elegir más de una opción.

1. ¿Dónde suele pasar sus vacaciones?

☐ en el extranjero ☐ en su país

2. ¿En qué tipo de lugar?

☐ pueblo en la costa ☐ ciudad en la costa ☐ viaje itinerante*
☐ pueblo en el campo / la montaña ☐ ....

3. Motivos de su viaje:

☐ descansar ☐ hacer deporte ☐ estar con la familia ☐ realizar actividades culturales

4. ¿Con quién suele ir?

☐ familia ☐ amigos ☐ solo/-a

5. ¿Cómo organiza sus vacaciones?

☐ por cuenta propia ☐ por una agencia de viajes ☐ ....

6. Medios de transporte que suele utilizar:

☐ tren ☐ avión ☐ coche ☐ autocar ☐ ....

7. ¿Dónde suele alojarse?

☐ hotel / pensión ☐ casa / apartamento propio ☐ casa / apartamento alquilado
☐ casa / apartamento de familiares o amigos ☐ camping

8. ¿Ha salido ya o piensa salir de vacaciones este año?

☐ Sí, ya he salido. ☐ No, todavía no, pero voy a salir. ☐ No, no pienso salir.

9. ¿Cuántas veces al año suele ir de vacaciones?

☐ una vez ☐ dos veces ☐ ... veces

* viaje itinerante: *Rundreise*   *Fuente: CIS, boletines 8, 1995 y 23, 2000*

b) Haga usted ahora la entrevista a dos compañeros. ¿Quién tiene las preferencias más parecidas a las suyas?

● ¿Dónde sueles pasar tus vacaciones?

● En..., ¿y tú?

> ¿Has salido **ya** de vacaciones este año?
> **Sí, ya** he salido. / **No, todavía no.**

G

soler (o > ue) + infinitivo

Suelo pasar las vacaciones en la playa.

▶ **Ü 9-12**

9

a) *Los españoles y las vacaciones.* **Lea primero la estadística de la derecha. Rellene después los espacios vacíos del artículo.**

Vacaciones a la española

La oferta de viajes al extranjero que podemos encontrar en las agencias de viajes de nuestro país ha aumentado mucho en los últimos años, pero el número de españoles que pasan sus vacaciones en el extranjero sólo ha crecido del 4% en 1995 al .... % en el 2000. Según revelan las estadísticas, una gran mayoría de los españoles, el ....%, prefiere descansar y disfrutar del tiempo libre en un lugar fijo de nuestro país, preferiblemente en la costa. Esta fórmula tradicional del «veraneo», fácil de organizar por cuenta propia, preocupa a la industria del viaje. Sólo un .... % de los españoles utiliza los servicios de las agencias para organizar viajes y reservar medios de transporte y alojamiento.

b) **Comparen las costumbres de la clase con las de la estadística. ¿Cuántos viajan al extranjero, cuántos van a la costa, al campo…?**

	%
Lugar donde pasan las vacaciones	
En un lugar fijo de España	71
En diferentes zonas de España	10
En el extranjero	8
Tipo de lugar	
Pueblo / ciudad de la costa	59
Pueblo en el campo o en la montaña	24
Alojamiento	
Casa / piso propios, de familiares o amigos	53
Hotel, parador, hostal, etc.	25
Organización de las vacaciones	
Por cuenta propia	83
A través de una agencia de viajes, un club, etc.	15
Compañía	
Con mi familia	78
Con amigos / compañeros	15
Solo/-a	4
Meses en que se toman las vacaciones	
Julio, agosto o septiembre	82

Fuente: CIS, boletín 23, 2000

10

a) *¡Vamos juntos a Argentina!* **En parejas, decidan cuándo y para cuánto tiempo quieren ir.**

b) **¿Qué tienen que hacer ustedes primero y qué por último antes de salir de vacaciones? Enumeren las actividades de la lista. Pueden añadir otras.**

- ☐ *hacer las maletas*
- ☐ *comprar aspirinas / tiritas*
- ☐ *reservar los billetes en la agencia de viajes*
- ☐ *llevar al perro a la residencia canina*
- ☐ *ir a la agencia a recoger los billetes*
- ☐ *sacar dinero del banco*
- ☐ *comprar carretes y la pila para la cámara*
- ☐ *dar la llave y el número del móvil a la vecina*
- ☐ *comprar una guía de viajes*
- ☐ ....
- ☐ ....

c) **Luego se reparten las cosas que hay que hacer antes de viajar.**

- ● Pues, yo puedo reservar los billetes en la agencia…, ¿y tú?
- ● Ah, pues yo voy a comprar…
- ● Bien, entonces yo voy a la farmacia a comprar…

a) Mire este folleto publicitario. Observe los dibujos. ¿Qué actividades se pueden hacer en las diferentes regiones argentinas? Escriba. Puede agregar otras.

sacar fotos   bucear (hacer submarinismo)   visitar monumentos   navegar por ríos y lagos

comer platos típicos   visitar reservas naturales   pescar   observar animales en libertad

esquiar   escalar montañas

EL PAÍS DE LOS SEIS CONTINENTES

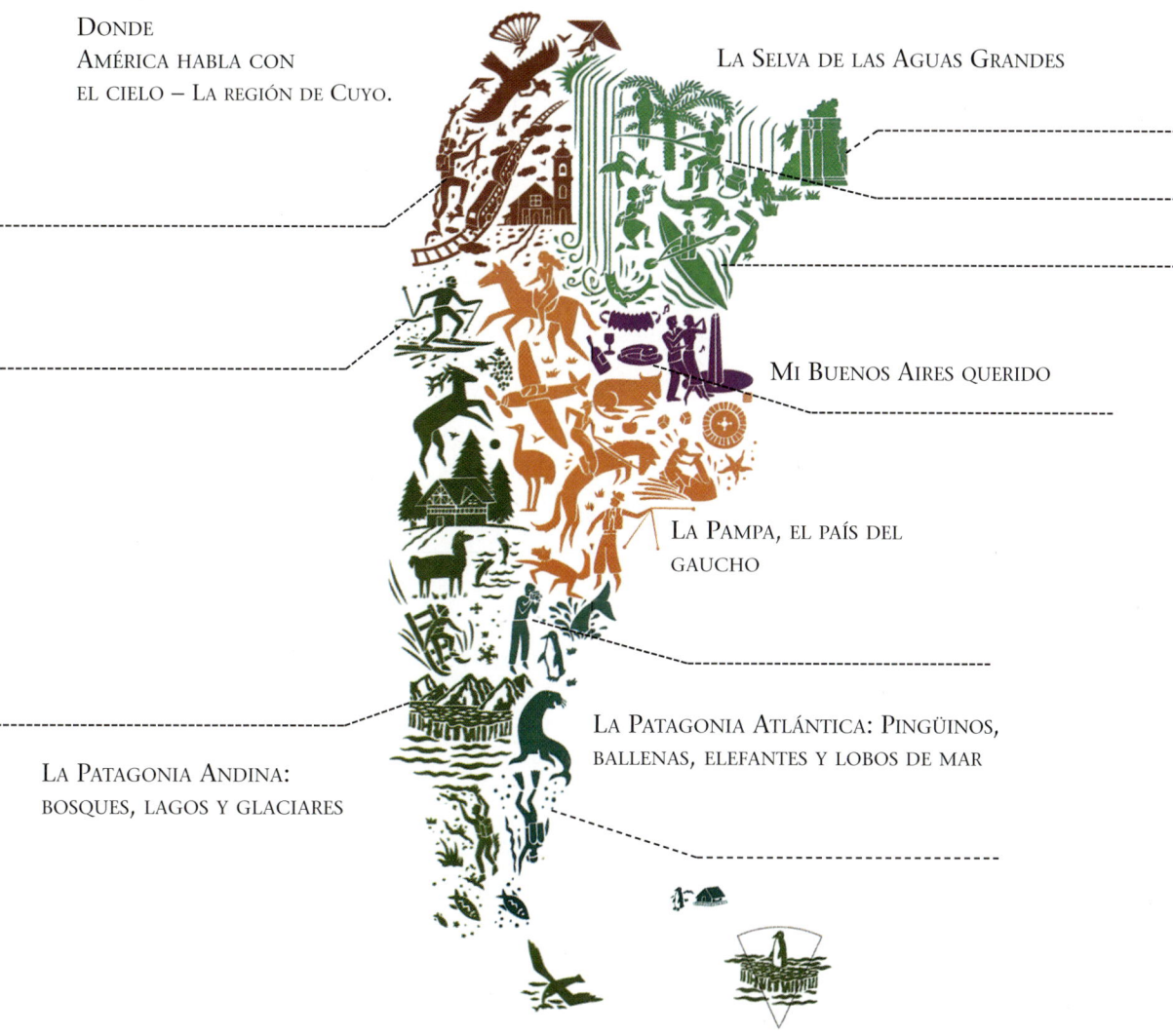

DONDE AMÉRICA HABLA CON EL CIELO – LA REGIÓN DE CUYO.

LA SELVA DE LAS AGUAS GRANDES

MI BUENOS AIRES QUERIDO

LA PAMPA, EL PAÍS DEL GAUCHO

LA PATAGONIA ATLÁNTICA: PINGÜINOS, BALLENAS, ELEFANTES Y LOBOS DE MAR

LA PATAGONIA ANDINA: BOSQUES, LAGOS Y GLACIARES

b) En grupos de cuatro. Decidan a qué región de Argentina quieren ir y qué quieren hacer allí.

c) En parejas. Escriban una postal en español a un/a compañero/-a del curso desde esa región. Cuenten cómo están, qué han visto ya y qué tiempo hace.

d) Entre todos. ¿Cuáles han sido la región y las actividades favoritas de la clase? ¿Por qué?

En vivo

El Niño

a) ¿Qué sabe usted del fenómeno «El Niño»?

b) Lea este texto informativo y busque las correspondencias en español de las siguientes palabras claves.

> Erwärmung   Dürreperioden   Hunger
>
> Meeresoberfläche   Armut
>
> der Fischfang geht zurück   Nährstoffe
>
> Überschwemmungen

■ Las consecuencias del fenómeno «El Niño» en el clima mundial son terribles:

▮ Lluvias fuertes, inundaciones graves. Pobreza, hambre y epidemias en Centroamérica, Chile, Perú y Ecuador.

▮ Más huracanes en el Pacífico Oriental.

▮ A causa del cambio de temperatura de las aguas desaparecen los nutrientes y la pesca muere.

▮ Sequías graves en India, Australia y América del Sur, con pérdidas en la agricultura.

■ El Niño es un fenómeno de interacción entre la atmósfera y el Océano Pacífico tropical. Afecta al sistema climático global y su manifestación más visible es el aumento de la temperatura de la superficie del mar en el Pacífico ecuatorial.

■ El nombre de «El Niño» se ha tomado del que usaban los pescadores de Perú, ya en el siglo XIX, para referirse a un calentamiento que ocurre todos los años alrededor de la Navidad (de ahí el nombre de El Niño Jesús) en las aguas costeras de Ecuador y norte de Perú. Para los pescadores es un fenómeno importante porque disminuye temporalmente la pesca en esa zona. La duración aproximada del fenómeno es de unos 18 meses. Cada tres o cuatro años, por razones desconocidas, se produce un calentamiento más intenso. En los últimos 40 años han ocurrido nueve episodios de El Niño. El más destructivo hasta ahora ha sido el de 1997/98. Hasta hoy no se puede prever con exactitud el momento exacto, la intensidad ni la duración de un episodio.

Elaborado por el Instituto Nacional de Meteorología. Ministerio de Medio Ambiente

c) Resuma el contenido del artículo.

1. El problema es ....

2. El nombre de «El Niño» viene de ....

3. El fenómeno dura .... meses y ocurre cada ....

4. Las consecuencias son: ....

Recuerde

Über das Wetter sprechen
- ¿Qué tiempo hace en Málaga?
-) Hace buen tiempo, hace sol y hace calor. ¿Y en Hamburgo?
- ¡Ay! Aquí hace frío y hay niebla.

hace / hay + Nomen ▶ G 3.2
hace sol	*es ist sonnig*
hace calor	*es ist warm*
hace frío	*es ist kalt*
hay niebla	*es ist neblig*

Über unmittelbar Vergangenes sprechen
- ¿A qué hora sale el tren para Granada?
-) Acaba de salir.
- ¿Cómo? ¡Qué mala suerte!

acabar de + Infinitiv ▶ G 3.1
El tren **acaba de** salir.	*Der Zug ist gerade abgefahren.*
Acabamos de comprar los billetes.	*Wir haben gerade die Fahrkarten gekauft.*

! **acabar de** (wörtl. *aufhören zu*) bezeichnet einen Vorgang, der gerade stattgefunden hat. Das Verb selbst wird im Präsens verwendet.

- El autobús a Oviedo ha salido ya.
-) ¿Ya?
- Sí, hace cinco minutos.

hace + Zeitangabe ▶ G 5
hace diez minutos	
hace cinco días	*vor* (zeitl.)
hace tres años	

Sich nach etwas erkundigen
- ¿Hay algún otro tren a Sevilla?
-) Sí, hay uno a las tres y cuarto.

- ◆ ¿Hay alguna estación de metro por aquí?
- ▲ No, por aquí no hay ninguna.

Das Pronomen *algún, alguno/-a* ▶ G 4.3
algún tren	
alguna estación	

! **alguno/alguna** (*irgendein/-e*) können wie **ninguno/ninguna** (*kein/-e*) mit und ohne Nomen stehen. Bei der männlichen Form entfällt vor einem Nomen die Endung **-o**.

Über Gewohnheiten sprechen
- ¿Dónde suele pasar sus vacaciones?
-) Suelo pasar mis vacaciones en la montaña, ¿y usted?
- Yo normalmente voy a la playa.

soler + Infinitiv ▶ G 3.1
Suelo ir al mercado los sábados.	
Solemos ir a la playa los domingos.	

Über Reiseerlebnisse sprechen
- ◆ ¿Has estado ya en México?
- ▲ Sí, ya he estado dos veces.

- ¿Has comprado ya los billetes?
-) ¡Ay! No, todavía no.

Die Adverbien *ya* und *todavía no* ▶ G 6.5
Ya he estado en…	*schon*
Todavía no he estado en…	*noch nicht*

! **ya** und **todavía no** können vor oder nach dem Verb stehen. Beide Adverbien werden meist mit dem Perfekt verwendet.

Wichtige Verben
llover > llueve, nevar > nieva ▶ S. 24

¡Fue una odisea!

1

a) Lea estas dos postales. ¿Cuál es la foto de reverso de cada una de ellas? Subraye las frases o palabras que se lo indican.

4/10/2002

Querido Pedro: <u>Volví</u> hace un mes de Lima después de un larguísimo vuelo. Lo primero: Muchas gracias por vuestra hospitalidad. Todos aprendimos mucho allí, en Huancavelica, de vuestra alegría de vivir... Recuerdo el día que <u>fui</u> con vosotros a la laguna Choclococha, <u>subimos</u> a 4.600 metros y <u>tomamos</u> mate de coca contra el soroche.
Por cierto, ¿qué tal marcha el club de jóvenes que organizamos?
Un abrazo desde Madrid.   Nacho

Pedro Condori
Avda. Ricardo Palma, 45
Huancavelica

Perú

4 de septiembre del 2002

Apreciado Nacho: ¿Qué tal el viaje de regreso de ustedes?
El conductor del ómnibus me <u>contó</u> *contar*
anteayer que <u>llegaron</u> bien a Lima.
Aquí en Huancavelica, los muchachos del club <u>hicieron</u> hace unos días una fiesta y conversamos mucho sobre nuestro proyecto y del día que <u>estuvimos</u> en Choclococha.
¡Qué bueno que <u>viniste</u>, compadre!
Saludos a los demás de Cooperación Internacional de   Pedro

Nacho Mendaro
c/ Isla Graciosa, 12, 3º
28036 Madrid

España

b) ¿Qué palabras típicas de Latinoamérica utilizan Pedro y Nacho en sus postales para estas expresiones? Busque y escriba.

bus interregional   mal de altura   amigo
ómnibus............   soroche............   ....

c) ¿Qué relación tienen las dos personas entre sí? ¿Por qué lo sabe?

Las siguientes expresiones se usan cuando hablamos de acciones y sucesos del pasado. Ordénelas de la más próxima a la más alejada del presente. ¿Cuáles de ellas aparecen en las postales?

2 ayer   8 hace un mes   9 en Navidad   3 anteayer   11 en 1998

6 la semana pasada

12 el 15 de julio de 1997   4 el otro día

7 el mes pasado   1 anoche   5 hace unos días   10 el año pasado

indefinido ← signalwörter

anoche < ayer < ...

▶ Ü 1

a) En los textos de las postales aparece un nuevo tiempo, el *indefinido*. Vuelva a leerlas, subraye los verbos que expresan acciones y sucesos en el pasado y escríbalas en su cuaderno con las correspondientes formas en infinitivo.

b) Rellene los espacios vacíos con las formas correspondientes que aparecen en los textos:

Formas regulares	-ar	-er	-ir
	tomar	**volver**	**subir**
(yo)	tomé	volví	subí
(tú)	tomaste	volviste	subiste
(él, ella, usted)	tomó	volvió	subió
(nosotros, -as)	tomamos	volvimos	subimos
(vosotros, -as)	tomasteis	volvisteis	subisteis
(ellos, -as, ustedes)	tomaron	volvieron	subieron

Formas irregulares	ir	estar	hacer	venir
(yo)	fui	estuve	hice	vine
(tú)	fuiste	estuviste	hiciste	viniste
(él, ella, usted)	fue	estuvo	hizo	vino
(nosotros, -as)	fuimos	estuvimos	hicimos	vinimos
(vosotros, -as)	fuisteis	estuvisteis	hicisteis	vinisteis
(ellos, -as, ustedes)	fueron	estuvieron	hicieron	vinieron

c) ¿Qué tienen en común las terminaciones de los verbos regulares? ¿Y las de los irregulares? Comenten en clase.

▶ Ü 2-4

4

a) Lea este poema. ¿El autor es un hombre o una mujer? ¿Qué hizo ayer?

La fiesta

Ayer estuve en una
fiesta.
Bailé, canté,
escuché,
gocé. *genießen*
Bebí, comí, me reí
y entonces... la conocí.

La miré, me miró.
«Rubí», se presentó.
Le hablé, me habló.
La besé, me besó.
Sonreí, sonrió,
me enamoré,
¿se enamoró?

Sólo sé
que se fue.
Ayer estuve en una
fiesta.
¡Ay, mi cabeza! *Kopf*

Anónimo

b) Subraye las sílabas acentuadas de los verbos en indefinido. En parejas, lean el poema en voz alta, cada uno/-a una línea. Pueden marcar el ritmo dando golpecitos sobre la mesa.

c) Escuche el poema, ponga atención a la acentuación. ¿Ha acertado?

14

5

¡Jueguen en parejas! Necesitan dos dados, uno para cada rueda. Si un dado cae en 1 y el otro en 3, pueden formar una pregunta como por ej. «¿*Dónde* comiste *ayer*?» El / la compañero/-a puede responder, por ejemplo: «Comí en el comedor de mi empresa, ¿y tú?»

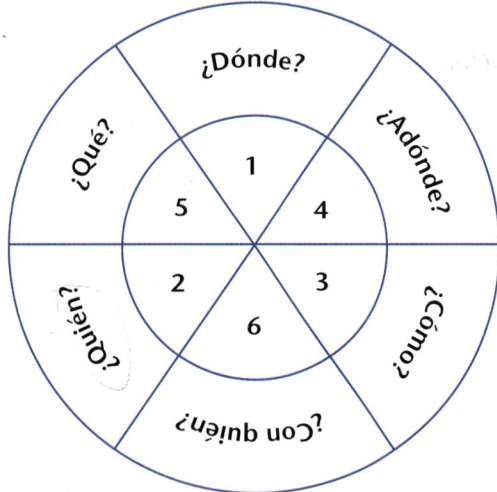

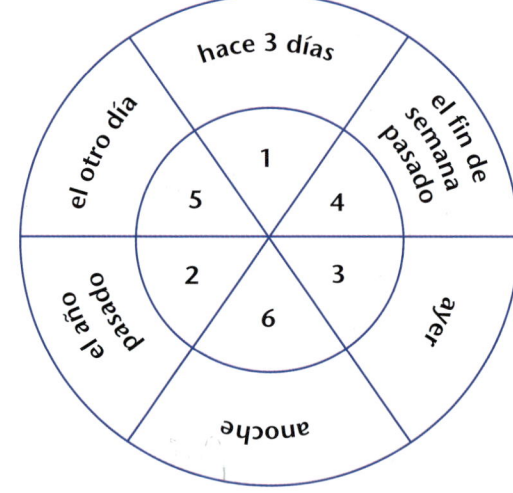

6

En los siguientes diálogos, tres personas cuentan lo que hicieron hace algún tiempo. Escuche y complete el recuadro.

15

▶ Ü 5-6

	¿Quién?	¿Qué (hizo)?	¿Dónde?	¿Cuándo?
1	Juan Antonio	viajé en bicicleta *en el mundo*	en muchos países	*durante* 18 meses
2	Macarena, Paco	nada	en casa	ayer
3	Nacho Mendaro	visitó el altiplano	Perú	agosto

*Juan, mayo 29 - noviembre 2000
1999
China, Hong Kong, Pakistan, Turkia, Hungría, Italia, España fue solo*

a) ¿Sabe usted lo que es una ONG? ¿A qué se dedican estas organizaciones? ¿Conoce usted alguna? Discutan en la clase.

b) Lea el siguiente artículo del boletín de noticias de Cooperación Internacional. Haga un resumen de las experiencias de Nacho usando las preguntas guía (*¿qué, cuándo, dónde, por qué?*). Compare después con su compañero/-a.

Hochebene

Odisea en el Altiplano

Madrid, 25 de septiembre del 2002

Los pasados días 23 y 24 de septiembre se celebraron en Madrid (Alcorcón) las II Jornadas de Cooperación Internacional ONG. «En las ONGs se trabaja por la igualdad de derechos en todo el mundo, entre Norte y Sur, Este y Oeste. Ésa es la verdadera globalización», dijo Sancho Morillo, experto en temas de cooperación al desarrollo.

Nacho Mendaro, de 27 años, habló de sus experiencias en el proyecto de intercambio cultural entre jóvenes en el Perú en agosto: «El viaje hacia nuestro destino, Huancavelica, en el Altiplano peruano, fue una verdadera odisea. Viajamos 15 horas desde Lima, a nivel del mar, ¡para una distancia de unos 400 kilómetros! Subimos y subimos por un paisaje muy árido, hasta llegar a esta ciudad, a 3.670 metros de altitud. No fue muy fácil adaptarse al Altiplano, todos – seis europeos en total – tuvimos problemas con la altura, con «el soroche», y con la intensa luz del sol.

En Huancavelica (del quechua *huanca huillka*, «ídolo de piedra»), ciudad de campesinos y mineros, los descendientes de los incas luchan por sobrevivir día a día, con muy pocos medios después de largos años de crisis, desastres naturales y violencia terro-rista. Fuimos allí para conocer la forma de sentir y de vivir de los jóvenes de aquel lejano lugar y para despertar interés hacia nuestras culturas. Para ello, primero visitamos varios colegios y hablamos con los alumnos de su vida diaria, de sus sueños, de los nuestros... Después organizamos juntos un club, algo nuevo en la ciudad: pintamos una casa vieja entre todos e hicimos todo tipo de actividades (fiestas, teatro...). Me gustó mucho trabajar con ellos. Son una gente muy abierta y alegre. ¡Fue fantástico!

Este viaje fue para mí una experiencia muy enriquecedora: aprendí a valorar lo que tengo y a ser en mi día a día tan fuerte como un inca.

c) ¿Cuáles fueron los aspectos positivos, cuáles los negativos del viaje de Nacho? ▶ Ü 7-9

¿Le interesan las diferentes ONGs que hay en España? Infórmese aquí.

8

a) Lea las siguientes frases que aparecen en el relato de Nacho.

el viaje fue una odisea	subimos y subimos	hablamos con los alumnos
me gustó mucho trabajar		
hicimos todo tipo de actividades	visitamos varios colegios	fue una experiencia
no fue muy fácil adaptarse	viajamos 15 horas	organizamos un club

b) ¿Qué frases utiliza Nacho para expresar lo siguiente? Escriba.

¿Qué pasó?

subimos y subimos

....
....
....
....
....
....

¿Cómo fue? / ¿Qué tal fue?

el viaje fue una odisea

....
....
....
....
....
....

G *el indefinido para contar sucesos en el pasado*

verbos regulares		verbos irregulares	
-ar	-er/-ir	decir, estar, hacer, venir	ir/ser
-é	-í	-e	fui
-aste	-iste	-iste	fuiste
-ó	-ió	-o	fue
-amos	-imos	-imos	fuimos
-asteis	-isteis	-isteis	fuisteis
-aron	-ieron	-ieron*	fueron

▶ **Ü 10**

* *Ausnahme: decir* ▶ *dijeron*

G *el indefinido para valorar sucesos en el pasado*

	fácil / difícil
fue	interesante / aburrido, -a
	divertido, -a
	una odisea
fueron	(días) maravillosos, -as / horribles

(no) me gustó + *infinitivo / sustantivo / adverbio*

Actualmente existen en España unas 500 Organizaciones No Gubernamentales (ONGs) que se ocupan de la cooperación al desarrollo en países sobre todo de Latinoamérica (un 65 %) y África (un 21 %). Más de dos millones de ciudadanos españoles están asociados a ellas y casi un millón colabora de forma voluntaria.

9

En parejas. Cada uno escribe cinco fechas o momentos del pasado. Intercámbielas con su compañero/-a. Hagan preguntas para averiguar qué hizo él o ella en esas fechas y qué tal fue.

- ¿Qué hiciste en mayo del 99?
- Fui a Andalucía.
- ¿Y qué tal?
- ¡Fue un viaje maravilloso, superinteresante, me gustó mucho! ¿Y tú, qué hiciste el sábado pasado?

a) Dos amigas se encuentran en un mercado de Lima, Perú. Rellene los espacios libres con estas frases o palabras.

> después   Al final   Total, que fue un día divertido, lindo...   Primero   A ver, cuenta, ¿qué te pasó?

○ ¡Rosita! Hola, ¿qué tal?, ¿cómo estás?

● ¡Pero Lucha, comadre! ¡Qué sorpresa! ¿Cómo te va? Hace mucho que no conversamos...

○ Es cierto... Pues, ¿sabes? Imagínate que el otro día me pasó una cosa curiosísima...

● ....

○ Pues, resulta que el lunes pasado fuimos a la Playa del Silencio. .... nos bañamos en el mar, ... fuimos a tomar una Inca Kola a uno de los restaurantes e imagínate que allí conocí ¡a Juan Berti!

● ¿Que conociste a Juan Berti, mi cantante favorito? ¡No puede ser! ¿De veras? Cuéntame...

○ Pues sí, así fue: llegó al restaurante y me saludó. Yo me sorprendí, y mi esposo le preguntó: «¿Conoce usted a mi esposa?». Y entonces dijo: «no, pero me gustaría conocerla», ¿qué te parece?, y se rió mucho, y mi esposo también, ¡por suerte!, y todos nos reímos mucho. .... se sentó con nosotros y conversamos todos un buen rato.
....

○ Ay, ¡qué alegría!, a ver si me lo presentas, comadre...

● Sí, sí, claro... Pero bueno, cuéntame, y tú, ¿cómo estás?

▶ Ü 11

16

b) Escuche y compruebe.

a) ¿Para qué sirven estas expresiones del diálogo? Relacione:

La frase	sirve para (dient dazu)
1. ¿Sabes? Fíjate que...	a) die andere Person zum Erzählen zu animieren
2. ¿Qué (te) pasó? Cuenta, cuenta...	b) Interesse oder Überraschung zu zeigen
3. ¡No puede ser! ¿De veras?	c) das Erzählte zusammenzufassen
4. Total, que...	d) die Erzählung zu strukturieren
5. primero, después, entonces, al final	e) Aufmerksamkeit zu erwecken und zu erzählen beginnen

b) En parejas. Lean el diálogo de arriba en voz alta.

En grupos. ¿Qué hicieron en sus últimas vacaciones y cómo fue? Pregunten a sus compañeros y ¡muestren mucho interés!

– ¿Adónde / cómo / con quién fuisteis?
– ¿Cuánto tiempo estuvisteis en...?

– ¿Qué hicisteis?
– ¿Qué tal las vacaciones?

4 En vivo

a) Observe la ilustración. Lea después las palabras claves del recuadro. Escriba una historia sobre lo que le pasó a Graciela, una científica de unos 50 años, en su viaje de Buenos Aires a Rosario.

> ir en autocar a un congreso
>
> perder la maleta
>
> pasar 3 días terribles
>
> hacer la presentación sin material audiovisual
>
> hacer una reclamación   no recuperar

b) Lea ahora el artículo que relata lo que le ocurrió a Graciela.

En busca de una valija perdida

*Por **Diana Baccaro** de la Redacción de **Clarín***

¿Qué viajero nunca tuvo miedo de perder su valija? Graciela Fernando, una vecina de Retiro (Buenos Aires), acostumbrada a viajar tres veces por año a Europa, asegura que su experiencia en los vuelos fue siempre tan buena que jamás tuvo ningún problema con su equipaje. ¡Hasta ahora! Y no ocurrió en un vuelo con varias escalas, sino en un micro con destino a Rosario, a sólo 300 kilómetros de su casa. Al llegar a la estación, entregó su ticket y esperó sin éxito su valija, llena de disquetes y material audiovisual para dar conferencias en un congreso científico del Mercosur.

Además, claro, de ropa y zapatos para la ocasión. Graciela, de 54 años, al final dio sus conferencias con pantalón de jean y una remera que compró en el último minuto.

«En Rosario pasé tres días terribles – comenta –, pero cuando regresé a Buenos Aires fue peor: hablé varias veces con la compañía para hacer mi reclamo, dejé todos mis datos, pero jamás recibí una llamada.» Esto fue hace un mes. No recuperó su valija.

(Para denunciar casos similares se puede llamar al número 0800-333-0389)

Texto adaptado de Clarín 13/09/01

España	Argentina
autocar	micro
maleta	valija
reclamación	reclamo

c) ¿Le ha pasado a usted algo similar en uno de sus viajes? Cuente sus experiencias.

Recuerde

Über Ereignisse in der Vergangenheit sprechen und Geschehnisse bewerten

● En agosto viajamos a Argentina.
◆ Ah, ¿sí? ¿qué ciudades visitasteis allí?
● Llegamos a Buenos Aires y nos quedamos unos días allí. Después viajamos hacia el Sur, a la Patagonia.

▶ ¿Cómo fue la fiesta de Ángel?
▲ Fue muy divertida, la verdad. Me gustó mucho.

● ¿Qué tal tus vacaciones, Carmen?
◆ ¡Ay! Mis vacaciones fueron horribles, estuve tres semanas en el hospital.

▶ ¿Cómo fue la película venezolana que visteis anoche?
▲ Fue superinteresante. Los actores, el paisaje, los colores, todo muy bueno, impresionante.

Eine Erzählung strukturieren

▶ ¿Qué tal el fin de semana?
▲ Pues muy bien. Primero nos fuimos a la playa. Después cenamos en un buen restaurante y a medianoche nos fuimos a bailar. Total, que fue un sábado muy divertido, bonito.

Das Indefinido regelmäßige Verben

▶ G 3.5.1

	-ar	-er/-ir
(yo)	-é	-í
(tú)	-aste	-iste
(él, ella, usted)	-ó	-ió
(nosotros, -as)	-amos	-imos
(vosotros, -as)	-asteis	-isteis
(ellos, -as, ustedes)	-aron	-ieron

unregelmäßige Verben

▶ G 3.5.2

ir/ser	estar	venir
fui	estuve	vine
fuiste	estuviste	viniste
fue	estuvo	vino
fuimos	estuvimos	vinimos
fuisteis	estuvisteis	vinisteis
fueron	estuvieron	vinieron

hacer	decir
hice	dije
hiciste	dijiste
hizo	dijo
hicimos	dijimos
hicisteis	dijisteis
hicieron	dijeron

! Die unregelmäßigen Verben werden in der 1. und 3. Person Singular auf dem Verbstamm betont: **vine**

Zeitangaben, die mit dem Indefinido stehen

▶ G 3.5.3

anoche	*gestern Abend*
ayer	*gestern*
anteayer	*vorgestern*
el otro día	*neulich*
hace una semana	*vor einer Woche*
el mes pasado	*letzten Monat*
hace un año	*vor einem Jahr*
en 1995	*1995*

Adverbien

▶ G 6.6

primero	*zuerst*
después	*danach*
al final	*schließlich*
total	*alles in allem*

Aussprache und Schreibweise 👄
Die Betonung der Indefinido-Formen ▶ S. 34

1

17

a) El Sr. Gabriel Rodríguez llama por teléfono a una clienta. ¿Está la Sra. Durán en la oficina? Escuche.

b) Escuche nuevamente.
Usted es la secretaria. Anote las informaciones más importantes de la conversación.

> *Frases útiles:*
> **Para pedir hablar con alguien:**
> Quisiera hablar con…, por favor.
> ¿Podría hablar con…?
> ¿(Me pone) con el Sr. / la Sra. …?
>
> **Cuando la persona no está:**
> Lo siento, no está. Está reunido/-a / de vacaciones / de viaje / enfermo/-a.
>
> **Para dejar un mensaje:**
> ¿Quiere dejar un mensaje?
> ¿Puedo dejar un mensaje?
> ¿Puede decirle que he llamado / llamo más tarde, por favor?

A la atención del Sr. / Sra. _____

DURANTE SU AUSENCIA*

Sr. / Sra. _____

de _____

N° de Teléf. _____

Email: _____

☐ ha telefoneado   ☐ **URGENTE**
☐ ha venido a visitarle   ☐ _____

ha dejado el siguiente mensaje para Vd.

_____
_____
_____
_____
_____
_____

Recibido por ————— Hora ——— Fecha —————

*durante su ausencia: *während Ihrer Abwesenheit*

2

a) Gabriel le escribe un email a María José Durán. Complete el texto con:

estoy trabajando, Con un cordial saludo, Estimada

.... María José:

Soy Gabriel Rodríguez, nos conocimos hace dos años en el seminario de márketing en el Hotel Savoy en Barcelona. Ahora .... para la empresa *Turbinas S.A.** de Bilbao, en el Departamento de Ventas.
Te escribo porque quisiera presentarte una nueva turbina tipo XY que queremos lanzar al mercado.
El próximo miércoles hacemos una presentación en nuestro taller. Me encantaría poder saludarte aquí.
Te llamo por teléfono esta tarde.
...................................,
Gabriel Rodríguez

*Sociedad Anónima: *Aktiengesellschaft*

b) ¿Por qué le escribe Gabriel a María José?

3

Gabriel llama nuevamente a la oficina de María José. Lea estas frases. Escuche después la conversación y marque si son verdaderas o falsas.

	sí	no
◆ María José está en la oficina.	☐	☐
◆ Ella tiene tiempo el próximo miércoles.	☐	☐
◆ La presentación es por la tarde.	☐	☐
◆ Ella quiere ir en coche a Bilbao.	☐	☐

18

4

a) María José quiere ir a Bilbao el miércoles por la mañana y volver el mismo día. Ella llama a la agencia de viajes para hacer la reserva del billete. En parejas, preparen por escrito un posible diálogo de reserva telefónica.

Información online

FRECUENCIAS DE VUELOS

de: **Barcelona** (BCN), España   a: **Bilbao** (BIO), España

Número de vuelo	Hora / Origen	Hora / Destino	Observaciones
IB1452	0755 BCN	0900 BIO	Opera diario, excepto miércoles
IB1454	0845 BCN	0950 BIO	Opera diario
IB1458	0945 BCN	1050 BIO	Opera diario

de: **Bilbao** (BIO), España   a: **Barcelona** (BCN), España

Número de vuelo	Hora / Origen	Hora / Destino	Observaciones
IB1459	1815 BIO	1915 BCN	Opera diario
IB1453	2140 BIO	2240 BCN	Opera diario, excepto miércoles
IB2612	2240 BIO	2355 BCN	Opera diario

b) Cambien de pareja y hagan la reserva, de espaldas. ¿A qué hora llega María José a Bilbao?

5

Escriba el email de María José a Gabriel anunciando su llegada a Bilbao.

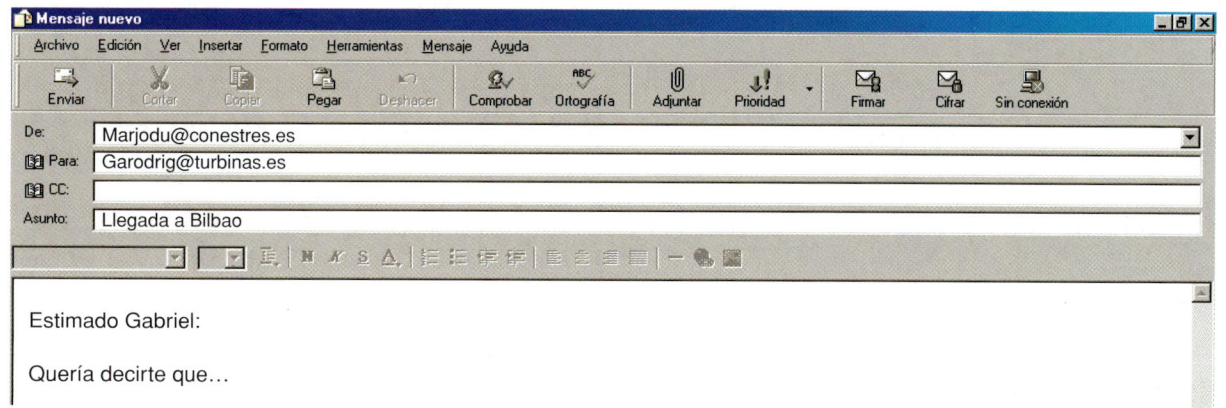

Mensaje nuevo

Archivo Edición Ver Insertar Formato Herramientas Mensaje Ayuda

Enviar Cortar Copiar Pegar Deshacer Comprobar Ortografía Adjuntar Prioridad Firmar Cifrar Sin conexión

De: Marjodu@conestres.es
Para: Garodrig@turbinas.es
CC:
Asunto: Llegada a Bilbao

Estimado Gabriel:

Quería decirte que…

35 Fui a Quito en tren. ¡Fui una odisea!	**34** Voy a México una o dos veces al año.	**25** ¿A qué hora sale el próximo autobús a Sevilla?	**24** En otoño llueve mucho y está mal tiempo.
36 Hizo muy bien tiempo en Mallorca.	**33** ¿Qué te parece este libro? ¿Te gusta?	**26** Lo siento, señora. El tren a Valencia acaba de salir.	**23** ¿Cuál tiempo hace hoy en el norte de Chile?
37 ¿Sabes? Fíjate que un otro día me pasó una cosa curiosísima.	**32**	**27**	**22** ¡Estoy en vacaciones! ¡Por fin!
38 Total, que me gusta aprender español. ¿Y a ti?	**31** En mayo del 98 he estado en el Perú.	**28** ¿Hay ningún otro tren a Cádiz esta mañana?	**21**
LLEGADA	**30** La conocí el verano pasado y me enamoré.	**29**	**20** Suelo viajar una vez el año al extranjero.

19	18	17	16	15
En el bar, algunos señores están leído el periódico.	Un momento, ahora entonces se pone.	El Sr. Díaz no puede se pone en este momento.	No, todavía he ido a la playa este año.	Lo siento, se ha equivocado.

10	11	12	13	14
Creo este juego es divertido.		No, Felipe no está. Vuelve después comer.	● ¿Está Quique? ● ¿De parte de quién?	Entonces quedamos a las 8 en el Bar Día.

9	8	7	6	5
	● ¿Vamos al cine esta noche? ● Vale. ¡Buena idea! ¿Cómo quedamos?	¿Qué película se ponen en el Cine Odeón?		He estado nunca en Cuba.

SALIDA	1	2	3	4
	Estudio español desde tres meses.	Rodolfo, ¿conoces el señor Simisterra?		Tengo leer mucho para aprender rápido.

¿Cómo jugar? Algunas de estas frases son correctas, otras no (tienen **1** error). En grupos de máx. 4 participantes, con un dado y fichas de colores, una por participante. Por turnos, en el sentido de las agujas del reloj (*Uhrzeiger*), tire el dado, avance tantas casillas como corresponda y diga si la frase de la casilla correspondiente es correcta o no. Si no lo es, debe decirla correctamente. Si no sabe responder, retroceda a la casilla de donde viene. Las escaleras (*Leitern*) le ayudan a avanzar casillas, pero si usted cae en un pozo (*Brunnen*), tiene que retroceder.

5

Salud, dinero y amor...

1

a) ¿Cuáles de estas partes del cuerpo conoce ya?

| piernas | pelo | boca | ojos | pecho | brazos | pies |

b) Lea este poema y escriba en los espacios vacíos las partes del cuerpo que faltan.

Tu cuerpo lindo

Esos ....

grandes, color caramelo,

ese ....

negro, suave y largo.

Esa *nariz* graciosa,

esa sonrisa en tu ....,

esa piel morena de dulce sabor.

Tus .... recorren

conmigo la vida.

Doy gracias al cielo día a día,

porque puedo disfrutar de tu compañía,

de tu cuerpo lindo, de tu caminar.

Tus .... acunan

a nuestro bebé –

ea, ea, é.

Tus .... me acompañan

en el minué,

uno, dos y tres.

Tu bello ....,

tu *cintura* estrecha

y esas *caderas...* ¡olé!

Día a día me gusta descubrir

el laberinto

que es tu cuerpo de mujer.

R. Marín, Colombia

c) Escuche cómo el autor declama su poema y compruebe.

19

d) En parejas. ¿Qué le pasa al autor de este poema? Marquen con una cruz.

Está... ◆ alegre ◆ triste ◆ enamorado ◆ deprimido

◆ contento ◆ estresado ◆ nervioso ◆ ....

2

En parejas. Escriban una historia sobre el autor de este poema. ¿A quién le escribe? ¿Por qué?
¿Cómo es él, cómo es ella? ¿Dónde y cuándo se conocieron?

3

a) Escriba los nombres de las partes del cuerpo.

cabeza

espalda

dedo

nalgas

cuello

hombro

estómago

mano

X estómago
X cabeza
X dedo
X mano
X espalda
X cuello
X nalgas
X hombro

ojo
boca
brazo
pierna
pelo
pecho
pie

b) Observe los colores de las palabras, ¿cuáles son femeninas, cuáles masculinas? ¿Cómo terminan? ¿Hay excepciones de la regla?

▶ **Ü 1-3**

4

a) En estas *frases hechas* se mencionan algunas partes del cuerpo. ¿Conoce usted alguna de ellas?

1. ¡Ojo!
2. Estoy con el agua al cuello.
3. Es un hombre de pelo en pecho.
4. Se me hace la boca agua.
5. Estar hasta las narices.
6. Eso cuesta un ojo de la cara.

b) En parejas. Relacionen las *frases hechas* con las explicaciones correspondientes.

☐ *a) Se dice de un hombre muy masculino y de mucho carácter.*
☐ *b) ¡Atención! ¡Cuidado!*
☐ *c) Se emplea cuando una persona está muy cansada de una cosa. No puede más.*
☐ *d) Lo dice una persona que está en una situación muy difícil.*
☐ *e) Se dice cuando algo es muy, muy caro.*
☐ *f) Me pasa cuando veo una comida muy rica.*

c) ¿Y en su lengua materna? ¿Hay frases similares? Comenten en grupos.

¿Le gustan las frases hechas y los proverbios en castellano? Entre aquí.

▶ **Ü 4**

5

20

▶ **Ü 5**

Una persona llama a la consulta de un médico para pedir hora. Lea las siguientes frases, escuche después el diálogo y marque si son verdaderas o falsas.

	v	f
1. El señor pide hora para su hija.	◆	◆
2. La paciente tiene una gripe terrible.	◆	◆
3. La cita es el viernes, a las cinco de la tarde.	◆	◆

6

a) Estas personas están enfermas, no se sienten bien. ¿Qué les pasa? Relacione las frases con los números correspondientes.

- [ ] Le duele el estómago.
- [ ] Le duelen las muelas.
- [ ] Le duele la cabeza.
- [ ] Tiene fiebre.
- [ ] Está resfriado.

b) Haga mímica. Usted está enfermo, le duele algo. ¿Sabe su compañero/-a qué le pasa?

c) En parejas. Uno/-a de ustedes está enfermo/-a y llama a la consulta para pedir hora. Pónganse de acuerdo sobre el día y la hora.

- Quería pedir hora, es que...
- Sí, mire, puede venir el...
- Lo siento, ese día no puedo...
- Queda anotado, el jueves a las...

G

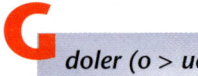

doler (o > ue)

Me duele la espalda, la cabeza...
Me duele**n** los ojos, los pie**s**...

Tengo fiebre, tos, gripe, dolor de cabeza...
Estoy nervioso/-a, cansado/-a, resfriado/-a, enfermo/-a...
Me encuentro / siento mal...

▶ **Ü 6**

a) En la consulta. Lea este diálogo. ¿Qué le pasa al paciente?

◆ Pase, pase, Sr. del Valle, siéntese. A ver... ¿qué le pasa?

● Pues mire, doctor, me encuentro fatal últimamente. Estoy siempre cansado y triste, sin ganas de nada. No sé qué me pasa. No tengo apetito, duermo fatal y estoy muy nervioso. ¡Esto no es vida!

◆ Ya... A ver... ¿Le duele algo concreto?

● Pues sí, a veces me duele la cabeza.

◆ Vamos a ver. Abra la boca, así, muy bien. Por favor, quítese la camisa y túmbese. Respire. Mmm... Sr. del Valle, no veo nada raro. A ver… ¿Qué vida lleva usted? ¿Qué tal va el trabajo, la familia?

● La familia está bien y el trabajo..., pues estoy jubilado desde hace tres meses.

◆ ¡Ajá! Claro... Probablemente, lo que usted necesita es un nuevo ritmo de vida, una disciplina... ¿Por qué no se dedica a sus hobbies o trabaja de voluntario en una ONG, algo así...? Además, beba mucha agua, coma mucha fruta... En un par de semanas, seguro que se siente mucho mejor.

● Sí, tiene usted razón. Necesito un cambio de vida, una regularidad.

◆ Sí, así es. Mire, tome esta receta, son vitaminas y minerales. Y nos vemos dentro de un mes, ¿de acuerdo?

● De acuerdo, muchas gracias, doctor.

◆ De nada, adiós, Sr. del Valle, ¡y que se mejore!

b) En el diálogo, el médico usa el imperativo para dar instrucciones y consejos. Subraye las formas en el diálogo.

c) Complete el recuadro.

	-ar	-arse	-er	-ir
	pasar	sentarse	comer	abrir
(tú)	pasa	siénta<u>te</u>	come	abre
(usted)	....	siénte<u>se</u>	....	....

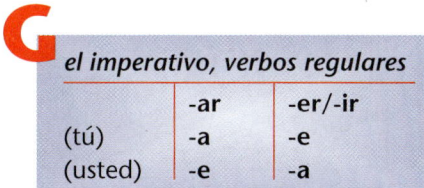

G *el imperativo, verbos regulares*

	-ar	-er/-ir
(tú)	-a	-e
(usted)	-e	-a

▶ Ü 7

8

Relajarse es muy bueno para la salud.
¿Quiere hacer un viaje relajante? Escuche, siga las instrucciones y sobre todo, ¡disfrute!

21

5

9

a) ¿Conoce usted algunos de estos remedios?

tomar(se)	una aspirina
	un analgésico
	un antibiótico
	un jarabe
	un vaso de leche caliente
	un coñac
	una infusión de manzanilla

descansar
darse un masaje
hacer yoga
quedarse en casa
ir al médico
tomar un baño caliente

b) ¿Cuándo los utilizan ustedes? Discutan en grupos.

● Cuando estoy muy resfriado, me tomo una aspirina y me quedo en casa, ¿y vosotros?

10

En su grupo. Uno de ustedes no se encuentra bien. Sus compañeros le van a hacer unas recomendaciones. Puede usted aceptar o no.

● ¿Qué te pasa? ¿No te encuentras bien?
● No, me encuentro fatal.
● Pobre, pues haz una pausa o tómate una aspirina…
● No, es que nunca tomo nada…
► **Ü 8** ◆ Bueno, pues entonces, ¿por qué no te acuestas?

G *el imperativo, verbos irregulares*

	hacer	**ir**
(tú)	haz	ve
(usted)	haga	vaya

11

22

a) ¿Qué remedios les dan a estas personas en la farmacia? Escuche y ponga el número del diálogo en el dibujo correspondiente.

b) ¿Cómo se pide un remedio en la farmacia?

c) Vuelva a escuchar. ¿Cómo tienen que tomar los remedios?

1. ....

2. ....

► **Ü 9** 3. ....

cada... horas	antes de...
... veces al día	después de...

a) ¿Cuáles son, según esta canción popular, las tres cosas más importantes de la vida? Escuche.

b) El siguiente artículo trata de los valores más importantes para la felicidad de los españoles. Complete los espacios vacíos con las siguientes palabras.

23

| ganar dinero | profesión | familia | disfrutan | feliz | ayuda |

«El dinero no da la felicidad...»

Según las últimas encuestas, cerca de un 80 % de los ciudadanos españoles se siente _____ y satisfecho con su vida, aunque viven menos momentos de pasión e interés. Y es que los españoles han llegado al equilibrio emocional: sufren menos, pero también _____ menos.
Los valores más importantes de la sociedad española son la salud y la _____, seguidos muy de cerca por las amistades, luego por el trabajo, _____, el tiempo libre, y, por último, la religión y la política. Es decir, para los españoles, los aspec-tos más valiosos son los de su vida privada; en segundo plano están los de carácter institucional, social o público. En relación al trabajo, para los españoles la _____ y la producción no son prioridad absoluta. Sólo un 30 % se identifica realmente con su trabajo y, sin embargo, la mayoría prefiere encontrar un puesto interesante y estable que ganar millones. «El dinero no da la felicidad, pero _____», se dice.

Fuente: CIS, boletines 7, 1995, 19 y 21, 1999

c) Subraye los valores más importantes para la felicidad de los españoles. ¿Coinciden con los de su país? Intercambie impresiones con su compañero/-a.

a) ¿Y para usted? ¿Qué valores son importantes en su vida? Haga una lista por orden de importancia y dibuje en su cuaderno su propia *tarta de la felicidad*.

....
....
....
....
....

La Tarta de la Felicidad

b) En grupos de cuatro. Comparen sus *tartas*. ¿Qué tienen en común, qué es diferente? Después comparen los resultados de toda la clase.

¿Qué hacen ustedes para llevar una vida sana y feliz?

● Pues yo hago yoga, no fumo y bebo dos litros de agua al día.
◆ Para mí es muy importante reírme, estar con mis amigos..., ¿y para vosotros?

5 En vivo

La curandera

a) Algunos diccionarios traducen la palabra *curandero* con el término *Kurpfuscher*. ¿Cree usted que la autora del siguiente artículo piensa lo mismo? ¿Cómo la traduciría usted?

Manos y corazón

No necesitan aparatos, no hacen radiografías ni recetan analgésicos y, sin embargo, curan. Desde hace siglos existe en España una medicina tradicional, natural y humanista que convive con las altas tecnologías y los ambulatorios de la Seguridad Social. Actualmente hay entre 5.000 y 10.000 curanderos en España, sobre todo en las regiones de Galicia, Andalucía y Canarias. Los curanderos son algo así como «psicoterapeutas populares», que no sólo ven los síntomas del paciente, sino también su psicología y su situación familiar. Con sus manos, su intuición, remedios naturales y la fe del paciente pueden curar desde el alcoholismo hasta la depresión, «el mal de ojo»[1] y el insomnio, o colocar los huesos de una pierna o un brazo. Sobre todo pacientes con problemas de huesos y articulaciones confían más en su curandero que en su ortopedista. Así, llegan de todas partes los clientes de Catalina, «la huesera»[2].

Catalina Ramos tiene su consulta en una estrecha habitación llena de público que espera su turno. Los futuros pacientes ven cómo trabaja la curandera muy cerca, a pocos centímetros. En el centro, Catalina masajea una espalda, o un hombro, coloca un hueso, otro... con gran precisión. Vitalista y alegre, Catalina, «la huesera», trabaja y ríe desde la mañana a la noche. Cada día unos cien enfermos pasan por sus manos.

[1] „der böse Blick"; [2] „die Knochenheilerin"

«Yo no sé leer ni escribir, ni he estudiado, pero creo que soy una persona especial. No sé por qué, pero es un privilegio, un don de Dios. En seguida sé dónde tengo que poner las manos para curar, por intuición. Es una gracia, que ni se aprende, ni se enseña, o se nace con ella, o no.»

«Viene a mí mucha gente con problemas de espalda y niños con pies planos y gente que necesita otras soluciones duraderas para sus huesos y articulaciones.» Piensa que la medicina oficial ha olvidado el tema de la rehabilitación, el recuperarse poco a poco y para siempre. En la consulta de Catalina hay muchas imágenes religiosas, pero Catalina no parece una mística, sino una pragmática y efectiva huesera.

Texto adaptado de El País

b) ¿Hay curanderos en su país? ¿Está usted a favor o en contra de este tipo de medicina? ¿Por qué?

Sobre todo en Latinoamérica, el trabajo de los curanderos es indispensable para los habitantes de zonas rurales aisladas o de los barrios pobres de las ciudades. También muchas personas de las clases acomodadas consultan a un curandero y a un médico paralelamente. Los curanderos no suelen tener una tarifa fija. En general cada persona paga «la voluntad», es decir, lo que puede y quiere, por su tratamiento.

Recuerde

Über sein Befinden sprechen
- ¿Qué te pasa, no estás bien?
- ◆ ¡Ay! Me duele la cabeza y estoy muy cansada. Creo que tengo fiebre.
- Pobre, parece que tienes una gripe.

– ¿Qué le pasa?
- ▲ Me encuentro fatal y me duelen los ojos.

Das Verb *doler* (o > ue)   ▶ G 3.2
Me duele el estómago.
Le duelen los pies.

Das Verb *encontrarse* (o > ue)
Me encuentro fatal.

Einen Rat oder eine Anweisung geben

– Beba mucha agua, coma fruta y trabaje menos. Seguro que pronto se va a sentir mejor.

– Oye, si te encuentras tan mal, tómate una aspirina o acuéstate un rato.

Der bejahte Imperativ (Singular) (1)   ▶ G 3.4

regelmäßige Verben   ▶ G 3.4.1

	pas**ar**	com**er**	abr**ir**
(tú)	pas**a**	com**e**	abr**e**
(usted)	pas**e**	com**a**	abr**a**

reflexive Verben   ▶ G 3.4.2

	sent**arse**	tom**arse**
(tú)	siént**a**te	tóm**a**te
(usted)	siént**e**se	tóm**e**se

❗ Bei den reflexiven Verben wird das Pronomen direkt an die bejahte Imperativform des Verbs angehängt. Das Verb erhält einen Akzent, damit dieselbe Wortsilbe auch nach Anhängen des Reflexivpronomens betont bleibt.

unregelmäßige Verben   ▶ G 3.4.3

	hacer	ir
(tú)	haz	ve
(usted)	haga	vaya

– Haga usted deporte dos veces a la semana.
– ¡Haz una pausa y ve al médico!

Verstehen, wann und wie oft man etwas tun soll
– Tómese este jarabe tres veces al día.
– Tiene que tomar estos analgésicos cada cuatro horas.
– Tómese una infusión antes de las comidas.

Adverbien und adverbiale Ausdrücke   ▶ G 5, 6

... veces al día	... mal am Tag
cada... horas	alle ... Stunden
antes de...	vor ...
después de...	nach ...

Wichtige Verben
sentirse (**e** > **ie**: me siento, te sientes, se siente...) ▶ S. 46

Otro país, otra cultura

1

a) El Sr. Müller y la Srta. Schmidt, dos empleados de una empresa alemana, están en España. En parejas. Observen los dibujos. ¿Qué pasa? ¿Creen ustedes que hay algún problema? ¿Por qué?

b) Relacione las siguientes explicaciones con los dibujos. En caso necesario, consulte el diccionario.

En España y Latinoamérica...

☐ la gente no suele quitarse los zapatos en público.

☐ en los cafés y restaurantes no se suele compartir la mesa con extraños.

☐ se deja la propina encima de la mesa, sin hablar de ello con el camarero.

☐ mientras se habla, es normal hacer muchos gestos y tocar a las otras personas. En España, mucha gente fuma después de comer, incluso entre plato y plato.

a) Lea lo que dicen estas personas sobre sus experiencias en el extranjero. ¿A qué texto corresponde cada una de estas frases?

1. me costó mucho trabajo comprender el ritual de pagar la cuenta
2. en su país hay que insistir e insistir para dar dinero a alguien sin herir su orgullo*
3. nunca decimos palabras vulgares, somos mucho más formales
*sin herir su orgullo: *ohne seinen Stolz zu verletzen*

«Cuando llegué a España me chocó mucho la costumbre generalizada de decir *palabrotas* en casi todas las situaciones y niveles sociales. En mi país ☐. También me costó trabajo acostumbrarme al tuteo en las tiendas, en la consulta del médico, ¡en todas partes! En Ecuador es una falta de respeto, en España, en cambio, es muy normal.»

Marta, de Esmeraldas (Ecuador), vive en Barcelona desde 1999

«Vivo y trabajo en España desde hace dos años. Me encanta salir con mis compañeros a tomar algo o a comer, pero ☐. A la hora de pedirla en un restaurante empiezan a discutir: «Por favor, me trae la cuenta». «¡Ni hablar! ¡Hoy pago yo! ¡Por favor, la cuenta para mí!». «¡Que no, hombre, que no! ¡De ninguna manera!» Y así discuten un buen rato. Al final, el camarero le da la cuenta al más convincente. Para mí, todavía es difícil «pelear» con mis compañeros para pagar, así que cuando me toca a mí, suelo levantarme y pagar discretamente mientras los otros toman café.»

Georg Müller, de Viena, vive en Madrid desde el 2000

«Hace tres años fui a Nicaragua. Estuve en casa de la familia de una amiga mía que vive en Hamburgo. Un día, una de las hermanas fue a hacer unas compras. «¿Me podrías traer un rollo para mi cámara de fotos?» – le pedí. «Pues claro, sí, ¡cómo no!» – contestó ella. Cuando volvió le pregunté el precio. «Nada, nada», contestó. Y yo por cortesía no insistí: «Ah, muchas gracias.» Los días siguientes ella fue cortés pero seca conmigo. Yo me pregunté: «¿Qué he hecho mal?» Ya en Alemania, mi amiga me explicó que ☐.»

Rolf Hidden, Hamburgo (Alemania)

b) Escuche este diálogo. ¿De qué situación se trata?

c) Subraye en los textos algunas expresiones que hay en español para decir *sí* y *no*.

24
▶ Ü 1-3

¿Han tenido experiencias parecidas? Comenten en grupos. ¿Cuál es la más interesante?

¿Le interesan las experiencias de hispanohablantes residentes en Alemania?

4

a) Pedir permiso. Relacione estas situaciones con los diálogos de abajo. Un diálogo sobra. Compare después con su compañero/-a.

☐

◆ ¿Puedo pasar?
● Sí, sí, claro, pase, pase.

☐

● ¿Puedo mirar estas fotos?
● Perdona, es que no son mías.

☐

● ¿Puedo abrir la puerta? Es que el ambiente está muy cargado.
◆ Sí, sí, claro, ábrala, ábrala.

☐

● ¿Puedo fumar?
● Ay, lo siento, pero es que tengo dolor de cabeza.

25

b) Escuche y compruebe. ¿Cómo se da y no se da permiso en español? ¿Y en su lengua materna?

5

En parejas. Usted quiere hacer algo y le pregunta a su compañero/-a. ¿Le da o no le da permiso?

● ¿Puedo cerrar la puerta? Es que tengo frío.
● Sí, claro, ciérrala, ciérrala.

poner esta cinta de vídeo	bajar el volumen de la radio	usar tu ordenador
coger tu lápiz abrir las ventanas	abrir este armario	apagar la luz

G **el imperativo, algunos verbos irregulares**

	poner	venir	decir
(tú)	pon	ven	di
(usted)	ponga	venga	diga

G **el imperativo con los pronombres de objeto directo lo, las, los, las**

¿Puedo...	Sí, sí...
poner este CD?	ponlo, ponlo.
abrir la puerta?	ábrela, ábrela.
mirar esos libros?	míralos, míralos.
cerrar las ventanas?	ciérralas, ciérralas.

▶ Ü 4-5

Escuche estos cuatro diálogos. ¿En cuáles se da permiso? Marque con una cruz.

1 ◆   2 ◆   3 ◆   4 ◆

a) Olga le pide un favor a su amigo Eduardo. Lea primero las siguientes frases, escuche después y marque si son verdaderas o falsas.

	verdadero	falso
Olga está en Múnich.	◆	◆
Ella quiere ir a Honduras para trabajar allí.	◆	◆
Olga quiere quedarse una noche en casa de Eduardo.	◆	◆
Eduardo vive en Madrid.	◆	◆
Eduardo no tiene tiempo para recogerla en el aeropuerto.	◆	◆

b) Éste es el diálogo entre Olga y Eduardo. Sus partes están desordenadas. Numérelas en el orden correcto.

☐ ● Bueno, resulta que el vuelo que he reservado hace escala en Madrid y sale al día siguiente. Y bueno, he pensado que... ¿Podría quedarme una noche en tu casa? Es que ya sabes, los hoteles son tan aburridos, y me gustaría mucho verte...
  ● ¡Ah, pues claro que sí, con mucho gusto! ¡Ya sabes que mi casa es tu casa! ¿Qué día llegas?

☐ ● De momento sí, pero pronto tengo que ir a Honduras, es que tengo otro proyecto...
  Mira, por eso te llamo...
  ● A ver, dime, dime...

☐ ● Gracias, Eduardo, eres un encanto. Llego a las tres y media de la tarde con Iberia.
  ● Bueno, muy bien, entonces hasta el sábado, a las tres y media…
  ● Adiós, adiós, un beso y muchas gracias…

☐ ● ¿Dígame?
  ● Eduardo, ¿eres tú? Soy Olga.
  ● Olga, ¡qué sorpresa! ¿Qué tal? ¿Cómo estás? ¿Todavía estás trabajando en Berlín?

☐ ● Pero claro que sí, mujer, ¡cómo no! ¡No hay problema! Yo te recojo en el aeropuerto. ¿A qué hora llegas?

☐ ● Ay, muchas gracias, Eduardo, ¡cómo me alegro! Llego el próximo sábado, el día 15. Pero sabes, ¿podría pedirte otro gran favor? Es que llevo muchas maletas, y ya sabes que a veces no hay taxis. ¿Me podrías recoger en el aeropuerto? Pero sólo si puedes, si tienes tiempo…

c) Vuelva a escuchar y compruebe.

d) En parejas y de espaldas, lean el diálogo.

G *el condicional de cortesía (poder)*

¿Podría (yo)
¿Podrías (tú)   + *infinitivo*?
¿Podría (usted)

▶ Ü 6-8

8

Piense en estas personas. ¿Qué favores les suele pedir usted? Relacione. Puede añadir otros. Compare después con su compañero/-a.

¿Podría/s… ?
llevarme al aeropuerto
recogerme en la estación

pariente cercano
jefe/-a
amigo/-a
vecino/-a
secretario/-a

traer el pan
prestarme su / tu tarjeta de crédito
prestarme su / tu coche
llevar a pasear a mi perro
regar las plantas de mi casa
explicarme cómo funciona este programa
preparar un café

………………………………

9

¿Quién pide permiso? ¿Quién pide un favor? Escuche los diálogos y márquelos en la columna correspondiente.

28

	Pide permiso	Pide un favor
		X
1		
2		
3		
4		
5		

10

Pedir un favor o pedir permiso es una cuestión de confianza. En parejas, actúen como amigos.

A

1. Usted quiere irse de vacaciones y habla de ello con su mejor amigo. Piense adónde, cuándo y cómo quiere ir y cuándo va a volver.

2. Usted le pide a su amigo algunos favores:
   – dar de comer al perro,
   – sacarlo a pasear,
   – regar las plantas,
   – vaciar el buzón

3. Su amigo le ofrece algo y le pide también permiso para hacer algunas cosas. ¿Le da usted permiso o no?

B

1. Su mejor amigo le cuenta que pronto se va de vacaciones. Pregúntele adónde, cuándo, cómo va y cuándo vuelve.

2. Su amigo le va a pedir unos favores. ¿Está usted de acuerdo?

3. Usted le ofrece llevarlo al aeropuerto, pero también le pide permiso para hacer otras cosas:
   – usar su ordenador para un trabajo importante,
   – hacer una barbacoa en su jardín,
   – usar su coche, el suyo está en el taller

¿Acepta su amigo?

a) Lo «normal» cambia según el país o la región donde estamos y la lengua que hablamos. Éstas son algunas costumbres y actitudes de los países hispanohablantes que hemos visto en esta lección. Escriba lo que se hace normalmente en su país.

En España / Latinoamérica	En mi país
En restaurantes, bares, cafés... no se suele compartir la mesa con extraños.	
la propina se deja en la mesa, después de pagar.	
muchos españoles fuman, incluso durante la comida.	
normalmente una persona paga lo de todos.	
En la calle... los españoles suelen decir muchas «palabrotas» sin estar enfadados.	
en general, la gente es bastante expresiva: se tocan cuando hablan, hacen muchos gestos y a veces hablan bastante alto.	
sobre todo en España, se usa mucho el «tú», incluso en las tiendas o en el médico. En Latinoamérica se usa más el «usted».	
...	

b) Comparen sus resultados en grupos.

12

a) En parejas. Cuando estamos en un país extranjero es muy importante «saber estar», saber comportarse, conocer y respetar las costumbres. Escriban una lista de recomendaciones para los visitantes hispanohablantes de su región.

– En Alemania, cuando estás invitado a casa de una persona, se suele/(no) se puede...
– Cuando contestas al teléfono, se suele...

> En España no **se suele** compartir la mesa con extraños.
> En Alemania **no se puede** usar el «tú» en tiendas o en el médico.

b) Hagan una lista en común con las recomendaciones de toda la clase. ¿Cuáles son las cinco más importantes y más útiles?

▶ Ü 9-10

6 En vivo

a) ¿Qué relación tienen estos dos textos entre sí?

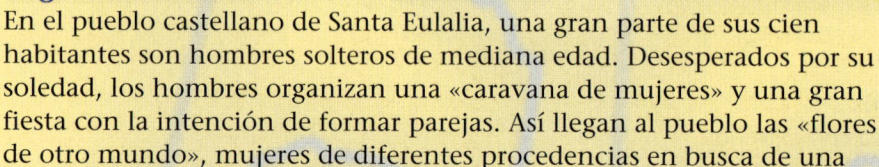

Flores de otro mundo (España, 1999)
Premio Especial de la Crítica en Cannes, 1999
Dirección: Icíar Bollaín
Guión: Icíar Bollaín y Julio Llamazares
Valoración: ***
Argumento:

En el pueblo castellano de Santa Eulalia, una gran parte de sus cien habitantes son hombres solteros de mediana edad. Desesperados por su soledad, los hombres organizan una «caravana de mujeres» y una gran fiesta con la intención de formar parejas. Así llegan al pueblo las «flores de otro mundo», mujeres de diferentes procedencias en busca de una nueva vida. En la fiesta se forman tres parejas desiguales: la dominicana Patricia y el introvertido Damián; la enfermera Marirrosi, de la ciudad industrial Bilbao y Alfonso, amante del campo; la joven y exuberante cubana Milady, siempre nostálgica de su país, y el enamoradísimo Carmelo.

Nuestra opinión: Una película basada en hechos reales, que trata sin pelos en la lengua la inmigración, la necesidad de tolerancia, la dificultad de la comunicación entre las culturas y la llave que abre todas las puertas: el amor y el respeto.

Los solteros de Plan

Plan es un pueblecito de montaña de la provincia de Huesca (Aragón). Sus 200 habitantes viven de la agricultura y la ganadería, a pesar de las duras condiciones climáticas típicas del Pirineo Occidental. Pero Plan es, además, un pueblo famoso. En 1985 los hombres solteros, desesperados porque no había mujeres en el pueblo, vieron en la tele el viejo *western* «Caravana de mujeres», en la que se cuenta la aventura de las mujeres que van al encuentro de los hombres pioneros para formar parejas y poblar una zona salvaje de Norteamérica. La idea de organizar una caravana de mujeres les pareció genial y la imitaron. Poco tiempo después llegaron a Plan autobuses llenos de mujeres procedentes de toda España y Latinoamérica. En la gran fiesta de bienvenida se formaron algunas parejas, el pueblo revivió con las nuevas familias y, sobre todo, se hizo famoso para siempre por la «Fiesta de los solteros», que desde entonces se celebra cada primavera.

Texto adaptado de La Revista de El Mundo, n° 190, 1999

b) ¿Puede imaginarse por qué la directora de la película le puso ese título?

Recuerde

Um Erlaubnis bitten und eine Erlaubnis erteilen oder nicht erteilen

- – ¿Puedo poner este CD?
- ● Sí, claro, ponlo, ponlo.

- ◆ ¿Puedo cerrar las ventanas?
- ● Por supuesto, ciérralas, ciérralas.
- – ¿Puedo abrir la puerta?
- ● Mmm..., lo siento, es que estoy resfriada.

- – ¿Podría quedarme en tu casa?
- ● Sí, sí, claro, con mucho gusto.

Der bejahte Imperativ (Singular) (2)

unregelmäßige Verben   ▶ G 3.4.3

	poner	**venir**	**decir**
(tú)	pon	ven	di
(usted)	ponga	venga	diga

Der bejahte Imperativ mit den direkten   ▶ G 3.4.4
Objektpronomen *lo, la, los, las*

tú)	llámalo	ábrela	ponlos	hazlas
(usted)	llámelo	ábrala	póngalos	hágalas

❗ Die direkten Objektpronomen werden an den bejahten Imperativ angehängt. Das Verb erhält einen Akzent, damit die im Imperativ betonte Silbe auch nach Anhängen des Objektpronomens betont bleibt. Das geschieht immer, wenn das Verb mehr als eine Silbe hat.

Jemanden um einen Gefallen bitten

- – ¿Me podrías recoger en el aeropuerto?
- ● Sí, ¡cómo no!, con mucho gusto.

- ◆ ¿Podría usted regar las plantas durante mis vacaciones?
- ● Claro que sí.

Das Konditional   ▶ G 3.7

	poder	
(yo)	podría	
(tú)	podrías	
(el, ella, usted)	podría	+ *infinitivo*
(nosotros, -as)	podríamos	
(vosotros, -as)	podríais	
(ellos, -as, ustedes)	podrían	

❗ Das Konditional von *poder* wird hier verwendet als besonders höfliche Form, um Erlaubnis oder einen Gefallen zu bitten.

Über Normen und Gewohnheiten sprechen

- – En Latinoamérica no se puede usar el «tú» para hablar con personas extrañas en la calle o en las tiendas.

- – En España y Latinoamérica la gente suele dejar la propina en la mesa del restaurante.

Se puede, se suele   ▶ G 3.2

(no) se puede	man kann (nicht) / (man darf nicht)
(no) se suele	man pflegt (nicht) zu tun, man tut (nicht)

Hogar, dulce hogar...

1

a) Lea cómo describe una revista española esta casa restaurada. Subraye todas las expresiones y palabras que entiende. Compare después con su compañero/-a.

«**El Molino**», esta casa restaurada del siglo XIX, está situada en la región valenciana, a unos 30 km de la costa mediterránea, en un paisaje idílico, lleno de palmeras y naranjos.

Vivir con estilo

01 Luminosa y confortable sala de estar, decorada al estilo señorial, con una gran chimenea de mármol, elegantes sofás en colores cálidos. La lámpara de cristal es del modelo Irex.

02 Dormitorio de decoración sencilla y ligera. La gran ventana da a la piscina del jardín. Muebles de metal fabricados en Toledo.

03 Agradable comedor para mágicas reuniones gastronómicas, alfombra persa y 6 sillas de Morell, Valencia.

04 En el cuarto de baño, los materiales nobles (cerámica, piedra, madera) y el ambiente íntimo invitan a un baño relajante.

05 La amplia cocina conserva la atmósfera rústica y tradicional. Mesa y sillas de fabricación artesanal, en madera oscura, de Cantabre (Santander). Por la puerta entra el aroma del jazmín del patio interior.

b) Numere las fotos de las habitaciones según el texto.

c) ¿Cómo son las habitaciones de la casa? Haga una lista de las palabras que las describen. Compare después con su compañero/-a.

La sala de estar es luminosa y confortable...

Escriba los nombres de las habitaciones al lado del plano.

▶ Ü 1-3

3

a) La dueña de la casa recibe visita. ¿Qué habitaciones le muestra a su amiga? Escuche y siga el trayecto con el dedo sobre el plano de arriba.

29

b) ¿Qué frases dice la invitada, cuáles la anfitriona? Marque con una *I* o una *A*.

☐ ¡Qué bonita es vuestra casa!

☐ ¿Te gusta?

☐ ¡Qué va! ¡Es precioso!

☐ ¿Tú crees? ¿No te parece demasiado...?

☐ ¡Qué agradable...!

☐ ¡Me gusta el color! Es muy bonito.

☐ Sí, pero es un poco pequeño...

c) Vuelva a escuchar y compruebe.

En España y Latinoamérica, cuando llega visita a casa, el anfitrión o la anfitriona suele mostrar su vivienda y las novedades de cada habitación. Hay entonces un ritual en el que el invitado elogia la decoración y los detalles. Los anfitriones, por su parte, no suelen reaccionar diciendo simplemente *gracias*, sino que tratan de quitar importancia a los elogios.

▶ Ü 4

4

a) ¿Ofrece este anuncio de ofertas de vivienda las mismas informaciones que los anuncios de su país? ¿Hay diferencias?

b) Describa este piso por escrito.
Compare después con su compañero/-a.

– Es un piso reformado, está en...,
  tiene..., cuesta...

SE VENDE
Madrid / zona céntrica.
Piso reformado, 70 m², muy luminoso,
2 dormitorios, todo exterior, baño completo,
parqué, cocina amueblada, balcón, calefacción
central, trastero, 3ª planta, ascensor, portero físico,
a 5 min. Estación de Atocha y metro.
€ 300.000 Tel. 91-7 86 54 76

5

Describa usted su piso a un/a compañero/-a.

– Mi piso / casa está en… Es…

6

a) Usted quiere alquilar una vivienda en una ciudad española. De estos criterios, ¿cuáles le parecen muy importantes, cuáles menos y por qué? Compare con su compañero/-a.

– tipo de barrio, precio, número de habitaciones, metros cuadrados, acceso al transporte público…

b) De estas viviendas, ¿cuál escogería usted?

SE ALQUILA

☐ **ÁTICO**. Zona Centro. Superluminoso. Cocina completa. Sin reformar, económico. Ideal estudiantes.
91-4 35 53 73. ¡Llama!

☐ **¡BUENA ZONA!**
Estudio
45 m², totalmente amueblado, cocina y sanitarios nuevos, céntrico, cerca Gran Vía, junto parada de autobús y metro. Gastos de comunidad incluidos, luz y agua aparte. € 600.
Tel. 91-5 48 83 10

☐ **¡OPORTUNIDAD!**
Apartamento, 80 m², tres dormitorios, interior, tranquilo, cocina amueblada, calefacción central, gas natural, suelos madera, portero automático, junto a RENFE.
€ 720 / mes.
91-5 53 41 61

☐ **ZONA TRANQUILA.**
Piso antiguo, 2°, ascensor, 4 dormitorios, sin amueblar, 2 baños, 2 terrazas, exterior, trastero. Junto Ambulatorio.
€ 810 / mes.
Tel. 6 59-83 13 85.

☐ **LOS OLIVOS, Piso en Urbanización** a 15 min. de Madrid, 2 dormitorios, 2 baños completos, todo exterior, terraza, zona ajardinada, parque infantil, piscina comunitaria. Sin amueblar. Nómina*. A partir de 16 h. € 795, incluidos gastos comunidad.
Tel. 6 87-73 86 81

☐ **AGUSTÍN de Guadalix**, a 7 km. de Madrid, chalé adosado de 220 m², 100 m² de jardín, 4 habitaciones, 2 baños, aseo, cocina, buhardilla. Urbanización cerrada con piscina, pista de tenis. Garaje 2 coches, trastero, € 2.010.
Tel. 6 96-8 77 97

*contrato de trabajo fijo

---

c) En parejas. Comente con un/a compañero/-a y explíquele los motivos de su elección.

7

a) Usted quiere llamar para pedir más información sobre la vivienda que le interesa. ¿Qué preguntas y expresiones necesita? Prepárelas por escrito con su compañero/-a.

– Buenos días. Llamo por…   – Quería saber…   – ¿Qué piso es?

30

▶ **Ü 5**

b) Esta persona también se interesa por uno de los anuncios del periódico. ¿Por cuál? ¡Escuche!

c) Vuelva a escuchar y compare las preguntas que ha preparado usted con las de Luis Valle. ¿Son similares?

8

a) En parejas. Al teléfono. Uno/a de ustedes trabaja en una agencia inmobiliaria y el otro / la otra llama para pedir información sobre alguna de las viviendas de arriba. Si le interesa, puede concertar una cita para ir a verla.

b) ¿Cuál ha sido la vivienda «favorita» de la clase? ¿Por qué?

Conecte aquí para ver otras ofertas de viviendas, pisos, casas…

a) Rodrigo Rodríguez piensa emigrar al Ecuador y quiere vender algunas cosas en El Rastro, un famoso mercadillo de Madrid. Ayúdele a escribir las etiquetas de los precios de los objetos y muebles. Compare después los resultados con su compañero/-a.

lámpara de pie: 20 €
estantería: 42 €
frigorífico: 135 €
ordenador: 220 €
palmera: 26 €
sillón: 70 €
equipo de música: 85 €
televisión: 95 €
silla: 12 €
escritorio: 65 €
cuadro: 55 €
lavadora: 168 €
cocina eléctrica: 115 €
cómoda: 85 €

b) ¿Dónde están todos estos muebles y objetos en *su* casa? Complete el memo-mapa, puede agregar otras cosas.

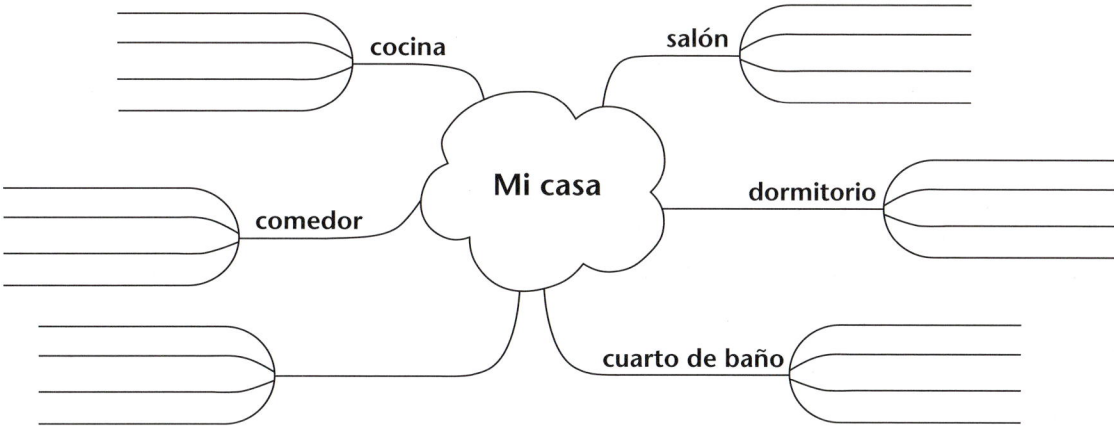

cocina — salón

comedor — **Mi casa** — dormitorio

cuarto de baño

c) En parejas. Cuente a su compañero/-a dónde están los muebles y objetos en su casa. ▶ Ü 6

● Mi lavadora está en la cocina, porque mi cuarto de baño es muy pequeño.
– Ah, pues mi lavadora está en...

10

a) En grupos. *¡Qué desorden!* ¿Cuántos muebles y otros objetos del dibujo pueden escribir en dos minutos?

b) Lea las siguientes frases, subraye las palabras que le indican dónde están las cosas.

1. El papel higiénico está en el escritorio.
2. El cubo de basura está debajo del cuadro.
3. La cámara y las tijeras están en el cajón del armario.
4. A la izquierda de la ventana hay una estantería de libros.
5. El escritorio está delante de la ventana.
6. Entre la cama y la silla hay dos platos.
7. Al lado de (Junto a) la cama hay una mesilla.
8. Detrás del escritorio hay una ventana muy grande.
9. El cuadro está encima del cactus.

c) ¿Qué significan estas expresiones en su lengua?

delante de	detrás de	al lado de / junto a ....
debajo de	entre	en el cajón ....
encima de / sobre / en la mesa	a la derecha / izquierda de	encima del / sobre el cactus
....	....	....

d) En parejas. Escriban juntos cuatro frases verdaderas y dos falsas sobre el dibujo. Después, con los libros cerrados, lean sus frases a otra pareja. ¿Quién tiene la mejor memoria?

Un amigo suyo está de visita en su casa. Usted no tiene tiempo para ocuparse de él. Escríbale una nota explicando dónde están estas cosas, agregue otras.

el vino   el pan   el teléfono   el plano de la ciudad   las llaves del garaje...   ▶ Ü 7

a) Lea estos dos artículos. ¿Qué título correspondería a cada uno de ellos?

1. «Vivir en vertical»   2. «Viviendas económicas»   3. «Miniviviendas funcionales»

Un 20 % de la población en el centro de Madrid y Barcelona vive solo, en pisos cada vez más pequeños. Y el porcentaje crece día a día. En general se trata de estudiantes, solteros, divorciados, personas mayores de 65 años, viudos, gente que trabaja mucho, tiene poco tiempo y necesita los <u>servicios</u> que ofrece un barrio céntrico (mercado, farmacia, lavandería, restaurantes abiertos las 24 horas...).
Luis Portales, soltero, vive en un minipiso de sólo 45 m², moderno, <u>funcional</u>, <u>decorado</u> en Ikea. Tiene una televisión grande, un buen equipo de música y una lista de 10 teléfonos de distintos sitios de comidas rápidas. Su casa está siempre limpia y ordenada, gracias a su <u>asistenta</u>, que llega una vez a la semana pero que no ve nunca. Entre semana no puede disfrutar mucho de su vivienda, y, sin embargo, paga por ella más de la mitad de su <u>sueldo</u>.

Texto adaptado de El País semanal, Estilo de vida

«Los 250 metros cuadrados de mi casa se dividen en cuatro plantas unidas por 47 escalones, o sea, que estamos todo el día subiendo y bajando <u>escaleras</u>. Yo he encontrado una solución: en todas las plantas tengo teléfono, radio, tele, mininevera, cubos de basura, miniescoba, papel higiénico, tijeras...» Gema Bravo vive en un tipo de vivienda muy popular en España: el <u>chalé adosado</u>, un punto medio entre la ciudad y el campo, situado en la <u>periferia</u> de las grandes ciudades. Es <u>ideal</u> para parejas entre 30 y 40 años, con dos hijos y dos sueldos...

Texto adaptado de El País semanal, Estilo de vida

b) Averigüe el significado de las palabras subrayadas por medio del contexto y de sus conocimientos de otras lenguas. Compare sus resultados con el grupo.

c) Los textos describen dos tendencias diferentes entre la gente que vive en o cerca de las grandes ciudades españolas. ¿Cuáles? ¿Es igual en su país? Comenten en grupos.

La casa de mis sueños. **Cuéntele a su compañero/-a cómo es la casa de sus sueños y dónde está. Describa después una de las habitaciones. Mientras usted la describe, su compañero/-a la dibuja.**

España	Latinoamérica
alquilar	alquilar, arrendar
piso, apartamento	apartamento, departamento
cuarto, habitación	cuarto, habitación, pieza
ascensor	elevador
ordenador	computadora
nevera, frigorífico	nevera, refrigeradora

▶ Ü 8-9

7 En vivo

a) Lea estos dos fragmentos de la novela «La casa de los espíritus», de la escritora chilena Isabel Allende. ¿A qué época corresponde cada uno de ellos?

Cap. III (Una época feliz)

Cap. X (El fin de una época)

[...] Esteban Trueba y Clara del Valle se casaron en una discreta ceremonia. [...] Se fueron de viaje a Italia [...] Regresaron de la luna de miel tres meses después. Férula los esperaba con la casa nueva [...], llena de flores y fuentes con frutas [...]. Al cruzar el umbral[1] por primera vez, Esteban levantó a su mujer en brazos. [...]

Llevó a Clara a recorrer la casa. [...] En la puerta de la habitación destinada a ella, Esteban le pidió que cerrara los ojos y la condujo de la mano hasta el centro.
– Ya puedes abrirlos – le dijo encantado.

Clara miró a su alrededor. Era una pieza grande con las paredes tapizadas en seda azul, muebles ingleses, grandes ventanas con balcones abiertos al jardín y una cama con dosel[2] y cortinas de gasa que parecía un velero[3] navegando en el agua mansa[4] de la seda azul.
– Muy bonito – dijo Clara.

97

La muerte de Clara trastornó[5] por completo la vida de la gran casa de la esquina. [...] Con ella se fueron los espíritus, los huéspedes y aquella luminosa alegría [...] Luego murieron las plantas porque nadie se acordó de regarlas ni de hablarles, como hacía Clara. Los gatos se fueron calladamente, tal como llegaron [...] En [...] los años siguientes la casa se convirtió en una ruina. Nadie volvió a ocuparse del jardín [...] En los salones, poco a poco las cortinas se desprendieron de sus ganchos[6] y colgaron como enaguas[7] de anciana[8] [...] Los muebles [...] se transformaron en cadáveres [...] La cocina se cubrió de grasa, se llenó de tarros[9] vacíos y pilas[10] de periódicos, y dejó de producir las grandes fuentes de leche asada y los guisos[11] perfumados [...] Sólo el cuarto tapizado de seda azul de Clara permaneció intacto. En su interior quedaron los muebles de madera rubia, dos vestidos de algodón blanco, la jaula vacía del canario [...], la mesa de tres patas y [...] cuadernos donde anotó la vida durante cincuenta años [...]

280

Isabel Allende, 2 fragmentos de «La casa de los espíritus», © Isabel Allende, 1982

[1] Türschwelle; [2] (Bett-)Himmel; [3] Segelboot; [4] ruhig; [5] brachte durcheinander; [6] Haken; [7] Unterrock; [8] alte Frau; [9] Töpfe; [10] Stapel; [11] Gerichte

b) La casa de Clara del Valle y Esteban Trueba ha cambiado mucho con el tiempo, pero hay una habitación que sigue igual. ¿Cómo se llama, cómo es?

 Si le han gustado estos fragmentos literarios y tiene curiosidad por saber más sobre Isabel Allende y otros escritores latinoamericanos, consulte estas páginas.

Recuerde

Eine Wohnung beschreiben
– La casa de Roberto es grande y luminosa. Tiene 3 dormitorios, un balcón y una chimenea en el salón. Está en el centro, muy cerca de la Plaza Santa Ana.

Angeben, wo sich etwas befindet
– El cubo de basura está debajo del escritorio.
– El libro está en la estantería.
– Hay unas tijeras encima de la mesa.

Ortspräpositionen ▶ **G 5**

delante de	*vor*
detrás de	*hinter*
debajo de	*unter*
encima de	*auf*
a la derecha de	*rechts von*
a la izquierda de	*links von*
al lado de	*neben*
junto a	*neben*
en	*in, an, auf*
sobre	*auf*
entre	*zwischen*

Etwas zum Verkauf oder zur Miete anbieten
Se alquila apartamento, 80 m², tres dormitorios…

***se* + Verb** ▶ **G 3.2**

se alquila	*zu vermieten*
se vende	*zu verkaufen*

¿Qué me pongo?

de calle
total: € 188,45

de uniforme
total: € 151,60

Sandra Domínguez, 12 años

1

a) Escriba los números de las prendas de vestir donde corresponda.

1. abrigo azul	5. zapatos azules	9. calcetines grises
2. blusa rosa	6. bufanda roja, a cuadros	10. jersey gris
3. gorro azul marino	7. chaqueta vaquera	11. blusa blanca
4. pantalones vaqueros azules	8. zapatillas de deporte	12. falda roja

 a rayas

 a cuadros

▶ **Ü 1-2** **b)** En grupos, libros cerrados. Escriban en tres minutos una descripción de la ropa de calle y del uniforme que lleva Sandra. ¿Qué grupo tiene la mejor memoria?

a) Las siguientes *palabras claves* forman parte de un artículo de una revista de moda. ¿Cuál podría ser su contenido? Comenten en parejas.

el uniforme en el colegio   profesores   tradición

competencia   luchar contra   obsesión por las marcas

chicos y chicas   aburrido   padres   diferencias sociales

b) Lea estos conectores que sirven para introducir y unir la nueva información en un texto. ¿Sabe usted qué significan en su lengua?

Por un lado	por otro	además	En cambio	sino	pero

c) Lea ahora el artículo. Escriba en cada espacio el conector que falta.

Todos iguales

Como cada año, después de las vacaciones de verano, llega la vuelta al cole y la discusión sobre el uniforme: ¿A favor o en contra? Muchos colegios privados de España han vuelto a él para luchar contra la obsesión por las marcas, contra el *marquismo*. En los armarios de los chavales se quedan las camisetas y las zapatillas de marca, los pantalones de última moda, así como los teléfonos móviles y los piercings. Chicos y chicas se ponen la ropa estándar de trabajo, el uniforme, de corte clásico, en discretos colores: las chicas del Colegio Sagrado Corazón llevan falda azul marino, las del San Cayetano roja a cuadros. Cada colegio viste su uniforme particular, su señal de identidad.

Los chavales no están muy contentos: «El uniforme es aburrido», «Me siento gorda con él», ... los padres están encantados: «Así no discutimos cada día sobre el ¿qué-me-pongo-mamá? y .... nos ahorramos las carísimas marcas. Claro que los uniformes son también una fuerte inversión, pero sólo al principio del año escolar y merece la pena.»

Mientras en España el uniforme se utiliza sólo en los colegios privados, en la mayoría de los países hispanomericanos se introdujo hace unos 20 años también en los colegios públicos. ...., es una cuestión de tradición, ..., una manera de evitar las diferencias sociales entre los alumnos, una forma de luchar contra la competencia. «¿Quién lleva la camiseta más bonita?» Nadie. Todos iguales. Los chavales no deben competir en el patio por lo que llevan, ... por lo que son. Entre los profesores sigue la discusión: ¿El uniforme iguala o rebela? Algunos piensan que llevar una prenda estándar polariza la personalidad de los alumnos y crea individuos o muy rebeldes o muy introvertidos. ...., otros opinan que los iguala y motiva a desarrollar la identidad personal por otras vías que el aspecto físico.

d) ¿Cuáles son los argumentos a favor y en contra del uniforme?   ▶ Ü 3

¿Y en su país? ¿Se lleva uniforme en los colegios? ¿Está usted en contra o a favor de él? ¿Por qué? Comenten en grupos.

4

a) Mire estas prendas de vestir. ¿Cuáles son de hombre, cuáles de mujer?

bragas
sujetador
bañador
calzoncillos
pijama
traje de chaqueta
vestido
medias
camisa
corbata

▶ **Ü 4**

b) En grupos. Las prendas de vestir se pueden clasificar de diferentes maneras, por ejemplo: ropa de verano, de niños, de trabajo, etc. ¿En cuántas otras categorías pueden pensar?

5

a) Mire estos dibujos. ¿Qué materiales prefiere usted para camisas, trajes, pantalones, vestidos? Coméntelo con su compañero/-a.

| la lana | el algodón | la piel | el lino | la viscosa | la seda |

▶ **Ü 5**

b) ¿De qué material son las prendas de vestir que lleva usted hoy?

G

unos zapatos		piel
unos pantalones	**de**	algodón
un jersey		lana

6

a) Elija mentalmente a un/a compañero/-a y anote todo lo que lleva puesto: qué, de qué color y material es.

b) Lea su texto en voz alta. ¿Saben los demás compañeros quién es?

7

a) Un argentino, una peruana y una española lo están pasando muy bien en una fiesta. Todos hablan de una prenda de vestir. ¿Sabe usted cuál? ¡Escuche!

31

b) La palabra *jersey* se dice de diferentes maneras en algunos países hispanoamericanos. Relacione el país y la palabra.

Perú	Argentina	Chile	Venezuela
pulóver	chompa	suéter	chaleco

a) Mire esta página de un catálogo de los almacenes «Bueno, bonito y barato». Comente con su compañero/-a qué prendas le gustan y cuáles no.

b) Compare los precios. Escriba la prenda de vestir que corresponde.

1. Es más cara que la corbata rosada. La *(corbata) verde.*...........................
2. Es más barata que la falda a cuadros. ....
3. Son tan caros como los pantalones negros. ....
4. Es menos cara que la camisa blanca. ....
5. Es el vestido más barato. ....
6. Son los zapatos más baratos. ....

G *el comparativo*

Es	más	...	que
	menos	caro/-a	que
Es	tan	...	como

G *el superlativo relativo*

Es el más caro.	Son los más caros.
Es la más cara.	Son las más caras.

9

a) De estos adjetivos, ¿cuáles forman parejas de contrarios, cuáles no? Escríbalos en su cuaderno.

largo/-a	elegante	ancho/-a	bonito/-a	cómodo/-a
estrecho/-a	moderno/-a	feo/-a	corto/-a	incómodo/-a

b) En parejas. Uno/a habla de una prenda del dibujo, y el / la compañero/-a intenta adivinar qué prenda es.

● Son más anchos que los vaqueros negros. ◆ Los (vaqueros) azules... ▶ Ü 6-7

8

10

32

Ésta es la Semana Fantástica en «Bueno, bonito y barato». Escuche estos anuncios y relacione la sección con su respectiva planta.

Deportes	tercera planta
Niños	primera planta
Caballeros	segunda planta
Señoras	cuarta planta

11

a) ¿Qué expresiones se usan en una zapatería, cuáles en una tienda de ropa? Escriba.

En la ....

– ¿Qué talla tiene?

– Necesito una talla más grande.

En la ....

– ¿Qué número calza?

– ¿Me puede traer el otro pie, por favor?

33

b) Escuche el diálogo. ¿Tiene lugar en una zapatería o en una tienda?

c) En parejas. Lean el diálogo.

● Buenos días… ¿Qué desea?

● Quería un traje de chaqueta para mí...

● Un traje de chaqueta… ¿Lo quiere de pantalón o de falda?

● De falda...

● ¿Y qué talla tiene?

● La 40.

● ¿De qué color lo quiere?

● Pues… gris.

● Sí… Pues aquí tiene este modelo. Es de lino cien por cien.

● Es bonito, me gusta. ¿Lo tiene en otros colores?

● Sí, en beige y marrón.

● Mmm, el gris me gusta más… ¿puedo probármelo?

● Sí, por supuesto. Los probadores están al fondo…
  ¿Qué tal le queda?

● Mmm, un poco estrecho… Pero es bonito, me gusta.

● Tome, pruébese éste, talla 42…
  Le queda muy bien, ¡monísimo!

● ¿Cuánto cuesta?

● 425 euros.

● Es carísimo, pero da igual, me lo llevo.

● Muy bien, pase por caja, por favor.

G *el superlativo absoluto*

caro	>	**carísimo/-a**
elegante	>	**elegantísimo/-a**
difícil	>	**dificilísimo/-a**

me		bien
te	**queda**	mal
le		estrecho

12

▶ **Ü 9-11**

Elija una prenda que usted quiera comprar y practique con un/a compañero/-a el diálogo anterior.

Eche una mirada a las colecciones de los diseñadores españoles más conocidos.

a) En parejas. Pónganse de acuerdo sobre qué se van a poner estas personas para dos de estas ocasiones.

ir a pasear por la
ciudad en un día frío

fiesta de gala en
Nochevieja

primera cita de amor

ir a la piscina
en verano

una entrevista de
trabajo

◆ Para la fiesta de gala ella se pone un vestido negro elegantísimo, largo, de seda, y él se pone…

b) En parejas. Y ustedes, ¿qué se ponen en estas ocasiones? ¿Tienen una prenda de vestir preferida? ¿Cuál? Comparen sus preferencias.

a) Mire los dibujos. ¿A qué refranes corresponden?

1 «La ropa sucia se lava en
casa.»

2 «Aunque la mona se vista
de seda, mona se queda.»

3 «Meterse en camisa de
once varas.»

b) Relacione ahora los refranes con las explicaciones correspondientes. ¿Hay refranes parecidos en su lengua materna?

☐ a) Se dice cuando una persona se mete en una situación demasiado complicada o difícil.

☐ b) No hay que hablar de cosas íntimas ni negativas de la familia con otras personas.

☐ c) Una persona no puede ocultar su verdadera naturaleza, tampoco con ropa elegante o cara.

En vivo

a) En este fragmento de una novela, Marés, hombre muy soñador, llama a Norma, quien trabaja en un departamento de Asesoramiento Lingüístico[1] y habla catalán. ¿Por qué la llama? ¡Lea y disfrute!

– **ASSESSORAMENT LINGÜÍSTIC[1]. ¿Digui[2]?**
Era la voz de Norma. [...] esta vez hubo suerte. Marés estuvo unos segundos sin poder hablar, con un nudo en la garganta.
– *¡Digui...!*
– ¿Oiga?
[...] disfrazó[3] la voz [...] con un suave acento del sur:
– Llamo por una conzulta*. Miruzté*, tengo unos almacenes de prendas de vestir y ropa interior con rótulos en castellano para cada sección y quiero ponerlo todo en catalán [...]
– Llame a Aserluz. Esta asociación ofrece un diez por ciento de descuento a todos los establecimientos que encarguen rótulos en catalán. Trabajan para nosotros.
– Pero es que yo no tengo dinero para eso. Mi negocio es muy humilde, zeñora*, y hago los rótulos yo mismo, a mano. Yo necesito solamente que me diga uzté* cómo se escribe en catalán el nombre de algunas prendas...
– Bueno, qué quiere saber.
– Tengo aquí una lista. Es un poco larga, pero...
– Dígamelo en castellano y yo le traduzco. Pero dése prisa, por favor.
– Vale. Empiezo: abrigos.
– *Abrics.*
– Chaquetas.
– *Jaquetes.*
– Cinturones.
– *Corretges o cinyells[4].*
– ¡Coño, qué raro suena!
– ¡Ah! ¡Qué quiere que le diga!
– Perdone, [...] La estoy haciendo perder el tiempo con mis tontos problemas...

– *Digui, digui.*
– Blusas.
– *Bruses.*
– Camisetas.
– *Samarretes.*
– Calzoncillos.
– *Calçotets.* ¿Ya lo escribe usted correctamente?
– Zí*, zeñora. Sujetadores o sostenes.
– *Ajustadors.*
– Ligas y... ligueros[5].
– *Lligacames.*
Marés hacía una pequeña pausa después de oírle nombrar la prenda, como si tomara nota. En realidad, bebía la voz adorada en una especie de éxtasis.
– Bragas.
– *Bragues* – dijo ella suavemente.
– Albornoz.
– *Barnú[6].*
– Oiga, esto suena a insulto.
– Pues en catalán se dice así, señor mío. – Norma suspiró –. Y bien, ¿ha terminado?
– No, espere...
[...] su mente se había quedado en blanco.
– Bragas y sostenes.
– Eso ya lo hemos dicho.
– Vaya... No zabeusté* cuánto l'agradezco* l'atención* que ha tenío* [...]
– De nada, hombre. Hala, que usted lo pase bien.
– Mil gracias, zeñora.
– *Adéu, adéu.*

Juan Marsé, 1 fragmento de «El amante bilingüe»,
© Juan Marsé, 1990

*Pronunciación andaluza de: consulta, mire usted, señora, usted, sí, sabe usted, le agradezco, la atención, tenido. Palabras en catalán:
[1] *Sprachberatung;* [2] *Sprechen Sie;* [3] *er verstellte;* [4] *Gürtel;* [5] *Strumpfband und -halter;* [6] *Bademantel*

b) Norma es la ex-mujer de Marés. ¿Puede usted imaginarse por qué no dice él su nombre? ¿Qué puede pasar después de esta conversación? ¡Continúe la historia del amante bilingüe!

Infórmese sobre la obra del escritor catalán Juan Marsé.

Recuerde

Über Kleidung sprechen, Kleidung beschreiben
- Natacha lleva un abrigo azul, una bufanda roja, a rayas y un jersey blanco, de algodón.

Material- und Musterangaben ▶ G 5

a rayas
a cuadros

de lana
de algodón
de lino

Einen Text strukturieren und neue Informationen hinzufügen
– Por un lado, los uniformes de colegio son una tradición, por otro evitan las diferencias sociales y el «marquismo» de los jóvenes.

Konnektoren (Satzverbindungen) ▶ G 7

por un lado	*einerseits*
por otro (lado)	*andererseits*
además	*außerdem*
en cambio	*dagegen*
sino	*sondern*
pero	*aber*

Gegenstände oder Personen miteinander vergleichen
- La blusa blanca es más bonita que la azul.
- Sí, también es más cara.
- Sí, pero la negra es la más cara.

Der Komparativ ▶ G 2.1

más largo **que**
menos estrecho **que**
tan caro **como**

Der relative Superlativ ▶ G 2.2

el más barato	los más baratos
la más barata	las más baratas

! Der relative Superlativ wird verwendet beim Vergleich von zwei oder mehr Sachen oder Personen.

Kleidung und Schuhe einkaufen
- ¿Qué tal le queda el vestido?
- Mmm, me queda un poco largo, pero es monísimo. Me lo llevo.

Der absolute Superlativ auf -*ísimo/-a* ▶ G 2.3

caro	>	carísimo/-a
elegante	>	elegantísimo/-a
fácil	>	facilísimo/-a

! Den absoluten Superlativ auf **-ísimo/-a** verwendet man zur Beschreibung einer Qualität ohne Bezug auf andere Sachen oder Personen.

Wichtige Verben
quedar, probarse ▶ S. 72

1

Mire el dibujo de la oficina de Laura e identifique los objetos de la lista.

- [ ] el monitor / la pantalla
- [ ] el ordenador / la computadora
- [ ] el teclado
- [ ] la impresora
- [ ] el ratón
- [ ] el disquete
- [ ] la calculadora
- [ ] el (aparato de) fax
- [ ] el (aparato de) teléfono
- [ ] la cesta de papeles
- [ ] la grapadora
- [ ] el bolígrafo
- [ ] el cajón
- [ ] las tijeras
- [ ] el archivador
- [ ] el bloc de notas

2

a) ¿Cuáles de los objetos de arriba sirven para…? (Puede haber repeticiones.)

escribir: ....

ordenar: ....

comunicarse: ....

b) Uno de ustedes piensa en un objeto de la oficina. Le explica al otro dónde está y para qué sirve.
¿Sabe su compañero/-a a qué objeto se refiere usted?
Cambien después de papel.

- ● Está en la mesa, al lado del bloc de notas.
  Es una cosa que sirve para escribir.
- ● Ah, ya sé. ¡Es el bolígrafo!

> Es una cosa que sirve para + *infinitivo*.

3

Imagínese el lugar ideal para trabajar. Descríbaselo a su compañero/-a. Mientras usted lo describe, su compañero/-a lo dibuja.

4

Rellene esta ficha con los datos de su trabajo (en o fuera de casa). Puede referirse a un trabajo del pasado. En caso necesario, consulte el diccionario.

– Soy _____.
　　　　　　　　profesión

– Trabajo en / para _____ en _____.
　　　　　　　nombre de la empresa　　　　　　　calle, código postal, ciudad

– Número de teléfono _____. Dirección electrónica _____.

– Horario de trabajo: de _____ a _____.

– Hago este trabajo desde el año _____. Tengo _____ días de vacaciones al año.

– El lugar donde trabajo (oficina / taller / casa) es _____
　　　　　　　　　　　　　　　　　descripción del lugar del trabajo

_____ y tiene _____
　　　　　　　　　　　　　　　　　muebles, aparatos, localización de éstos, etc.

_____

_____.

– En la empresa trabajan _____ empleados.

– Los principales productos son _____
　　　　　　　　　descripción de productos: material, tamaño, color, función, precio, etc.

_____.
　　　　　　　O descripción de los servicios que ofrece la empresa.

– Viajes de negocios: sí / no. Destino/s: _____.

– Voy al trabajo en _____ porque _____.

5

a) Tomando como base la ficha de arriba, formule por escrito preguntas como éstas:

> ¿Dónde trabajas?　　¿Cuántos empleados tiene tu empresa?　　¿Cómo vas al trabajo?

b) En parejas. Hablen sobre su trabajo, tomando como base la ficha y las preguntas que han preparado. ¡Muestren interés!

La casa y la ropa En parejas, A / B.

A

Algunas de las palabras de este crucigrama faltan. El / la compañero/-a B sabe cuáles son y se las explica. Al / a la compañero/-a B también le faltan algunas. Trabajen por turnos. Usted puede preguntar, por ejemplo, **¿Qué es (1) vertical?** o **¿Qué es (4) horizontal?**, para averiguar las palabras que le faltan. Las siguientes frases le pueden ayudar a explicar «sus» palabras:

– *Es una prenda / un mueble…*
– *Es algo que sirve para…*

– *Es una prenda de vestir que me pongo para / cuando…*
– *Es un mueble de la casa que está en…*
– *Es una parte de la casa donde…*

La casa y la ropa   En parejas, A / B.

B

Algunas de las palabras de este crucigrama faltan. El / la compañero/-a A sabe cuáles son y se las explica. Al / a la compañero/-a A también le faltan algunas. Trabajen por turnos. Usted puede preguntar, por ejemplo, ¿Qué es (1) horizontal? o ¿Qué es (4) vertical?, para averiguar las palabras que le faltan. Las siguientes frases le pueden ayudar a explicar «sus» palabras:

– Es una prenda / un mueble...
– Es algo que sirve para...

– Es una prenda de vestir que me pongo para / cuando...
– Es un mueble de la casa que está en...
– Es una parte de la casa donde...

9

Ganarse la vida

1

a) ¿Qué le sugiere esta foto? ¿Dónde están estas personas? ¿Qué hacen?

Fábrica de tabaco en Estelí, Nicaragua

2

a) Escuche una emisión de la radio española. ¿Cuál es el tema del programa de hoy?

34

b) ¿Qué puede significar el trabajo en nuestras vidas según ese programa? Subraye las frases que tratan sobre esto. Compare después los resultados con su compañero/-a.

> «Hoy vamos a hablar – ¡cómo no! – del trabajo, ese aspecto tan importante en nuestras vidas, que puede significar tantas cosas diferentes para todos y cada uno de nosotros. Para algunos, es sobre todo la forma de ganarse el pan de cada día, de salir del paro, es un deber y una necesidad. Para otros significa realizar los ideales personales, es la manera de sentirse útil, independiente, libre, de tener contactos. Algunos sueñan con ganar mucho dinero para disfrutar de la vida, del placer de consumir, para otros trabajar significa hacer carrera, tener prestigio social. Vivimos en un mundo lleno de contradicciones: si bien una gran parte de la población está sin trabajo, en el paro, hay mucha gente que trabaja demasiado y vive en estrés permanente… Y es que hay quien trabaja para vivir y hay quien vive para trabajar…»

c) ¿Cuáles de los significados del trabajo mencionados en el texto le parecen a usted personalmente muy importantes y cuáles menos importantes? Escriba y comente después con el grupo.

muy importante   menos importante

....
....
....

▶ **Ü 1**
....

España	Latinoamérica
el paro, el desempleo	el desempleo
estar en paro	estar desocupado

a) La vida profesional de María Eugenia Navas. En parejas. Miren la foto e imaginen a qué se dedica y qué opina de su trabajo.

b) Escuche ahora la entrevista con María Eugenia. ¿Ha acertado en su hipótesis?

c) Éstas son las respuestas de María Eugenia. Complételas con las palabras del recuadro. Compruebe después con la casete.

35

- Trabajo en el .... de márketing de una fábrica de productos lácteos. Soy .... de la publicidad de nuestros productos, de encontrar clientes, de comparar precios del mercado.

- ¡Uf! ¡Muchas! Mi .... oficial es de nueve a seis, con una pausa de una hora al mediodía. Pero en general trabajo hasta las 8 de la noche.

- Sí, muchísimo. A veces me siento muy .... cuando mis hijas están enfermas o de vacaciones. Pero por suerte mi .... me comprende, a veces puedo irme más pronto a casa.

- Sí, la verdad es que siempre estoy muy .... No tengo tiempo para mí misma, para leer ni para hacer deporte, no paro ni un momento.

- ¿Que por qué trabajo? Pues por muchas razones: para vivir, para pagar el crédito de nuestra casa… Me gusta la ...., el contacto con mis .... Además, ¡el márketing es fascinante!

- ¡Vaya pregunta, caballero! Para todo lo que hago, no .... mucho, unos 35.000 euros al año. Lo malo es que en general los hombres ganan más por el mismo trabajo, que es bastante injusto, creo yo.

gano	ocupada	compañeros	responsable	departamento
estresada	horario	jefe	responsabilidad	

d) ¿Cuáles son los aspectos positivos y negativos del trabajo de María Eugenia?

4

a) En parejas. Describan por escrito la vida de una mujer o un hombre que está en una situación parecida a la de María Eugenia.

b) Expongan ahora los textos de todo el grupo.

G

los adverbios muy *y* mucho

Trabajo / gano **mucho**.
Siempre estoy **muy** ocupada.

el adjetivo mucho

Tengo **mucho** trabajo.
Tenemos **muchos** problemas.
Trabajo **muchas** horas.

▶ Ü 2

9

5

¿Cómo calificaría usted estas profesiones? Intercambie impresiones con su compañero/-a.

policía	cirujano/-a	taxista
enfermero/-a	abogado/-a	
vendedor/a de coches	pintor/a artístico/-a	
albañil	administrativo/-a	

está bien / mal pagado/-a
tiene futuro
es aburrido/-a
es interesante
es emocionante
es creativo/-a
es monótono/-a
es peligroso/-a
es duro/-a
es seguro/-a

● El trabajo de policía me parece demasiado peligroso y…

▶ Ü 3 ● Sí, pero también es emocionante…

6

a) Paula busca trabajo. Lea estas frases, escuche lo que dice y marque si son verdaderas o falsas.

36

	verdadero	falso
1. Sabe inglés y mucho de ordenadores.	◆	◆
2. Tiene experiencia en márketing.	◆	◆
3. A Paula no le gustaría trabajar en Madrid.	◆	◆

> **Sé** inglés. **Sé** escribir a máquina.   *Ich kann …*
> **Sé de** ordenadores.   *Ich habe … Kenntnisse.*

b) Decida con su compañero/-a qué trabajo puede solicitar Paula.

EMPRESA DE CONFECCIÓN
selecciona
DISEÑADOR/A DE MODA
Se requiere:
– Experiencia mínima de 2 años.
– Capacidad de aprendizaje y
  trabajo en equipo.
– Iniciativa propia.
– Conocimiento de los programas
  de diseño más habituales.
– Inglés hablado y escrito.
Somos una empresa en expansión,
con muchas posibilidades de desa-
rrollo profesional. Sueldo a negociar.
Interesados, enviar CV y foto
reciente al apartado de Correos 61,
46890 Valencia

CONTESTA Teleservicios S.A.

**Selecciona para diversas campañas
de sus clientes 100 TELEOPERADORES**

SE REQUIERE:
– Estudios medios/
  superiores
– Conocimientos
  informáticos a nivel
  usuario
– Conveniente tener
  experiencia en
  márketing telefónico
– Buen nivel de inglés
  o francés

SE OFRECE:
– Incorporación
  inmediata
– Trabajo continuado
– Contrato laboral
– Formación específica
  por parte de la empresa

Interesados enviar urgentemente C.V. a
CONTESTA TELESERVICIOS, S.A.
P° de las Delicias, 32, 1° 28045 Madrid

▶ Ü 4-5

Si le interesa leer las ofertas de trabajo en España y Latinoamérica, entre aquí.

a) ¿Son estos aspectos importantes para usted a la hora de elegir un trabajo? Evalúelos del 5 (muy importante) al 1 (menos importante). Trabaje después con su compañero/-a y comparen sus valoraciones.

		yo	mi compañero/-a
1	ganar mucho dinero		
2	tener un trabajo interesante		
3	tener un horario regular		
4	tener un puesto seguro		
5	tener tiempo suficiente para mi familia y amigos		
6	trabajar en equipo		
7	tener un puesto de prestigio social		
8	sentirme independiente en mi trabajo		

b) Comparen con toda la clase. ¿Cuáles son los aspectos más importantes, cuáles menos?

8

a) ¿Cuáles son las actividades típicas de su trabajo? Lea estas expresiones y explique a sus compañeros lo que hace o le gustaría hacer regularmente. Puede agregar otras.

arreglar aparatos	vender productos	atender a los clientes
viajar al extranjero	cuidar niños	dar consejos
limpiar la casa	atender a los pacientes	cocinar
ordenar documentos	hablar por teléfono	escribir cartas / correos electrónicos
navegar en Internet	escribir en el ordenador	
....	....	....

b) Piense en su trabajo o en lo que le gustaría hacer. ¿Qué es lo que más le gusta y lo que menos? Levántense y comparen sus preferencias con los demás. ¿Quién tiene las preferencias más parecidas a las suyas?

● (A mí) lo que más me gusta de mi trabajo es hablar con la gente. Lo que menos, el horario.

● Pues a mí lo que más me gusta es que es un trabajo creativo. Lo que menos, el sueldo.

G

Lo que más / lo que menos

Lo que más / menos me gusta es + *infinitivo / sustantivo*
Lo que más / menos me gusta es que + *frase*

▶ Ü 6

9

a) La viña, otra forma de trabajar y de vivir. Lea este texto y subraye los aspectos de la vida de Alejandro Arratia que a usted le parecen positivos. En grupos, comparen sus resultados.

**Alejandro Arratia,
viñas del Valle
del Maipo (Chile)**

En el valle del Maipo, una región de gran tradición vinatera en Chile, es abril, la época de la recolección de la uva. Alejandro Arratia, enólogo y productor de vinos, hace una pequeña pausa y nos habla de su amor al trabajo y a la viña: «El mundo del vino es una cultura en sí. Lo que más me gusta de esta profesión es que combina el contacto con la naturaleza con una parte comercial, de ventas, que me lleva a viajar un poco, contactar con la gente. Lo más duro es que nunca se sabe cómo va a ser la cosecha, la naturaleza es imprevisible, y esto crea mucha tensión.»

Alejandro no siempre ha estado tan identificado con esta profesión: A los dieciocho años, dejó de trabajar para su padre y empezó a estudiar la carrera de arquitectura en Santiago. «Pero no terminé los estudios. Después hice una formación de márketing, luego salí del país, trabajé en Europa, hice prácticas aquí y allá, y al final volví a trabajar en el negocio familiar. El camino ha sido largo, pero creo que por fin encontré lo que me gusta.»

b) Subraye usted las frases que hablan de la carrera profesional de Alejandro.

G **indicar principio y fin de acciones en el pasado**

empecé a	
dejé de	+ *infinitivo*
terminé de	
volví a	

10

a) ¿Cómo ha sido su vida profesional hasta ahora? Escriba un texto sobre su carrera o sobre la de otra persona que usted conozca.

b) Lean los textos de la clase. ¿Quién ha tenido un cambio muy marcado en su vida profesional?

11

▶ **Ü 7-8**

Comparen ustedes la vida de María Eugenia Navas (pág. 81) y la de Alejandro Arratia. ¿En qué se parecen y en qué se diferencian? ¿Cuál de las dos vidas prefieren ustedes? ¿Por qué?

Para más información sobre la vinicultura y los vinos chilenos, contacte aquí.

a) ¿Cuáles son las consecuencias cuando se trabaja demasiado o cuando no se está contento con lo que se hace? Escriba tres consecuencias y compare con su compañero/-a.

b) ¿Y usted? ¿Está contento con lo que hace? Averígüelo con este test.

El trabajo en mi vida

1. ¿Le gusta su trabajo?
a) Me encanta.   b) Sí.   c) No.

2. ¿Cómo describiría su trabajo?
a) Es muy creativo, interesante. b) Es bastante interesante.   c) Es monótono.

3. ¿Cuántas horas trabaja al día?
a) Menos de ocho.   b) Unas ocho horas.   c) Más de ocho.

4. ¿Se lleva usted trabajo a casa?
a) Casi nunca.   b) A veces.   c) A menudo.

5. ¿Se siente usted relajado en su trabajo?
a) Sí.   b) A veces.   c) No, en general no.

6. ¿Hace usted pausas breves regularmente?
a) Sí, regularmente.   b) A veces.   c) Casi no hago pausas.

7. ¿Fuma cuando trabaja?
a) No.   b) Poco.   c) Mucho.

8. ¿Tiene buenas relaciones con sus compañeros?
a) Muy buenas, excelentes.   b) Bastante buenas.   c) Malas.

9. ¿Está contento/-a con el sueldo?
a) Sí, mi trabajo está bien   b) Sí, me parece justo.   c) No, mi trabajo está mal
   pagado.   pagado.

10. ¿Le cuesta relajarse en su tiempo libre?
a) No, nada.   b) A veces.   c) Sí, mucho.

11. ¿Piensa en el trabajo cuando está en la cama?
a) Casi nunca.   b) Ni mucho ni poco.   c) Sí, mucho.

12. Para mí, el trabajo...
a) significa realizar ideales   b) es algo que hago para   c) es una necesidad y un
   personales.   vivir más o menos bien.   deber.

c) Compruebe el resultado. ¿Está de acuerdo con él? ¿Por qué sí o por qué no?

Puntuación:	Interpretación:
a) = 2 puntos	0 – 8 puntos: ¡Cambie de trabajo inmediatamente!
b) = 1 punto	9 – 14 puntos: No está mal en su trabajo.
c) = 0 puntos	15 – 20 puntos: ¡Enhorabuena! Está muy bien en su trabajo.

d) En grupos. Comparen sus resultados. ¿Quiénes son los que están más contentos con su trabajo? ¿Creen ustedes que el trabajo es importante para vivir feliz? ¡Discutan!

En vivo

a) En este artículo, los dos hombres *hacen su agosto* mientras los demás están de vacaciones. Lea y averigüe si para ellos esta expresión tiene un significado positivo o negativo.

Los que hacen el agosto

Jesús Montesinos tiene 19 años y estudia Auxiliar Administrativo. En verano trabaja en Playamar, Torremolinos (Málaga) de hamaquero. «Yo hago mi agosto desde el 12 de junio hasta el último día de septiembre. Sin descansar ni un día.»
Cada día llega a la playa a las nueve, coloca las hamacas, barre, limpia un poco y se sienta a esperar a la gente. Su horario es de nueve de la mañana a nueve de la noche. «Me pagan 970 euros al mes y estoy asegurado. Así me saco dinerito para el invierno. A mis padres les parece muy bien… Lo peor de este trabajo son las lenguas extranjeras. Por aquí vienen muchos guiris* y ¡uf! no hablo bien inglés, ni alemán, y a veces es muy difícil. Lo que menos me gusta es el horario. No puedo salir como antes, hasta las seis de la mañana. No me preocupa pensar que la gente está de vacaciones mientras yo trabajo. ¡Soy el único de la playa que toma el sol cobrando dinero!»

Óscar Soto, 28 años, trabajó tres años de médico de familia, pero se quedó sin trabajo. Durante el verano trabaja en un centro de salud y urgencias en El Palmar (Murcia).
En agosto no para: por las mañanas, en la consulta y por las tardes en urgencias. Su jornada es de ocho de la mañana a diez de la noche. «No me importa trabajar duro en verano. Incluso me gustaría trabajar más horas. En verano muchos médicos no quieren trabajar, sólo la gente joven, o los que necesitan dinero. Por eso, se puede hacer el agosto, se gana mucho en estos meses. Yo, con lo que espero ahorrar este verano voy a hacer un curso de un año de Medicina Tropical en Londres, que cuesta alrededor de 10.000 euros. Me gustaría irme como voluntario de Médicos Sin Fronteras a algún país africano.»

*guiri: *Ausländer*

Texto adaptado de Mujer de hoy, nº 121, agosto del 2001

b) ¿Qué significa *hacer su agosto*? Marque la definición correcta.

☐ Trabajar mucho mientras los demás no hacen nada.
☐ Ganar mucho dinero aprovechando circunstancias especiales.

Recuerde

Über Wert und Bedeutung von Arbeit und über Berufe sprechen
● Trabajar significa para algunos ganarse la vida, para otros, hacer carrera y tener prestigio social.

– El trabajo de abogado está muy bien pagado…
● Sí, pero es también un poco aburrido, ¿no?

Stellenanzeigen lesen und verstehen
– Se requiere experiencia mínima de 2 años, capacidad de trabajar en equipo, iniciativa propia, conocimientos específicos.

Über den eigenen Beruf und einzelne Arbeitsbereiche sprechen
– Lo que más me gusta de mi trabajo es que es muy creativo e interesante. Me gusta mucho hablar con la gente. Lo que menos me gusta es el horario y que tengo que trabajar muchas horas.

muy und *mucho* ▶ G 6.7

Mi trabajo me gusta **mucho**.
Tengo un horario **muy** regular.
Tengo **muchas** cosas que hacer.

❗ Als Adverb ist **mucho** unveränderlich, als Adjektiv wird es an das begleitende Nomen angeglichen.

Lo que más / menos me gusta ▶ G 2.2

Lo que más / menos me gusta es   +   *Infinitiv / Nomen*
Lo que más / menos me gusta es que +   *Satz*

Über Kenntnisse und Fähigkeiten sprechen
– Francisco sabe alemán.
● Irene sabe hablar muy bien inglés.
▲ Sí, y además sabe de informática.
– Leticia tiene experiencia en márketing.

saber ▶ G 3.1

saber   + *Nomen / Infinitiv*
saber de + *Nomen*

❗ Mit **saber** drückt man ein erlerntes Können aus bzw. Kenntnisse, die man sich angeeignet hat, wie z. B. schreiben, schwimmen, eine Sprache können, Computerkenntnisse haben.

Über den eigenen Werdegang sprechen
● Empecé a estudiar Medicina, pero después dejé la carrera. Después hice una formación de márketing y volví a trabajar en la empresa de mi padre.

empezar a, terminar de + **Infinitiv** ▶ G 3.1
Empecé a
Terminé de   estudiar en…
Dejé de   trabajar en…
Volví a

❗ Um Anfang und Ende von Handlungen in der Vergangenheit anzugeben, werden die Verben **empezar a**, **terminar de** etc. im *Indefinido* verwendet.

10

¡Felicidades!

a) Mire la foto. ¿Qué le sugiere? Intercambien impresiones en la clase.

De niña a mujer

La fiesta que se celebra cuando una muchacha cumple 15 años es, en gran parte de América Latina, un acontecimiento social y familiar tan importante como la boda. Según las posibilidades económicas de los padres, la organización puede durar meses y la fiesta puede costar mucho dinero a los anfitriones: la misa, las flores, las invitaciones por escrito para decenas o cientos de invitados, el banquete, la música… Para abrir la fiesta, la quinceañera se pone su primer par de zapatos altos y baila, primero con su padre y después con un muchacho, el primer vals de un baile que dura toda la noche. Con esta celebración, procedente de los ritos mayas y aztecas, la quinceañera pasa oficialmente de ser niña a ser mujer.

b) Lea el texto y la invitación. ¿Conoce esta tradición? ¿Hay una tradición parecida en su país?

Don Carlos Simisterra y señora Celia Vargas de Simisterra tienen el honor de invitarle/s a la celebración de las

15 floridas primaveras de su hija
Marta del Carmen

el sábado 15 de abril de 2002.

La misa empezará a las 7:00 pm, en la Iglesia de San Sebastián.
A continuación tendrá lugar una fiesta danzante en el Salón de la Zona Naval.

Sres. Simisterra
c/Luis Tello, 103 Las Palmas Esmeraldas Tel. 06/715083

Damas: traje largo. Caballeros: traje oscuro.

▶ Ü 1

a) En el lenguaje escrito formal se usa a menudo el *futuro simple*. Mire la invitación a la fiesta de la quinceañera y rellene la siguiente tabla con las formas que faltan.

el futuro simple			
empezar	**ser**	**cumplir**	**tener** (irreg.)
empezaré	seré	cumpliré	**tend**ré
empezarás	serás	cumplirás	**tend**rás
....	será	cumplirá	....
empezaremos	seremos	cumpliremos	**tend**remos
empezaréis	seréis	cumpliréis	**tend**réis
empezarán	serán	cumplirán	**tend**rán

b) Subraye después las terminaciones. ¿Puede explicar cómo se construye el futuro simple? Compare con sus compañeros.

▶ **Ü 2-3**

a) Escuche esta conversación telefónica. ¿Para qué llama Charo a Iñaki?

☐ Para felicitarlo. ☐ Para invitarlo. ☐ Para pedirle un favor.

37

b) Lea primero las preguntas y busque después en el extracto del diálogo las frases que responden a ellas. En parejas, lean después el diálogo en voz alta y de espaldas.

1. ¿Cómo pregunta Charo para saber si Iñaki tiene tiempo el sábado?
2. ¿Cómo expresa Charo la invitación concreta?
3. ¿Cómo acepta / agradece él la invitación?
4. ¿Cómo expresa ella que está contenta porque él ha aceptado la invitación?

● Pues mira, quería preguntarte una cosa…
¿Qué vas a hacer el sábado por la tarde?
¿Tienes ya algún plan?
● El sábado… Pues, hmm… no sé… ¿Por qué?
● Pues, es que es mi cumpleaños…
● ¿Tu cumpleaños? Ay, ¡felicidades!
● ¡Gracias! Sí, y quiero hacer una barbacoa en nuestra casa de campo. ¿Te gustaría venir?

● ¡Pues sí! Encantado, me gustaría mucho…
¿A qué hora?
● A eso de las ocho.
● ¿A las ocho?... Ah, pues, perfecto.
● O sea que vienes, ¡cómo me alegro! ¡Qué bien!
● Genial, pues entonces hasta el sábado, ¿eh?
¡Y gracias por la invitación!
● De nada, a ti, a ti, hasta luego, adiós, un beso.

c) Charo también invita a su amiga Sandra. ¿Cómo expresa ella que no puede ir?

38
▶ **Ü 4**

En parejas. Uno de ustedes quiere invitar a otro/-a compañero/-a a una fiesta. Llámelo/-a por teléfono.

10

5 **Charo ha escrito un *emilio* a sus amigos. ¿Qué quiere decir *vamos a pasarlo bomba*?**

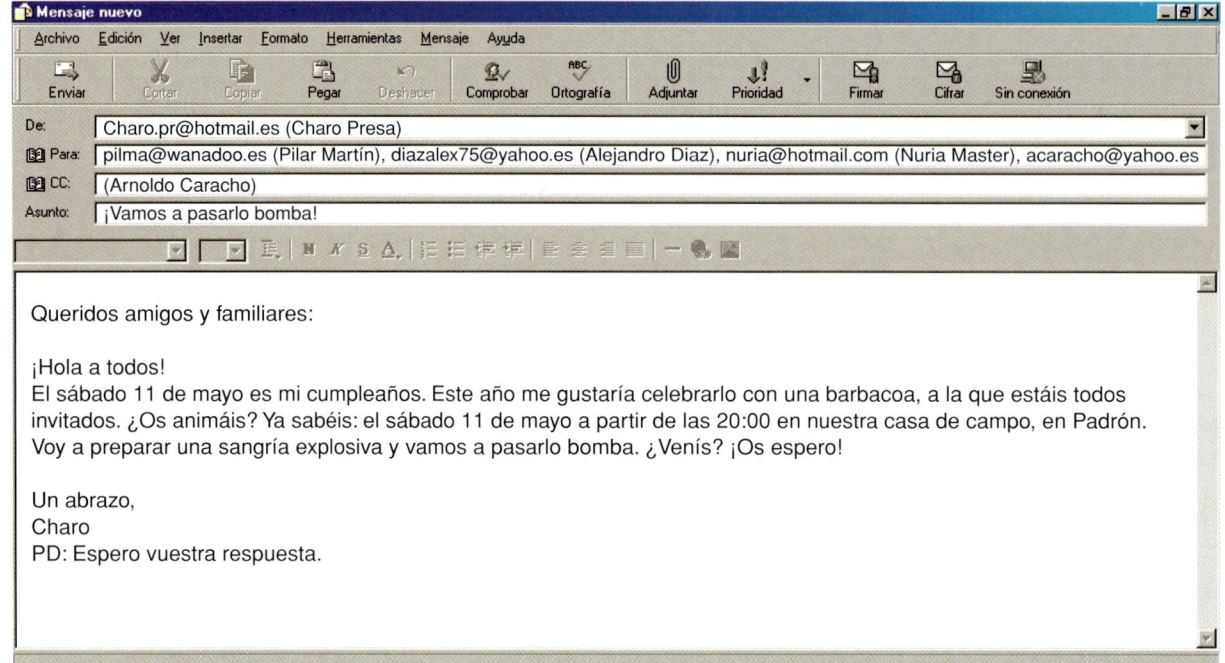

6 **a) Usted quiere hacer una fiesta en su casa. Escriba un email invitando a algunos amigos.**

Estáis invitados ¡Os espero! Queridos…: ¡Hola a todos!

Un abrazo, ¿Venís? ¡Espero vuestra respuesta!

▶ Ü 5 **b) Hagan una exposición con los emilios de todos. ¿Hay alguno especialmente divertido?**

7 **a) Pilar responde a la invitación de Olga. ¿Cuántas personas de su familia van a ir a la fiesta?**

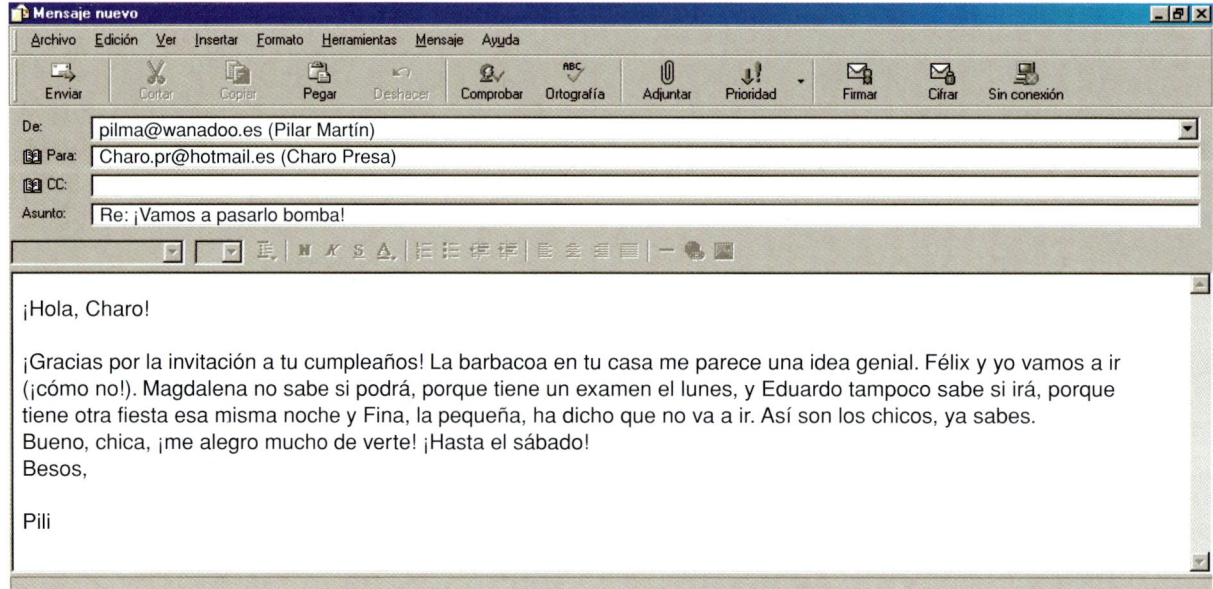

b) ¿Qué dice el email sobre cada persona? Escriba.

Mari y Félix *van a ir.* ....

Eduardo ....

Magdalena ....

Fina ....

G

poder
podré
podrás
podrá
podremos
podréis
podrán

8

En la clase, hagan juntos una lista de los eventos culturales que hay en su ciudad en los próximos días o semanas y hablen después en grupos sobre sus planes.

- El próximo viernes es la fiesta del Centro Español. ¿Vais a ir?
- Mmm, no sé si iré. ¿Y tú?
- Yo sí voy a ir.
- Yo no voy a ir porque…

G

Expresar seguridad o intención sobre una acción del futuro	*Expresar duda o inseguridad sobre una acción del futuro*
futuro próximo voy a…	*futuro simple* No sé **si** iré. No sé **si** podré ir. No sé **si** tendré tiempo.

▶ **Ü 6**

9

a) Escuche los diálogos. ¿Qué se celebra en estas cinco ocasiones? Ponga el número del diálogo correspondiente en las casillas de la izquierda.

¡Feliz Navidad!

¡Gracias, igualmente!

39

Ocasión	**Felicitación**	**Reacción**
☐ cumpleaños	¡Enhorabuena!	
☐ Navidad	¡Feliz cumpleaños!	¡Gracias!
1 boda	¡Felicidades!	¡Gracias, igualmente!
☐ Año Nuevo	¡Feliz Año Nuevo!	
☐ un nuevo puesto de trabajo	¡Feliz Navidad!	

b) Vuelva a escuchar. ¿Cómo se felicita en cada ocasión? Relacione ocasión y felicitación con una flecha. (Hay repeticiones.)

c) ¿Cómo reaccionamos cuando nos felicitan? Relacione los elementos de la segunda columna con los de la tercera. Escuche otra vez y compruebe.

Para enviar felicitaciones e invitaciones a sus amigos, ¡en español!, entre aquí.

a) La fiesta de cumpleaños en casa de una familia española. ¿Cuáles de estos rituales le son familiares a usted?

1
El anfitrión le ofrece a su invitado algo de beber o de comer, le anima varias veces durante la fiesta a disfrutar de la comida, le ofrece bebida regularmente.

2
Normalmente, el invitado le entrega el regalo al anfitrión cuando llega a la fiesta, y éste lo abre inmediatamente, delante de él, y le da las gracias. Este ritual se desarrolla de forma bastante íntima entre invitado y anfitrión.

3
El anfitrión suele presentar a los invitados. Así, nadie se siente solo, o aparte.

4
Normalmente, los invitados no tienen que llevar nada de comer ni de beber a la fiesta o a la invitación. Si llevan algo (vino, pasteles, bombones) el anfitrión suele abrirlo para todos.

b) Subraye usted las palabras de los textos que tienen que ver con el tema *fiesta de cumpleaños*.

c) Relacione los rituales 1–3 con las correspondientes partes del diálogo (uno de ellos se repite).

● ¡Hola, Iñaki! Pasa, pasa…

● ¡Hola Charo!, ¡Feliz cumpleaños!

● ¡Gracias!

☐ ● Toma, esto es para ti…

● Ay, muchas gracias. ¿Lo abro?

● Sí, sí, claro, si quieres…

● A ver… ¡El último CD de Víctor Manuel! ¡Qué bien! ¡Un beso!

● ¿Te gusta?

● Me encanta, muchas gracias.

● Me alegro…

☐ ● ¿Quieres tomar algo? Ven, ¿qué quieres? Cerveza, o un vino, un zumo…

● Pues… Un vinito, por favor…

● Aquí tienes. Mira, prueba este jamón, está buenísimo…

● Mmm, ¡está riquísimo!

☐ ● Oye, Iñaki, ¿conoces a mi marido?

● No…, no lo conozco.

● Pues, ven. Mira, Felipe, te presento a Iñaki. Iñaki, éste es Felipe.

▶ Mucho gusto.

● Hola, encantado.

☐ ● ¿No quieres un poco más de tarta?

● No, gracias, de verdad, no puedo más…

G *los pronombres personales con preposición*

para / de / a **mí**, **ti**, él, ella, usted, nosotros, -as…

▶ Ü 7-9   **d)** Lean el diálogo en parejas.

Felipe, **te** presento **a** Iñaki.   Felipe, ich stelle dir Iñaki vor.
Sra. Carrasco, **le** presento **a**…   Frau Carrasco, ich stelle Ihnen … vor.

11

Charo tiene hoy una invitada muy especial: la Sra. Carrasco, una famosa escritora, un poco mayor, a la que conoce poco. En parejas, escriban un diálogo paralelo al anterior.

a) Escuche este programa de la radio. ¿De qué se trata?

b) ¿Qué regalos se mencionan en el programa? Vuelva a escuchar y tome notas.

40

c) De los regalos que se mencionan, ¿cuál le parece el más original a la clase?

a) ¿Y qué les regala usted a estas personas en el cumpleaños, en Navidad o en otras ocasiones especiales? ¿A quién no le regala nada? Escriba 5 frases como las del ejemplo:

vecino/-a	marido / mujer	hijo/-a	padre / madre
jefe/-a	compañero/-a de trabajo	amigo/-a	novio/-a

– En Navidad, a mi novia le regalo…
– Cuando vengo de un viaje siempre les traigo un regalo a mi mujer y a mis hijos.
– A mi jefe nunca le regalo nada.

G *la repetición del objeto indirecto*
A mi <u>novio/-a</u> **le** regalo un libro.
A mis <u>hijos/-as</u> **les** regalo dinero.

b) En parejas, comparen sus resultados.

● Yo, en Navidad, a mi mujer casi siempre le regalo algo práctico, ¿y tú? ● Pues depende, …

▶ **Ü 10-11**

¡Preparen una fiesta de la clase en español!
Sigan los siguientes pasos:

a) Pónganse de acuerdo en la clase sobre el lugar, la fecha y la hora en que tendrá lugar la fiesta. ¿Quién va a ir?

b) Hagan una lista de las cosas que hay que hacer y quién las hará.

● Hay que comprar / preparar / …
● Yo puedo preparar…
◆ Pues yo puedo llevar / traer…

G *hay que + infinitivo*
Primero, hay que comprar…

Y ahora, ¡a pasarlo bomba en la fiesta!

En vivo

a) Mire la foto. ¿Conoce usted esta costumbre?

La gran ilusión de todos los niños

Si la familia tiene medios suficientes, las fiestas infantiles de cumpleaños se preparan con gran cuidado: Las invitaciones se hacen a menudo por escrito, a veces se contratan animadores profesionales y no pueden faltar las canciones (Las Mañanitas, Cumpleaños Feliz…), el gran pastel de cumpleaños… ¡ni la piñata! No hay nada más alegre para un niño que pensar en la piñata que habrá el día de su cumpleaños o en casa de sus amigos. La piñata, una tradición antiquísima en muchos países de América Latina, se hace de barro o de cartón con papeles multi-colores. Se llena por dentro de sorpresas: dulces, caramelos, juguetes pequeños… Cada niño, con los ojos tapados y un palo en la mano, trata de romper la piñata que cuelga de un árbol o de una escalera. Cuando se rompe por fin, los niños se lanzan con alegría a las golosinas y juguetes que caen al suelo.

b) ¿Qué informaciones de este texto le parecen más interesantes? Márquelas y compare después con su compañero/-a.

c) ¿Qué cosas de las que explica el texto se pueden ver en la foto?

Las Mañanitas es una canción de cumpleaños muy popular en gran parte de Latinoamérica. ¡Escuche, lea y disfrute!

41

LAS MAÑANITAS (Canción popular)
Éstas son las mañanitas
que cantaba el rey David,
hoy por ser día de tu santo[1]
te las cantamos a ti.

Despierta, mi bien, despierta
mira que ya amaneció[2],
ya los pajaritos[3] cantan,
la luna ya se metió[4].

¡Qué linda está la mañana
en que vengo a saludarte!
Venimos todos con gusto
y placer a felicitarte.

El día en que tú naciste
nacieron todas las flores,
y en la pila del bautismo[5]
cantaron los ruiseñores[6].

[1]*dein Namenstag;* [2]*es wurde Tag;* [3]*Vögelchen;* [4]*ist untergegangen;* [5]*Taufbecken;* [6]*Nachtigallen*

Recuerde

Schriftliche Einladungen verstehen, eine informelle Einladung schreiben

– Tenemos el honor de invitarles a la celebración del 15 cumpleaños de nuestra hija Mónica. La misa empezará a las 6:00 pm, a continuación tendrá lugar una fiesta.

– ¡Hola a todos! Voy a dar una fiesta en mi casa el sábado y estáis todos invitados.

Das Futur (futuro simple) ▶ **G 3.8**

regelmäßige Verben		unregelmäßig
	-ar / -er / -ir	tener
(yo)	-é	tendré
(tú)	-ás	tendrás
(él, ella, usted)	Inf. +-á	tendrá
(nosotros, -as)	-emos	tendremos
(vosotros, -as)	-éis	tendréis
(ellos, -as, ustedes)	-án	tendrán

! Das **futuro simple** wird in formellen Einladungen verwendet. In der informelleren Kommunikation benutzt man vorwiegend das **futuro próximo** (**ir a** + Infinitiv).

Unsicherheit oder Zweifel ausdrücken

▲ ¿Vais a la fiesta de Juan mañana viernes?
● Yo sí voy a ir, ¿y tú, Ana María?
◆ Pues, yo no sé si iré. Todavía me siento un poco enferma.

! Sicherheit oder Absicht in Bezug auf eine zukünftige Handlung wird mit dem **futuro próximo** ausgedrückt: **voy a ir**. Bei Unsicherheit oder Zweifel in Bezug auf die Zukunft wird das **futuro simple** verwendet: **no sé si iré**. ▶ **G 3.8.3**

Eine Einladung aussprechen, annehmen oder ablehnen

▲ Hola, Rosa. El sábado es mi cumpleaños y quiero dar una fiesta en casa. ¿Te gustaría venir?
● ¡Claro, me gustaría mucho!
◆ Ay, lo siento, me gustaría mucho ir, pero es que el sábado no puedo…

Jemandem gratulieren und ein Geschenk überreichen

● ¡Hola Gloria! ¡Feliz cumpleaños!
◆ ¡Gracias!
● Toma, esto es para ti.
◆ ¿Para mí? Ay, muchas gracias. ¿Lo abro?

Betonte Personalpronomen nach Präpositionen ▶ **G 4.1**

para, de, a…	mí
	ti
	él, ella, usted
	nosotros, -as
	vosotros, -as
	ellos, ellas, ustedes

Jemanden vorstellen

▲ Enrique, ven, te presento a la señora Martín. Señora Martín, le presento a mi amigo Enrique Vargas.
● Mucho gusto.
◆ Encantada.

presentar a ▶ **G 5**

Te presento a…	*Ich stelle dir … vor.*
Le presento a…	*Ich stelle Ihnen … vor.*

Darüber sprechen, was man wem schenkt

◆ Manolo, ¿qué le regalas tú a tu mujer el Día de la Madre?
● A mi mujer no le regalo nada, pero a mi madre sí. Normalmente le regalo un libro o un CD.

Wiederholung / Verdoppelung des indirekten Objekts ▶ **G 4.2**

A mi <u>marido</u>	**le** regalo…
A mis <u>hijos</u>	**les** regalo…

! Im Spanischen muss das indirekte Objekt *(wem?)* durch ein Objektpronomen wiederholt bzw. verdoppelt werden.

Etwas planen und Aufgaben verteilen

– Para la fiesta hay que comprar bebidas y preparar la comida. ¿Quién hace qué?

hay que + **Infinitiv** ▶ **G 3.1**

hay que	organizar, comprar, llevar…

! Die Form **hay que** wird unpersönlich gebraucht und bedeutet so viel wie *man muss*.

11

Toda una vida

¿Qué le sugiere este retrato de la pintora Frida Kahlo? ¿Qué sabe usted de ella?

Frida Kahlo, Autorretrato (1930)
© (2002) Banco de México Diego Rivera & Frida Kahlo Museums Trust. Av. Cinco de Mayo No. 2, Col. Centro, Del. Cuauhtémoc 06059, México D.F. (Foto: akg-images)

Figura clave del feminismo latinoamericano y una de las artistas más singulares de la pintura mundial, Frida Kahlo se ha convertido en los últimos años en objeto de culto. Por uno de sus cuadros se han llegado a pagar tres millones de dólares. Su vida, llena de amor, dolor y creación ha inspirado libros, obras de teatro, espectáculos de danza y por último ha llegado a Hollywood, donde se filmó Frida (2002), una película de gran éxito basada en su biografía.

Magdalena Carmen Frida Kahlo y Calderón nació en Coyoacán, barrio de Ciudad de México, en 1907. A los seis años enfermó de poliomielitis. Su pierna derecha quedó coja. Después de la educación básica decidió estudiar Medicina, para lo cual ingresó en la Escuela Preparatoria. En 1925 sufrió un gravísimo accidente de tráfico cuyas consecuencias la acompañaron el resto de su vida: operaciones innumerables en la columna vertebral, dolor y la imposibilidad de tener hijos. Empezó a pintar en 1926, en la cama. Dos años más tarde conoció personalmente al famoso pintor muralista Diego Rivera, se enamoraron. Se casaron al año siguiente, en 1929. Los dos pintores vivieron algunos años en los Estados Unidos, donde Frida empezó a exponer con éxito. En 1939 se separaron. Frida se instaló en la casa paterna, la Casa Azul de Coyoacán, hoy museo de la artista. Se afilió al Partido Comunista y empezó a dar clases de pintura en la Academia de Arte. En 1940 volvió a casarse con Rivera. A pesar de su mal estado de salud, nunca dejó de pintar, exponer y participar en acciones políticas hasta que murió, el 13 de julio de 1954, a los 47 años.

2

a) Lea los datos biográficos de Frida. ¿Cuáles son en su opinión los hechos más decisivos de su vida?

b) Escriba siete u ocho frases resumiendo la biografía de Frida.

c) En grupos, expongan sus resultados. ¿Quién ha resumido los datos más importantes de la biografía?

Indefinido de algunos verbos irregulares
poder: **pud**e, **pud**iste, **pud**o…
tener: **tuv**e, **tuv**iste, **tuv**o…
morir: **mur**ió…

▶ **Ü 1-2**

Relacione cada palabra o expresión con un dibujo para averiguar un poco más sobre la vida del pintor Diego Rivera.

casarse   morir   empezar a pintar   nacer   volver a casarse
divorciarse   conocer a Frida   vivir en Estados Unidos   estudiar en Europa

1886 – Guanajuato, México   1898 – México D.F.   1907–1921

1928   1929   1930 –1934

1939   1940   1957 – Coyoacán, México

Ahora use la información de los dibujos para escribir la biografía de Diego Rivera.

Diego Rivera nació en ....
En .... empezó a pintar en ....

> *para contar una biografía*
>
> **A los** 12 **años** empezó a…
> **Al año siguiente** se casó con…
> Dos años **más tarde**…

▶ Ü 3-4

5

a) Lea esta versión ampliada de la biografía de Frida. ¿Qué nuevas informaciones le ofrece?

Magdalena Carmen Frida Kahlo y Calderón nació en Coyoacán, barrio de Ciudad de México, en 1907. Su padre, Guillermo (Wilhelm) Kahlo, *era un conocido fotógrafo judío alemán.* Su madre, Matilde Calderón, *era una mexicana de pura cepa.* A los seis años enfermó de poliomielitis. Su pierna derecha quedó coja. Después de la educación básica decidió estudiar Medicina, para lo cual ingresó en la Escuela Preparatoria. En 1925 Frida sufrió un gravísimo accidente de tráfico cuyas consecuencias la acompañaron el resto de su vida: operaciones innumerables en la columna vertebral, dolor y la imposibilidad de tener hijos. Empezó a pintar en 1926, en la cama. Dos años más tarde conoció personalmente al famoso muralista Diego Rivera, se enamoraron. *Ella tenía veintiún años y un carácter impetuoso y apasionado. Era una joven de rara belleza: sus cejas*

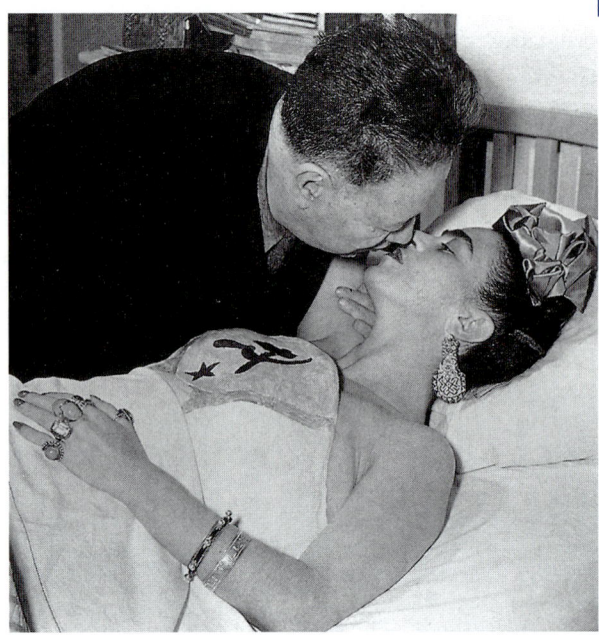

Frida Kahlo y Diego Rivera en el Hospital Inglés, 1950 México D.F.
© akg-images

«parecían las alas de un pájaro negro que enmarcaban dos extraordinarios ojos café», según la descripción de su futuro esposo. *El pintor tenía dos veces más años que Frida, pesaba casi ciento cincuenta kilos y era un mujeriego incorregible.* Se casaron al año siguiente, en 1929. *En aquella época Frida siempre llevaba ropa indígena, un peinado con trenzas y los collares de hueso y pendientes antiguos que tanto gustaban a Diego.* Los dos pintores vivieron algunos años en los Estados Unidos, donde Frida empezó a exponer con éxito. En 1939 se separaron. Frida se instaló en la casa paterna, la Casa Azul de Coyoacán, hoy museo de la artista. Se afilió al Partido Comunista y empezó a dar clases de pintura en la Academia de Arte. En 1940 se volvió a casar con Rivera. A pesar de su mal estado de salud, nunca dejó de pintar, exponer y participar en acciones políticas hasta que murió, el 13 de julio de 1954, a los 47 años.

b) Las frases que están en verde contienen un nuevo tiempo del pasado: el imperfecto. Subraye las formas. ¿Sabe usted para qué se usa en este texto? Comenten en pleno.

c) ¿Qué frases del texto expresan lo siguiente? Escriba algunos ejemplos.

Narración: ¿Qué pasó / qué hicieron las personas?	**Descripción del físico, del carácter, la nacionalidad, la edad…**
Frida nació en 1907	*Su padre era alemán*

Para más informaciones sobre los artistas Frida Kahlo y Diego Rivera, entre aquí.

Rellene los espacios vacíos con las formas correspondientes que aparecen en el texto de la actividad 5a). Observe las terminaciones. ¿Qué tienen en común?

el imperfecto de los verbos regulares				el imperfecto de *ser*
	llevar	tener	sentir	ser
yo	llevaba	tenía	sentía	era
tú	llevabas	tenías	sentías	eras
él, ella, usted	....	....	sentía	....
nosotros/-as	llevábamos	teníamos	sentíamos	éramos
vosotros/-as	llevábais	teníais	sentíais	érais
ellos, ellas, ustedes	llevaban	tenían	sentían	eran

▶ Ü 5

7

En grupos. Describan su aspecto físico cuando tenían 10, 20 ó 30 años.

● Cuando tenía 20 años llevaba gafas, el pelo largo, era…

a) ¡Los tiempos cambian! ¿Cómo era esta ciudad antes, cómo es ahora? En parejas. Hablen de los cambios y escriban una lista.

● Antes había pocos coches, en cambio ahora hay muchísimos.
● Sí, es verdad, la ciudad era…

b) Dos personas mayores hablan de los cambios de su ciudad. Escuchen y comparen con su lista. ¿Se mencionan los mismos cambios que han anotado ustedes?

42

9

a) Lea usted este poema. ¿Cuándo era más feliz el autor: antes o ahora?

Antes y ahora

Antes sabía
menos que hoy.
No tenía reloj,
pero sí fantasía.

Todos los días
iba y volvía,
dormía, soñaba,
leía, estudiaba,
entraba y salía sin hora
y sin hora me levantaba.

Siempre me enamoraba
de noche
y de día olvidaba.

Ahora tengo reloj,
hijos, citas importantes,
mucho amor y pocas amantes,
me levanto con el sol.

Pero no siento nostalgia
y me gusto como soy.
La vida era bella antes
pero aún más bella es hoy.

b) Subraye las sílabas de los verbos en imperfecto que se acentúan. ¿Cuál es la que siempre se acentúa? En parejas, lean el poema en voz alta, cada uno una línea. Pueden marcar el ritmo dando golpecitos sobre la mesa.

c) Escuche el poema, ponga atención a la acentuación. ¿Ha acertado?

43

d) Escriba un poema anónimo paralelo al anterior sobre su propio *antes y ahora*. Después se exponen los poemas. ¿Puede adivinar la clase de quién es cada uno de ellos?

G *para hablar de las costumbres en el pasado*

Antes me gustaba ir al cine.
Todos los días iba a casa de…
Los fines de semana me quedaba en casa.
Siempre me acostaba tarde.
En aquella época solía…

G *imperfecto de* **ir**

iba
ibas
iba
íbamos
ibais
iban

▶ Ü 6-7

10

¿Cómo era usted antes, cuando tenía 15 años? ¿Dónde vivía? ¿Cómo era su pueblo o ciudad? ¿Qué le gustaba hacer? Intercambien impresiones en parejas.

Vivía en… con mis padres y mis hermanos. Era un pueblo muy… Mi padre era… y mi madre…
Me gustaba… En aquella época llevaba el pelo…

▶ Ü 8-10

a) Complete esta biografía con las descripciones que faltan. ¡Deje volar su fantasía!

	Describa (a) …
Marina Celador nació el 27 de enero de 1907 en <u>Merondín</u>, un pueblo de montaña.	<u>Merondín</u> ....
A causa de las dificultades económicas de su familia, <u>Marina</u> no pudo ir a la escuela pero su tía <u>Consuelo</u> le enseñó a leer, a escribir y a tocar el piano.	<u>Marina</u> ....
En 1923 su tía murió, dejando una pequeña suma de dinero y su querido piano para Marina. La joven decidió embarcarse hacia Europa para estudiar piano.	<u>la tía Consuelo</u> ....

b) En grupos, comparen su descripciones. ¿Qué tienen en común?

c) En parejas, escriban el final de la historia (máximo media página). ¿Qué pasó después de que Marina se fue a Europa?

d) En el pleno, se exponen los finales de la historia. ¿Cuáles son los tres que más les gustan y por qué?

En vivo

a) Mire la foto. ¿Cómo describiría usted a Compay Segundo?

b) Usted puede entrevistar a Compay Segundo. ¿Qué preguntas le haría? Lea después el texto.

Compay Segundo, el trovador más viejo y famoso del mundo

«Espero llegar a los cien años y pedir prórroga[1]»
Entrevista por Rafael Lam – La Habana

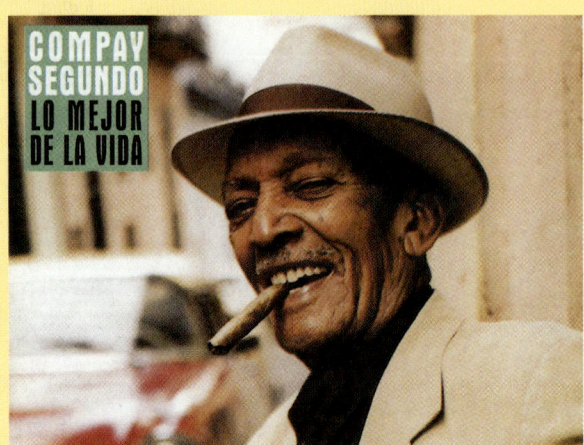

Nacido en 1907, Francisco Repilado (alias Compay Segundo) tiene el dulce perfume de lo antiguo, la mirada de adolescente maldito[2] y la compostura de un lord inglés. Trovadores ha habido muchos, pero Compay es el mito, la leyenda viviente.

■ *¿Cómo se inició este nuevo renacer de Compay Segundo, la trova y el son?*
■ Europa estaba cansada de los sonidos de las estridencias electrónicas y la gente miró hacia atrás, en busca de la música natural, original. Y el boom se logró con el Premio Grammy, con el disco Buena Vista Social Club, en 1997.

■ *¿Cómo recibió el boom?*
■ Imagínate, fue como un bombardeo, saltamos a la fama, recorrimos medio mundo, nos paramos en los escenarios más exigentes y príncipes nos invitaron a sus grandiosas fiestas. Pero te digo que yo sigo siendo sencillo, como un principiante. Yo

les sigo cantando a todos los cubanos, como lo hice, en tiempo de juventud, por toda Cuba. Cuando yo nací, en el pueblo minero de Siboney, Santiago de Cuba, en 1907, todo era muy pobre y la música que se escuchaba en su mayoría venía de Europa. Eran tiempos muy románticos, saludábamos con el sombrero a las señoritas, y si una te gustaba, le echabas el sombrero al suelo. Si ella te correspondía, pisaba una parte del ala del sombrero. Y cuando no te quería, se acabó el sombrero. Yo transmito esa atmósfera, que el público percibe y disfruta.

■ *¿Tiene alguna filosofía para vivir?*
■ Toda persona debe tener una filosofía para vivir mejor: Soy un estudioso de la vida, analizo detenidamente en la cama lo que hice cada día. No espero en un rincón la muerte, ella tiene que perseguirme. Espero llegar a los 100 años y pedir prórroga, como hizo mi abuela.

■ *Sus placeres y gustos en la vida, y alguno de sus secretos...*
■ Para los placeres hay que tener medida, de lo bueno no se debe probar mucho. Tomo algunos traguitos de ron y fumo desde niño, enseñado por mi abuela.

■ *¿Qué planes tiene para este año?*
■ Grabar el próximo disco, con el tema de «Las flores de la vida» y tener otro hijo, ¿qué tú crees?

Texto adaptado de Granma digital (Cuba), 15/06/2000

[1] *Verlängerung;* [2] *hier: verwegener Bursche*

c) ¿Para cuántas de sus preguntas ha encontrado una respuesta?

Recuerde

Einen Lebenslauf erzählen

– Frida Kahlo nació en 1907 en Coyoacán.
A los seis años enfermó de poliomielitis.
Decidió estudiar Medicina, para lo cual ingresó
en la Escuela Preparatoria. En 1925 sufrió un
gravísimo accidente de tráfico. Empezó
a pintar en 1926. Dos años más tarde
conoció al muralista Diego Rivera.

Das Indefinido
unregelmäßige Verben ▶ G 3.5.2

	poder	tener	morir
(yo)	pude	tuve	morí
(tú)	pudiste	tuviste	moriste
(él, ella, usted)	pudo	tuvo	murió
(nosotros, -as)	pudimos	tuvimos	morimos
(vosotros, -as)	pudisteis	tuvisteis	moristeis
(ellos, -as, ustedes)	pudieron	tuvieron	murieron

Zeitangaben zur Erzählung eines Lebenslaufes ▶ G 6.3

a los… años	mit … Jahren
al año siguiente	im Jahr darauf
… años más tarde	… Jahre später

Beschreiben, wie jemand oder etwas früher war

– El pintor Diego Rivera tenía dos veces más
años que Frida, pesaba casi ciento cincuenta
kilos y era un mujeriego incorregible.

– ¿Te acuerdas de esta plaza? Había muchos
árboles, unos bancos… Era una plaza muy
tranquila. ¿Te acuerdas de los árboles que
había allí, a la izquierda? Había sólo dos o tres
casitas pequeñas y una pensión.

Das Imperfecto
regelmäßige Verben ▶ G 3.6.1

	-ar	-er/-ir
(yo)	-aba	-ía
(tú)	-abas	-ías
(él, ella, usted)	-aba	-ía
(nosotros, -as)	-ábamos	-íamos
(vosotros, -as)	-abais	-íais
(ellos, -as, ustedes)	-aban	-ían

unregelmäßige Verben ▶ G 3.6.2

	ser	ir
(yo)	era	iba
(tú)	eras	ibas
(él, ella, usted)	era	iba
(nosotros, -as)	éramos	íbamos
(vosotros, -as)	erais	ibais
(ellos, -as, ustedes)	eran	iban

Über Gewohnheiten in der Vergangenheit sprechen

– Antes, me gustaba mucho ir al cine. Íbamos
todos los fines de semana y llegábamos
siempre tardísimo a casa.

Zeitangaben, die mit dem Imperfecto stehen ▶ G 6.4

antes	früher
todos los días	jeden Tag
siempre	immer
en aquella época	damals
los fines de semana	jedes Wochenende

Wichtige Verben
nacer, morir ▶ S. 96

Aussprache und Schreibweise 👄
Die Betonung der Imperfecto-Formen ▶ S. 100

Así somos, ¿somos así?

1

a) Mire el dibujo. ¿Cómo son las personas? Comente con su compañero/-a. Estos adjetivos les pueden ayudar. Pueden agregar otros.

vago/-a	amable	trabajador/-a	cariñoso/-a	frío/-a	romántico/-a
seco/-a		juerguista	disciplinado/-a		caótico/-a
serio/-a		ordenado/-a	alegre		orgulloso/-a
soñador/-a	abierto/-a	tacaño/-a		generoso/-a	

● El (señor) del bigote parece muy romántico…

◆ La de la chaqueta negra es seria y ordenada.

el de la camisa azul
la del abrigo negro

b) ¿Cuáles de estos rasgos de carácter le parecen positivos, negativos? Haga una lista. En grupos, comparen sus resultados. ¿Están todos de acuerdo?

c) De estos adjetivos, ¿cuáles forman parejas de contrarios, cuáles no? Escriba una lista y compare después con su compañero/-a.

▶ Ü 1

2

a) Lluvia de ideas en el pleno. ¿Cómo describirían a un «típico español» o a «una típica española»?

b) En parejas, observen a estos españoles. ¿Cómo son? ¿Cuál o cuáles de ellos son en su opinión «típicos españoles» y por qué?

3

a) Esta estadística muestra cómo se ven los españoles a sí mismos. ¿Le sorprende algo? Discutan en parejas.

¿Qué rasgos, en su opinión, caracterizan mejor a los españoles en general? ¿Y a los europeos?

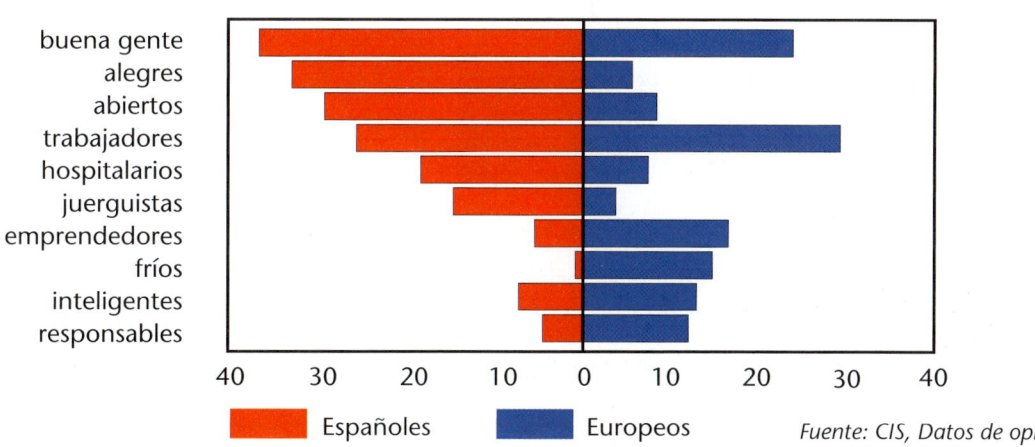

Fuente: CIS, Datos de opinión

b) ¿Cómo se ven los españoles frente a los europeos? Observen la estadística y expresen frases comparándolos.

– Los españoles piensan que son más «buena gente» que los europeos.
– Son menos... que..., son tan... como...

▶ **Ü 2**

4

a) En grupos. Rosa María, una peruana que llegó hace un año a un país del centro de Europa, habla sobre sus experiencias con una amiga argentina. ¿Pueden imaginarse qué imagen tenía ella de esa región antes de llegar allí?

b) Escuche el diálogo. ¿A qué país en concreto podrían referirse las dos jóvenes?

44

c) Rellene los espacios vacíos de este extracto del diálogo con las palabras del cuadro. Compruebe después con la casete.

muchos	la mayoría	todos	mucha gente

- (…) Antes tenía muchos prejuicios, ¿sabes?
- Ah, ¿sí? ¿Qué pensabas?
- Pues que aquí toda la gente era alta, de ojos azules, que todos eran fríos y distantes…
- Sí, y en Argentina todo el mundo piensa que todos son rubios, yo también pensaba eso.
- Sí, sí. Pero la verdad es que .... son morenos y hay gente de muchas nacionalidades…
- Y algunos son bajitos... Bueno y también creía que aquí sólo se comía carne de cerdo, chucrut y papas.
- Sí, fíjate, y sin embargo .... come Döner Kebab, comida china, ensaladas, pasta…

- Bueno, también comen muchos fiambres y salchichas…
- Sí, claro, pero no sólo eso, aquí hay muchísimos vegetarianos.
- Es cierto.
- Y ¿sabes lo que pensaba sobre la música? Me imaginaba que .... escuchaban a Beethoven todo el tiempo.
- ¡Y a Mozart!
- Ah, sí, claro, por supuesto. Bueno, y sí es cierto que los escuchan mucho, pero también se escucha música de todo el mundo, a .... joven le encanta la música latinoamericana, la salsa, el tango…

d) ¿Cómo ha cambiado la forma de pensar de Rosa María sobre los habitantes de ese país desde que vive allí? Discutan en parejas.

– Antes, Rosa María pensaba que todos los… eran…

G *Correlación de los tiempos en el estilo indirecto*
Todo el mundo **piensa** que **son** rubios.
Antes yo **pensaba** que **eran** rubios.

G *para generalizar*
nadie
todos los suizos
todo el mundo
los alemanes

para matizar
casi nadie
algunos
pocos / poca gente
gran parte de
la mayoría
muchos
mucha gente
casi todos

5

a) Los clichés siempre esconden generalizaciones. Convierta usted estos estereotipos en afirmaciones más relativas como en el ejemplo.

En .... (nombre de su país)
– todos tienen coches carísimos.
Mucha gente tiene coches caros, pero la mayoría tiene coches normales.
– todo el mundo come salchichas con chucrut.
– todo el mundo es puntual, disciplinado y ordenado.
– nadie…

▶ **Ü 3-4**   **b)** Compare con su compañero/-a. ¿Están de acuerdo?

a) Todos los pueblos tienen sus «particularidades». En parejas, comenten estas caricaturas.

b) En parejas. ¿Están de acuerdo con estos clichés?

● (Yo) no creo que
◆ (Yo) dudo que   todos los alemanes coman chucrut todos los días.
● No es verdad que

G

El presente de subjuntivo con «no creo que / dudo que / no es verdad que»

	escuchar	comer	vivir	tener (irreg.)	ser (irreg.)
(yo)	escuche	coma	viva	tenga	sea
(tú)	escuches	comas	vivas	tengas	seas
(él, ella, usted)	escuche	coma	viva	tenga	sea
(nosotros, -as)	escuchemos	comamos	vivamos	tengamos	seamos
(vosotros, -as)	escuchéis	comáis	viváis	tengáis	seáis
(ellos, -as, ustedes)	escuchen	coman	vivan	tengan	sean

G

Creo que... – no creo que...

Creo que **es** alemán.   → indicativo
No creo que **sea** alemán.   → subjuntivo

▶ Ü 5-6

c) En parejas. ¿Qué otros clichés conocen ustedes? ¡Pueden escribir o dibujarlos!

Si quiere saber cuáles son los destinos favoritos de los turistas españoles en su país, entre aquí.

a) Lea este anuncio publicitario de una revista. ¿Qué producto cree usted que se promociona? ¿De qué país procede? Discutan en pleno.

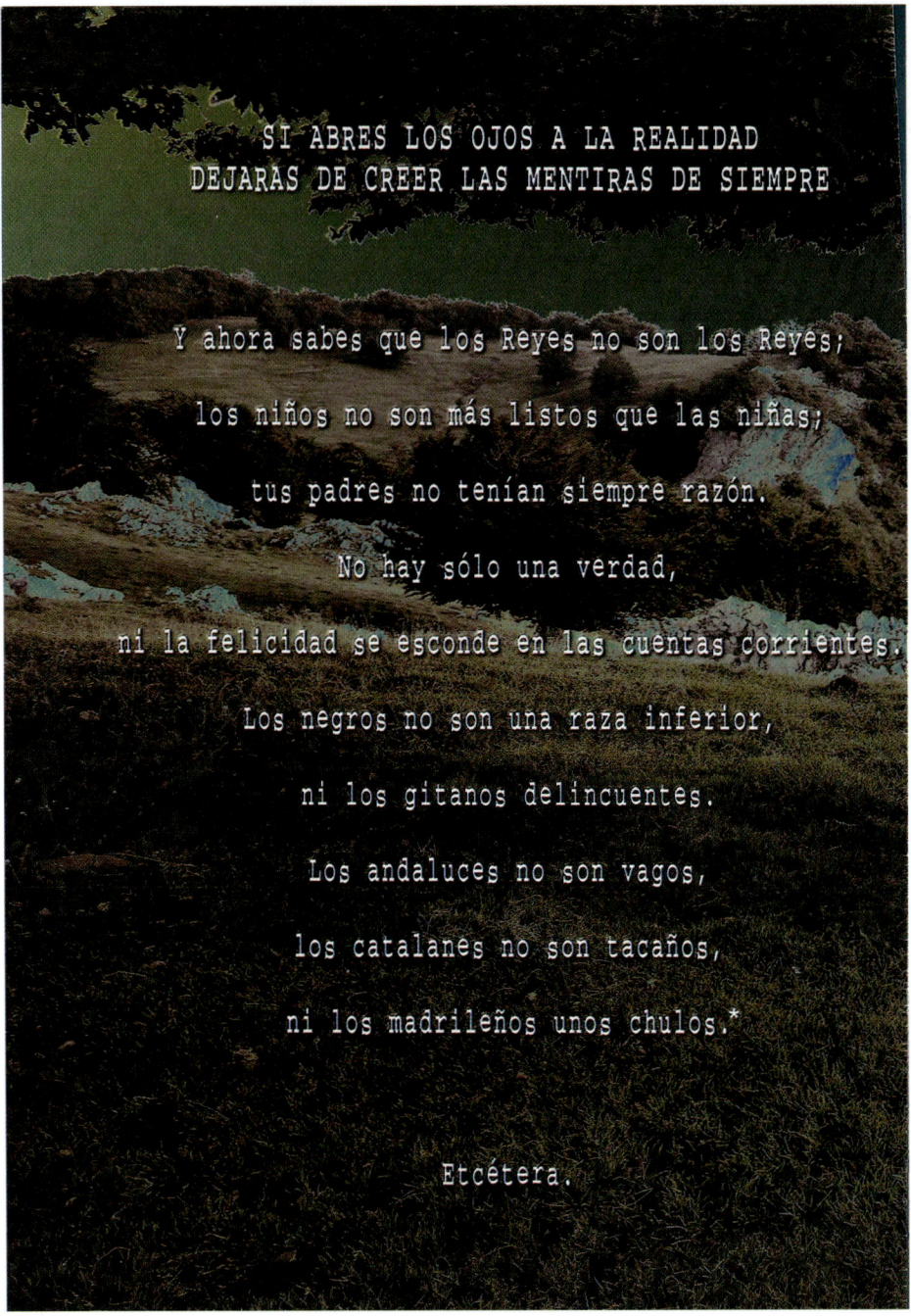

SI ABRES LOS OJOS A LA REALIDAD
DEJARÁS DE CREER LAS MENTIRAS DE SIEMPRE

Y ahora sabes que los Reyes no son los Reyes;

los niños no son más listos que las niñas;

tus padres no tenían siempre razón.

No hay sólo una verdad,

ni la felicidad se esconde en las cuentas corrientes.

Los negros no son una raza inferior,

ni los gitanos delincuentes.

Los andaluces no son vagos,

los catalanes no son tacaños,

ni los madrileños unos chulos.*

Etcétera.

*chulo: *vorlaut, angeberisch*

b) ¿Cuáles de esas «mentiras» ha escuchado ya? Comente con su compañero/-a.

c) En parejas. ¿Qué otras mentiras pueden añadir a esta lista? Comparen después sus resultados en pleno. Hagan una lista única de las cinco mentiras más conocidas.

– Las rubias son… / La gente del norte es… / Los hombres…

Lea ahora la segunda página del anuncio. ¿Sabe ahora qué producto se promociona?

*a lo mejor: *womöglich*

Para fomentar el turismo de su región, escriban ustedes un anuncio de publicidad parecido al anterior. Sigan los siguientes pasos, en grupos:

a) Para averiguar cómo se llaman las diferentes regiones de su país, consulte el mapa de la página 166.

▶ **Ü 7**

b) ¿Hay clichés sobre las diferentes regiones de su país? Hagan una lista. Comparen sus resultados con los otros grupos. ¿En qué se parecen las listas?

c) Elijan una región y escriban un texto / un anuncio publicitario.

d) Expongan sus anuncios y elijan el más interesante / original.

En vivo

45

Antes de llegar a España en 1994, para el primer encuentro entre el flamenco y el son, Compay Segundo sólo conocía ese país por sus contactos con los descendientes de emigrantes gallegos y andaluces que vivían en Cuba. El contacto directo con España le inspiró temas como éste.

a) Escuche la canción. ¿Le gusta España a Compay Segundo?

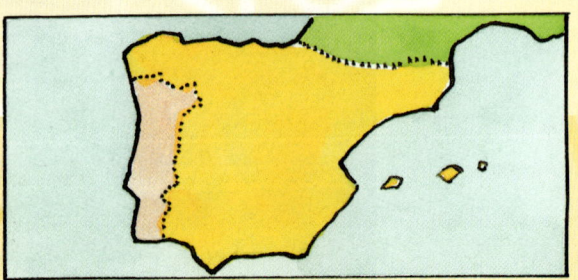

Cuba y España
Franciso Repilado (i.e. Compay Segundo)

Este Son que es muy sabroso,
que me inspiré en Madrid
para que goce la gente
y no se olviden de mí.

Trabajo no me ha costado
en esta tierra bendita,
amistades tan sinceras
y mujeres tan bonitas.

Y contento yo me voy
porque en español canté,
Ustedes me han
comprendido
yo nunca lo olvidaré.

Cuba y España
nunca se engañan*.

Aquí en España la uva
y allá en mi Cuba la caña.

Cuba y España
nunca se engañan.

Aquí en España sus ríos
y en mi Cubita montañas.

Cuba y España
nunca se engañan.

Las españolas son lindas
y son lindas las cubanas.

Cuba y España
nunca se engañan.

*engañarse: *sich täuschen, untreu sein*

b) En la canción se comparan algunas cosas que son iguales y otras que son diferentes en los dos países. ¿Cuáles?

Cada país, cada región, tiene un sistema de valores propio y diferente de todos los demás, que es su cultura. Aprender una lengua significa, además de estudiar y usar sus sonidos, estructuras gramaticales y palabras, conocer progresivamente su sistema de valores, entrar en su cultura. Este proceso nos ayuda a ver nuestro propio país, nuestra propia cultura desde otra perspectiva, nos ayuda a sentirnos más libres en casa y menos extraños en el extranjero. ¡Enhorabuena por haber llegado hasta aquí en su aprendizaje del español! Nos alegramos de haberle acompañado y esperamos un nuevo encuentro en *El Nuevo Curso 3*.

Autoras y editorial

Recuerde

Über Charaktereigenschaften sprechen
– La señora del jersey verde es amable
 y ordenada. El del bigote parece muy
 caótico.

***ser* + Adjektiv**
   alegre
es generoso/-a
   juerguista

Jemanden identifizieren
– El señor de la chaqueta azul me parece
 muy serio.
– La del pelo rubio es un poco caótica.

***el / la de* + Nomen**   ▶ G 1.2
el de la chaqueta azul
la del pelo largo y rizado

❗ Bei einer näheren Bestimmung einer Person durch
de + Nomen kann der Artikel auch alleine stehen: **el (señor /
chico / niño…) de la camisa roja.**

Über veränderte Einschätzungen sprechen
– Antes, yo pensaba que eran rubios y secos.
 Ahora sé que la mayoría es rubia, pero
 también hay muchos morenos. Algunos son
 secos, pero mucha gente es alegre y abierta.

Zeitenfolge in der indirekten Rede   ▶ G 9.2
Pien**so**   que… **son**…
Pens**aba** que… **eran**…

❗ Steht das Verb des Hauptsatzes im Präsens, so steht das Verb des
Nebensatzes, der mit **que** angeschlossen ist, ebenfalls im Präsens. Steht
ein Imperfekt im Hauptsatz, wird auch das Verb des Nebensatzes ins
Imperfekt gesetzt.

Über „typische" nationale Eigenheiten und Klischees sprechen
– Los españoles piensan que son más «buena
 gente» que los europeos. Creen que son
 menos fríos y serios que los otros europeos
 y que son tan trabajadores como ellos.

– Todo el mundo piensa que los alemanes son
 muy trabajadores. Hay muchos que son
 trabajadores, pero no todos.

Indefinitpronomen   ▶ G 4.3
generalisierend
todo el mundo   *jeder, alle*
todos   *alle*
nadie   *niemand*

nuancierend
mucha gente   *viele (Leute)*
muchos/-as   *viele*
la mayoría   *die meisten, die Mehrzahl*
gran parte de   *ein großer Teil (von)*
algunos, -as   *einige*
pocos, -as   *wenige*
poca gente   *wenige (Leute)*
casi nadie   *fast niemand, fast keiner*

Zweifel, Nichtglauben äußern
● Creo que los catalanes son muy tacaños.
◆ Pues, yo no creo que todos sean tacaños,
 algunos tal vez, pero no todos.

▲ No es verdad que todos los alemanes tengan
 un coche grande y una casita de vacaciones
 en Mallorca.

Der Subjuntivo Präsens nach   ▶ G 3.9
no creo que / dudo que / no es verdad que

	-ar	-er/-ir	ser
(yo)	habl**e**	com**a**	**sea**
(tú)	habl**es**	com**as**	seas
(el, ella, usted)	habl**e**	com**a**	sea
(nosotros, -as)	habl**emos**	com**amos**	seamos
(vosotros, -as)	habl**éis**	com**áis**	seáis
(ellos, -as, ustedes)	habl**en**	com**an**	sean

tener: tenga, tengas, tenga, tengamos, tengáis, tengan

1

a) Encuentre a un/a compañero/-a que responda afirmativamente a una o más de estas preguntas. Si responde negativamente, cambie de compañero/-a.

¿Quién…

	Nombre del / de la compañero/-a
1. ha estudiado / hecho algún curso en el extranjero?	
2. necesita / necesitaba el español en su trabajo?	
3. tiene que / tenía que hacer viajes de negocios en su trabajo?	
4. ha recibido y escrito alguna vez un email en español?	
5. ha estudiado en la Universidad?	
6. sabe mucho de ordenadores?	
7. trabaja / ha trabajado alguna vez en equipo?	
8. piensa / pensaba que su trabajo es / era muy interesante?	
9. tiene / tenía un horario regular?	
10. tiene / tenía un trabajo peligroso?	
11. tiene / tenía que hablar inglés en su trabajo?	
12. tiene / tenía su oficina en casa?	
13. trabaja / trabajaba más de 40 horas a la semana?	
14. tiene / tenía un jefe / una jefa antipático/-a?	
15. tiene experiencia en márketing?	

b) Hagan una puesta en común en la clase. ¿Quiénes han respondido afirmativamente a las preguntas?

● ¿Quiénes han hecho algún curso en el extranjero?   ◆ Gabriel, Susanne y…

a) Mire la carta de presentación de la Sra. López. Este tipo de cartas siempre tiene una estructura determinada. Escriba usted el número de la parte de la carta en las casillas correspondientes.

1. Remitente (nombre y apellido de la persona que escribe, domicilio, teléfono, dirección electrónica)
2. Destinatario (nombre de la empresa, dirección, apartado de correos, referencia)
3. Lugar y fecha
4. Saludo
5. Despedida

Alba López Pernía ☐   BCE ☐
c/ García Lomas, 14, bajo izda.   Bananas de cultivo ecológico
47007 Valladolid (España)   Avda. de la Libertad, 356
Teléfono: 34 983 211510   Quito, Ecuador
Email: matra31@uva.es   Ref.: 487

                                             Valladolid, 31 de mayo de 2002 ☐

Estimados Señores: ☐

.... He visto su anuncio en el periódico El País del 30/5/2002 en el cual su empresa informa que reserva cada año un puesto para personas de otras nacionalidades que quieren realizar prácticas.
.... En los próximos meses voy a terminar mis estudios de Biología. Les escribo porque me gustaría mucho participar en su proyecto de cultivo ecológico de bananas. El trabajo que realiza su empresa, contínuamente en contacto con la Unión Europea y muchos países de Latinoamérica, me parece muy interesante. La idea de conocer Ecuador y vivir allí durante algunos meses me atrae mucho. Por estos motivos me gustaría mucho poder realizar mis prácticas con ustedes.
.... Tengo 26 años y estoy soltera. En cuanto a horarios y fechas soy muy flexible, también me gusta trabajar en equipo y tengo grandes deseos de colaborar y aprender. Adjunto a esta carta mi currículum con información más detallada sobre mi persona.

En espera de sus noticias les saludo atentamente, ☐

Alba López Pernía

b) Cada párrafo de la carta contiene diferentes tipos de informaciones. Escriba usted la letra correspondiente en los espacios vacíos.

a. motivo de la carta
b. información personal
c. inicio de la carta

¿Cómo jugar? En grupos de máx. 4 participantes, con un dado y fichas de colores, una por participante. Por turnos, en el sentido de las agujas del reloj, tire el dado, avance tantas casillas como corresponda y responda a la pregunta en cuestión. Si no sabe responder, retroceda a la casilla de dónde viene.

16 La fiesta de cumpleaños en España:
a. los regalos se dan al final de la fiesta
b. se dice: «¡Feliz cumpleaños!»
c. se mandan siempre invitaciones formales

14 La especialidad del Valle del Maipo (Chile) es
a. el chocolate
b. el vino
c. el aceite de oliva

15 En la fiesta de quince-añera se celebra
a. una boda
b. un cumpleaños
c. el Año Nuevo

5 Usted toma el AVE. Avance tres casillas.

13 En muchos colegios de Latinoamérica y España
a. se aprende japonés
b. no hay vacaciones
c. se lleva uniforme

4 En España la gente pasa mucho tiempo en
a. bicicleta
b. el bar
c. la ducha

SALIDA

12 Aunque la mona se vista de seda
a. se lava en casa
b. mona se queda
c. cuesta un ojo de la cara

3 El son es
a. un plato dulce típico de Cuba
b. un ritmo musical cubano
c. una isla del Caribe

2 El español se habla en … continentes.
a. 3
b. 4
c. 5

11 En España y Latinoamérica, el anfitrión
a. llega siempre tarde
b. suele mostrar la casa al invitado
c. no ofrece nada de beber al invitado

10 En los bares y restaurantes, los españoles y latinoamericanos suelen
a. dejar la propina encima de la mesa
b. compartir mesa con extraños
c. quitarse la camisa, los zapatos, los calcetines…

17 Frida Kahlo y Diego Rivera
a. eran pintores
b. tenían la misma edad
c. vivían en Argentina

18 Frida Kahlo
a. nació en 1907, en Perú
b. murió en Miami
c. tuvo muchos problemas de salud

6 Muchos españoles suelen pasar sus vacaciones
a. en pueblos de montaña
b. en el extranjero
c. en un lugar fijo de su país, en la costa

7 En el Altiplano andino
a. se toma mate de coca contra el soroche
b. viven los descendientes de los aztecas
c. se habla quechua, español y francés

19 Así se ven los españoles a sí mismos:
a. abiertos, alegres, buena gente
b. fríos, inteligentes, responsables
c. disciplinados, orgullosos y tacaños

1 El español es la... lengua más hablada del mundo.
a. primera
b. quinta
c. tercera

8 Mmm...
¡Qué tarta!
Se me hace la boca...
a. al cuello
b. agua
c. nariz

20 Es verdad que...
a. en el centro de Europa todos son rubios y comen salchichas
b. en España todas las mujeres bailan flamenco
c. los clichés son relativos

9 Usted se encuentra mal. Un turno sin jugar.

21 Se dice cuando se llega a casa:
a. «¡Ojo!»
b. «Aunque la mona se vista de seda...»
c. «Hogar, dulce hogar»

LLEGADA

1

2

a) Escuche esta noticia de la radio. ¿De qué se trata en el congreso?

☐ De los países más poblados del mundo. ☒ De las lenguas más habladas del mundo.

b) Escuche de nuevo y rellene la tabla.

Lengua	1 chino	2 inglés	3 español	4 hindi	5 árabe
Millones de hablantes (aprox.)	mil	450	400	395	215

2

a) Lea estas afirmaciones referidas al texto *¿Dónde se habla mejor español?* de la página 9. Lea después otra vez el artículo y marque con una cruz las afirmaciones que, en su opinión, están de acuerdo con él.

> Los libros que se editan en España tienen una ortografía diferente que en Latinoamérica, como ocurre entre Portugal y Brasil. **1**

> El español se habla de forma algo diferente en cada región o país, pero todos los hispanoha-blantes se entienden perfectamente. **3**

> El «buen español» (español estándar) se habla y se escribe tanto en España como en Latino-américa. **2**

> El español de España, Hispanoamérica y Guinea Ecuatorial tiene una sola ortografía, a diferencia del portugués de Brasil y Portugal. **4**

> El español que se habla en España es más correcto porque es el país de origen de la lengua. **5**

b) ¿Cómo expresa el autor del artículo esas mismas cosas? Subraye o escriba las frases.

3

3

Una de las diferencias más importantes que puede darse entre las variantes del español es la pronunciación de z, ce, ci. Mire esta tabla y escuche la casete varias veces. ¿Puede diferenciar por su pronunciación de dónde son los hablantes?

	hablantes			
	1	2	3	4
[s] como una «s» (Latinoamérica, Sur de España, Islas Canarias)				
[θ] como *th* en inglés (Centro y Norte de España)				

4

¿Desde o desde hace? Coloque estas expresiones de tiempo en la casilla correspondiente.

1980 tres días diciembre dos meses 20 años el 30 de octubre	Vivimos aquí **desde**… *1980, diciembre* *el 30 de octubre*	Vivimos aquí **desde hace**… *dos meses, tres días* *20 años*

5

Complete estas frases con sus propios datos, como en el ejemplo. Decida si tiene que usar *desde* o *desde hace*.

- Practico *el tenis* .... desde / desde hace *trece años* ....
- Estudio ....*español*.... desde / desde hace ....*dos años*....
- Conozco a ....*Silvia*.... desde / ~~desde hace~~ ....*2002*....
- Vivo en ....*Kundl*........ desde / ~~desde hace~~ ....*1989*....

6

a) Lea lo que dice Pablo en esta entrevista. Piense en las posibles preguntas. Puede escribirlas en su cuaderno.

- *¿Desde cuándo juegas al golf?*
- Desde hace veinte años.
- *¿Desde cuándo juegas como profesional?*
- Mmm… Soy jugador profesional desde 1985.
- *¿Conoces personalmente a Severiano Ballesteros?*
- Sí, lo conozco. Severiano es un genio.
- *¿Has jugado alguna vez en el extranjero?*
- No, nunca. Hasta ahora sólo he jugado en España. Pero me gustaría jugar algún día en el Open de Australia, por ejemplo.

b) Con estas «piezas» puede formar las preguntas originales de la entrevista. Escríbalas en el lugar correspondiente.

a	alguna vez	¿Has jugado	en el extranjero?	¿Desde
¿Desde	¿Conoces	juegas como profesional?		cuándo juegas al golf?
cuándo	Severiano Ballesteros?		personalmente	

7

Diga que usted no ha hecho nunca estas cosas… ¿o sí las ha hecho?

- Estar en Gibraltar. *No he estado nunca en Gibraltar.* ....
- Hacer autoestop en bikini. ....
- Esquiar en Sierra Nevada. ....
- Ver un elefante marino. ....

8

Relacione.

Hoy he conocido · · · · · · · · · · · · · · · director del hotel? Yo no.
¿Conoces · · · · · · · · · · · · · · · chica que vive en el segundo. ¡Qué simpática!
No conozco · · · · · · · · · · · · · · · la mujer del jefe, pero creo que se llama Ana.
A Sara le gustaría conocer · · · · · · · · · · · · · · · señor López, por favor?
¿Has visto · · · · · · · · · · · · · · · Fernando? Tengo que hablar con él.
¿Puede usted llamar · · · · · · · · · · · · · · · Guinea Ecuatorial. Su novio es de allí.

| a | al | a la | – |

9

a) Forme el adverbio en -*mente* correspondiente a estos adjetivos.

perfecto	*perfectamente*	puntual	puntualmente
lento	lentamente	tranquilo	tranquilamente
normal	~~se~~ normalmente	frecuente	frecuentemente
regular	regularmente	correcto	correctamente
rápido	rápidamente	fácil	fácilmente

b) Estos dos pueblos son muy diferentes. ¿Le gustaría vivir en alguno de los dos?
Complete las descripciones con adjetivos (*rápido*) y adverbios (*rápidamente*) de arriba.

1

En Bolaños de Arriba, todos caminan, hablan y trabajan ...*rápidamente*... porque siempre tienen prisa, empiezan a trabajar ...*puntualmente*..., a la hora exacta, y quieren hacer todo ...*perfectamente*... porque allí no se permiten errores, sólo hacen y dicen una cosa si saben que es ...*correcta*... .
Los habitantes de Bolaños de Arriba ...*normalmente*... trabajan solos para no perder tiempo, piensan que así son más ...*rápidos*... .

2

En Bolaños de Abajo la gente es muy ...*tranquila*...: todos trabajan, hablan y caminan ...*lentamente*..., sin prisa.
No hay horarios, así que no tienen que empezar a trabajar ...*puntualmente*...
Cometen errores ...*frecuentemente*..., pero esto les parece divertido. Siempre trabajan en grupos, dicen que así el trabajo es más ...*fácil*... y más efectivo.
La vida en Bolaños de Abajo es muy, muy ...*tranquila*... .

10

Cada persona tiene una forma especial de hacer las cosas. ¿Qué hace usted lentamente, rápidamente, etc.? Escriba un pequeño texto e intercámbielo con un/a compañero/-a.
¿Son ustedes muy diferentes?

¿Recuerda?

¿Qué dice usted en estas situaciones?

– Alguien quiere saber desde cuándo y dónde estudia usted español.

....

– Un/a compañero/-a le pide su opinión sobre si es efectivo o no el trabajar en grupo en la clase.

....

– Su compañero/-a quiere saber si usted ha hablado alguna vez en español por teléfono.

....

– Alguien le pregunta qué planes tiene usted para el próximo fin de semana.

....

**Uno de los temas importantes de esta lección ha sido «el aprendizaje de la lengua».
Lea este resumen. Complételo después con las palabras de abajo.**

Aprender una lengua es más que saber vocabulario y ...*gramática*..., es un proceso muy complejo en el que hay otros aspectos importantes. El motor del aprendizaje es la ...*motivación*... . En clase, es importante comunicarse en español, aprendemos a ...*hablar*... sólo si hablamos. Aprender una lengua significa también ...*conocer*... la otra cultura y reflexionar sobre la nuestra. Reflexionar sobre cómo ...*aprendemos*... es importante. Es muy efectivo ...*trabajar en grupo*... porque aprendemos de los compañeros y con ellos, como también aprendemos de nuestros ...*errores*... . En esta lección hemos intercambiado ideas sobre qué podemos hacer para aprender mejor español.

gramática	conocer	hablar	motivación	trabajar en grupo	errores	aprendemos

Autoevaluación. Piense en lo que ha aprendido en esta lección y evalúe usted mismo su progreso.

☺ = bien   ☺ = más o menos   ☹ = no muy bien

Sé cómo…
- ○ … decir desde cuándo hago algo, p.ej. estudiar español.
- ○ … expresar qué o a quién conozco.
- ○ … expresar mis intenciones, mis planes.
- ○ … expresar mi opinión.

Conozco…
- ○ … la importancia del español en el mundo.
- ○ … algunas diferencias entre el español de España y el de Hispanoamérica.

En las últimas clases he participado ○.

☺ = bastante   ☺ = suficientemente

Fuera del curso he practicado ○.

☹ = poco, puedo mejorar

a) Lea estos anuncios de la «Guía del Ocio» y clasifique qué tipos de evento cultural anuncian (1-2-3). Subraye las palabras que lo indican.

1 Música	2 Teatro	3 Exposición

■ **Viernes 25**

Instituto de México. San Jeróni-mo, 46. Metro Sevilla. Horario: de lun. a vier. de 10 a 15 h. «Tina Modotti. Fotografías».
Hasta el 16 de octubre. **3**

Poesía pintada. La obra del pintor Pedro Ribas se presenta en la galería Fúcara. Galileo Galilei. Tel. 91 388 01 91. Metro Alonso Martínez. Entrada libre ☐

Pop-rock. La Banda Sin Nombre. Colón. 22 h. 5 €. ☐

En otoño, más Cuba. Los Naranjos presentan ritmos del Caribe. Vier. 25 y sáb. 26, 20 h. en el Palacio de Congresos. ☐

Ático. **Lugar común,** de Lucía Sancho. Com-pañía Zurda de Teatro Moderno. Hasta el 30. Horario: de vier. a dom. a las 21 h. Precio: 12 €. *Comedia. Las relaciones de tres parejas en plena crisis sentimental.* ☐

Contratiempo. Flamenco 24 h. 9 € con copa. Reservas en el tel. 91 599 55 35. Diego Jerez (cantaor) y El Mami (guitarra). Peña Flamenca. 23.30 h. 7,50 €. ☐

Canción de autor Dani Rosal + Carlos Cana. Rincón del Arte Nuevo. Dos pases: 22.30 h. y 24 h. Suple-mento en consumición. ☐

Museo de Cera, Pl. de Colón, Metro Colón. Tel. 91 300 80 25. *Reproducciones en cera de los personajes más famosos de la Historia.* Horario: de lun. a vier. de 10 a 20.30 h. ☐

Teatro Real. Aida (Ópera). Mús. G. Verdi. Orquesta Sinfónica de Madrid. Juev. 24 y vier. 25 a las 20 h. Precio: de 18 a 98 €. ☐

b) Estas personas quieren salir el viernes. ¿Adónde pueden ir? Puede haber más de un lugar o espectáculo para cada persona.

1. A Fernando Sánchez le gusta la música clásica. *Puede ir al Teatro Real.* ....

2. María José Balboa termina de trabajar a las 20 h. ....

3. A Carmen Blanco le gusta bailar salsa. ....

4. Ricardo Reyes no tiene dinero. ....

¿Vamos juntos? Complete las siguientes frases y diálogos.

1. ● En el Cine Odeón ponen una .... cubana. ¿Quieres venir ....?
   No me gustaría ir solo.

2. ◆ ¿Te gusta Botero? En el Museo de Bellas Artes hay una .... de sus esculturas. ¿Vamos juntos?
   ▷ Vale, de .... ¿Cómo quedamos?

3. ▲ Ana, me gustaría hablar un poco .... ¿Vamos a tomar un vinito?
   ▷ ...., pero hoy no puedo. ¿Quedamos mañana?

Escuche dos diálogos y decida si las siguientes frases son verdaderas o falsas. Marque con una cruz.

4

	verdadero	falso
1. a) Isabel y Rafa quieren ir juntos a la clase de yoga.	☐	☐
b) Isabel no puede salir con Rafa porque va al yoga.	☐	☐
2. a) Marisa y su amiga quedan para ir al cine el sábado.	☐	☐
b) Quedan a las nueve en el Cine Rivera.	☐	☐

¿Cuáles de estas palabras son palabras «puente» que se usan muy frecuentemente en la comunicación? Escríbalas en el dibujo.

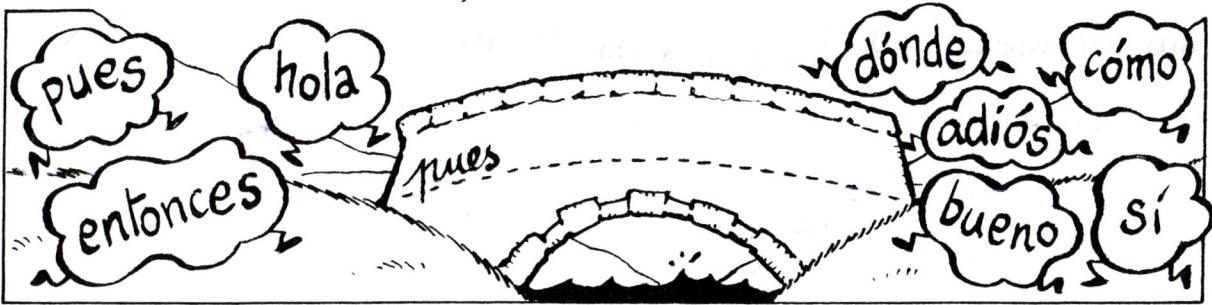

¿Qué palabras van bien juntas? Márquelas. Puede haber más de una solución correcta.

	tomar	ir a	ver	dar	jugar	escuchar	quedar
música clásica							
una copa	✓						
un bar							
a las diez							
bailar							
al bádminton							
en la puerta del cine							
una vuelta							
una película							

Estas frases que se usan al teléfono no son correctas. En cada frase sobra una palabra. ¿Cuál?

1. Sí, yo soy yo.
2. Un momento, ahora entonces se pone.
3. ¡Hola! ¿Está ahí María?

4. ¿De parte de por quién, por favor?
5. No, no es está. Vuelve después de comer.
6. En este momento no puede ahora ponerse.

Decida en qué frases se usa el artículo y en cuáles no.

1. Buenas tardes. ¿Está .... Sra. Aliaga?
2. Quería hablar con .... doctor Torre.
3. ¿ .... Srta. Urrutia, por favor?

4. Hola, soy .... Inés Sastre. ¿Qué tal?
5. Buenos días, ... Sr. Luna, ¿cómo está?

a) ¿Qué frases de la columna derecha significan lo mismo que las de la izquierda?

☐ 1. Se ha equivocado.
☐ 2. No puede ponerse.
☐ 3. No contesta.
☐ 4. Comunica.

a) No está en casa.
b) El teléfono está ocupado.
c) Ha marcado un número falso.
d) Está en casa, pero está ocupado con otras cosas.

b) Escuche cuatro situaciones (A, B, C, D) al teléfono que corresponden a las frases 1– 4 de arriba. Escriba las letras correspondientes en las casillas.

5

¿Qué están haciendo las personas en este momento? ¿Qué dicen?

1

Él: «..
....»
Ella: «..»
....»

2

Ella: «..
....»
Él: «..»
....»

10

Estas personas no pueden ponerse al teléfono, ¿por qué?

1. Roberto – comer. *Está comiendo.* ....
2. Nuria – hacer la compra. ....
3. Los niños – pasear con el perro. ....
4. Rosa – dormir la siesta. ....
5. Luis – ver un partido de fútbol en la tele. ....
6. Los Pérez – escuchar el sorteo de la lotería en la radio. ....
....

11

6

a) Escuche esta llamada telefónica. ¿Quién llama a quién?

b) Escuche otra vez y complete la tabla.

	¿Dónde está?	¿Qué está haciendo?
Julio		
Mónica		
Pepín		
Graciela		

¿Recuerda?

a) Lea las palabras. ¿De qué tema puede tratar un texto con estas palabras?

mesas	ruido		fumando	periódico	desayunando
	sus	casa	jugando		cañas	móvil

b) Complete el siguiente texto sobre «la segunda casa» de los españoles con las palabras de arriba.

Un día normal en un bar normal de España

Por la mañana empleados, estudiantes y profesores están
.... en el bar. Algunos leen el .... en la barra.
La máquina de café hace un .... infernal.

A mediodía las .... están llenas de gente, un chico está
hablando por su .... Unos estudiantes salen con sus
vasos, sus aceitunas y .... cigarrillos a la calle. A las dos
se van a ...., a comer.

Por la tarde, el público es más viejo, pero no más silencioso. Unos
pensionistas están .... al dominó y .... puros.

Por la noche las tapas y las .... de cerveza llenan la barra. El bar se mueve al ritmo de la
música, la gente está bailando. Todos se sienten como en su (segunda) casa.

Autoevaluación. Piense en lo que ha aprendido en esta lección y evalúe usted mismo su progreso.

☺ = bien   😐 = más o menos   ☹ = no muy bien

Sé cómo...
○ ... aceptar una propuesta para
   salir con alguien.
○ ... rechazar una propuesta cuando
   p.ej. no tengo tiempo.
○ ... quedar con alguien para ir p.ej. al cine.
○ ... preguntar por alguien al teléfono.
○ ... expresar lo que estoy haciendo en
   el momento.

Conozco...
○ ... el nombre de muchas actividades
   que puedo hacer con mis amigos.
○ ... algunas palabras «puente» que se
   usan mucho al hablar, para suavizar
   la comunicación.

En las últimas clases he participado ○.

Fuera del curso he practicado ○.

☺ = bastante   😐 = suficientemente   ☹ = poco, puedo mejorar

3

1

Agrupe estas expresiones. ¿Hay alguna que puede estar en las dos columnas?

llueve   hace frío   hace sol   hay niebla   hace viento   nieva   está nublado   hace calor

Hoy hace buen tiempo:

....

....

....

....

A mal tiempo buena cara

Hoy hace mal tiempo:

....

....

....

....

2

Escriba los fenómenos meteorológicos a los que se refieren estas frases.

¡Qué invierno! ¡Tres días a diez grados bajo cero (–10°)! *Hace mucho frío.*...................

¡Qué bonito! ¡Todo está blanco! ....

¡Hoy no se ve nada! ¡Cuidado! ....

No vemos el sol desde hace una semana. ....

Para ir a pasear hoy necesitas un sombrero y un protector solar. ....

«En abril, aguas mil.» (refrán popular) ....

¡Por fin! ¡Un auténtico día de verano! ....

3

7

a) Mire los pictogramas y escuche el parte meteorológico de la radio para el fin de semana en España. Escriba a qué día corresponde cada pictograma.

8°–10°	14°–16°	
....	....	LUNES

b) Escuche otra vez y dibuje el pictograma correspondiente al lunes.

4

¿Y qué tiempo hace hoy en su ciudad? ¿Es un día típico de esta estación del año?

Hoy hace ....

....

a) Juana quiere ir a Madrid en tren. Lea y complete esta conversación con un empleado de la estación con *algún / alguna, ningún / ninguna*

Juana: Buenos días. ¿Me puede decir qué trenes hay para Madrid mañana?

Empleado de la taquilla: Sí. A las 8:30 sale el Exprés, llega a las dos.

J: ¿Casi seis horas? Mmm... ¿Hay .... tren más rápido?

E: Sí, el AVE tarda dos horas y media. Sale uno a las once, otro a las tres.

J: ¿Puede mirar si hay .... plaza en el de las tres?

E: Claro. A ver... No, lo siento, en ése no hay .... Pero a las once no hay

.... problema.

J: ¿Y cuánto cuesta el billete de ida y vuelta?

E: Sesenta y dos euros.

J: Mmm... ¿Hay .... descuento* para estudiantes?

E: Sí, el 20 % con la Tarjeta Joven.

J: Ah, vale, muchas gracias.

E: De nada, adiós.

*descuento: Ermäßigung

b) Lea de nuevo el texto. ¿Qué hace Juana?

☐ comprar un billete   ☐ pedir información   ☐ hacer una reserva

Mire con atención el billete para el AVE (tren de <u>a</u>lta <u>v</u>elocidad) y marque después lo que corresponda.

Es un billete

☐ de ida y vuelta   ☐ sólo de ida

☐ de clase preferente[1]   ☐ de clase turista

☐ para fumador   ☐ para no fumador

☐ con reserva   ☐ sin reserva

[1]Erster Klasse; [2]gültig

Juana ha comprado el billete

☐ el mismo día de la salida

☐ .... días antes de la salida

El billete de vuelta es válido[2]

☐ sólo para el mismo día

☐ para los próximos dos meses

Escuche y tome nota. ¿Dónde puede escuchar estos mensajes?

N° 1 En ....   N° 2 ....   N° 3 ....

8

8 Formule frases con «acabar de...» para expresar que algo ha sucedido hace muy, muy poco tiempo.

– El tren ha salido hace tres minutos. *Acaba de salir.* ....

– Hemos llegado aquí hace un momento. ....

– He hablado por teléfono con Patricia hace dos minutos. ....

– He visto a Abi hace diez minutos. ....

9 **a)** Usted quiere ir de Sevilla a Ronda en autobús para pasar el fin de semana. Mire este horario y elija las horas que le interesan para ir y volver.

b) Prepárese para comprar el billete: escriba frases que va a necesitar en la taquilla.

SEVILLA - RONDA

Horarios de salida TODO EL AÑO

Lunes a Viernes		Sábados		Domingos	
Sevilla	Ronda	Sevilla	Ronda	Sevilla	Ronda
07:00	07:00	10:00	07:00	08:00	07:00
10:00	10:00	15:00	10:00	10:00	10:00
12:00	14:00	17:00	19:00	15:00	17:00
15:00	17:00			17:00	19:00
17:00	19:00				

– ....

– ....

– ....

c) Ahora puede hablar con el empleado de la estación de autobuses. Escuche la casete y responda. Repita este ejercicio tantas veces como quiera para practicar.

9

10 Antes del viaje… Exprese su sorpresa a estas personas. Utilice *todavía no* y *ya*.

– Su avión llega media hora antes de lo previsto a su destino.	*Pero, ¿ya hemos llegado?* ....
– El tren sale dentro de diez minutos. José no ha comprado su billete.	....
– Una hora antes de salir, Marta no ha hecho las maletas.	....
– Cinco días antes del viaje, Pepito ha terminado de hacer su equipaje.	....

11 Complete este pequeño artículo con formas del verbo «soler».

Los argentinos y las vacaciones. Según la encuesta realizada en diciembre del año 2000, los argentinos .... preferir el verano (enero) para tomar la mayor parte de sus vacaciones (82 %). El destino favorito del verano es el mar, aunque cada vez más argentinos se deciden por la montaña o la sierra (32 %). Los turistas de invierno (9 %) .... concentrarse en las pistas de esquí de Bariloche y Mendoza. Sólo un 13 % de los encuestados prepara sus viajes con ayuda de una agencia, el resto .... hacerlo por cuenta propia.

Fuente: Secretaría de Turismo de la Nación (Argentina)

12 ¿Qué suele hacer usted en cada estación del año? Descríbalo en un pequeño texto.

¿Recuerda?

Durante el viaje a Madrid en el AVE, Juana conversa con otros pasajeros. Lea lo que dicen para comprender qué pasa. Complete después el texto con las palabras que le parezcan convenientes.

– Perdona, ¿sabes si ha pasado ya el revisor*? Es que me he dormido…

● Pues .... de pasar hace cinco minutos, pero no ha pedido los billetes.

– Ah, bueno… ¿...................... estamos en Ciudad Real? ¡Qué rápido!

● Sí, es increíble: ¡...................... Sevilla a Madrid en dos .... y media! ¿Es la primera vez que .... en el AVE?

– Sí. La verdad es que yo no .... viajar en tren, pero creo que voy .... cambiar.

● Sí, es estupendo. Yo .... dos días a la semana .... Madrid y suelo viajar con el AVE. .... hay ninguna forma más .... y cómoda de viajar. Sobre todo en ...., con la nieve y el mal tiempo en la sierra…

– ¿Y .... ir y .... el mismo día?

● Sí, normalmente. A veces .... que dormir en Madrid, pero no .... gusta nada.

* revisor: *Schaffner*

Cadena de palabras. ¿Qué palabras asocia usted con…? Forme cadenas tan largas como le sea posible.

verano

viaje

Argentina

Autoevaluación. Piense en lo que ha aprendido en esta lección y evalúe usted mismo su progreso.

☺ = bien   ☺ = más o menos   ☹ = no muy bien

Sé cómo…
○ … hablar sobre el tiempo que hace.
○ … informarme sobre los horarios y precios de los medios de transporte públicos.
○ … hablar de mis preferencias y costumbres en cuanto a las vacaciones.

Entiendo…
○ … el pronóstico del tiempo en la radio, en la tele o en el periódico.
○ … informaciones sobre los horarios y precios de los medios de transporte.

Conozco…
○ … algunas cosas interesantes que puedo hacer en Argentina.
○ … el nombre de las estaciones del año.

En las últimas clases he participado ○.   **Fuera del curso he practicado** ○.

☺ = bastante   ☺ = suficientemente   ☹ = poco, puedo mejorar

4

1

En algunas de estas expresiones temporales – ¡no en todas! – falta una palabra. Complete.

1. _la_ .... semana pasada
2. _el_ .... 13 de agosto de 1999
3. _/_ .... ayer
4. _en_ 1975
5. _/_ .... anoche

6. _hace_ .... tres meses
7. ..._en_................... Navidad
8. ..._hace_................ cinco días
9. ..._el_................... otro día
10. ..._el_................... año pasado

2

a) Complete las formas de estos verbos en *indefinido*. Una sílaba se repite.

1. traba._ja_.ron
2. co._mi_.mos
3. ha._bló_.....
4. vol._vis_.te
5. su._bí_.......

fue		mí	ja	vis
---	ci			
bí		bló	vi	mé

6. to._mé_....
7. _fue_.ron
8. hi._ci_.mos
9. ._vi_.ne (venir)
10. estu._vis_.te

10

b) Subraye la sílaba acentuada y compruebe con la casete.

3

Complete con las expresiones temporales correspondientes.

1. Esta semana no he trabajado, pero la _semana pasada_ .... sí que trabajé mucho.
2. Hoy no he leído, pero ...._ayer_..................... sí que leí mucho.
3. Este mes no hemos viajado, pero ..._el mes pasado_... sí que viajamos.
4. Este año no has ido a Mallorca, pero ..._el año pasado_..... sí que fuiste.

4

a) Lea este artículo del mundo del deporte. ¿De qué deporte habla? ¿Por qué lo sabe?

Una buena y una mala noticia

Fernando González pasó a la segunda ronda *del Australian Open*, en tanto que Nicolás Massú perdió[1] en el match contra el americano Pete Sampras.

Massú, el mejor tenista de Chile en los Juegos Olímpicos de Sydney, entró a las 6 de la tarde a la cancha[2] cinco del Melbourne Park. Una gran cantidad de chilenos estuvieron allí sólo 60 minutos, porque el tenista de Viña del Mar perdió en tres sets. Esta vez, Massú, la estrella, se fue en la primera ronda del *Open*.

Entonces, los espectadores se trasladaron[3] al court 21 para alentar[4] a Fernando González, la promesa[5] chilena del año. Con él celebraron el triunfo. Ganó[6] por 6-1, 6-3 y 7-6.

[1]perder: *verlieren*; [2]*Tennisplatz*; [3]trasladarse: *umziehen*; [4]alentar: *anfeuern*; [5]*das Versprechen, die Verheißung*; [6]ganar: *gewinnen*

b) Subraye todos los verbos en indefinido y escriba el infinitivo de cada verbo. En total, son nueve. ¿Los ha encontrado todos?

pasó > pasar: perdió > perder; entró > entrar;
estuvieron > estar; perdió > perder; fue > ser; se trasladaron > trasladarse
Ganó > ganar

128 ciento veintiocho

Complete los monólogos de estas dos personas.

La encontré.
La escuché...............

La ví.

....

Le hablé.

....

Me enamoré.

Me encontró.............

Me escuchó.

....

Me miró.

....

Me conoció.
Me enamoré.............

a) ¿A qué preguntas responden estas frases? Complete.

1. ● ....
   ● Ayer estuve en un restaurante griego.

2. ● ....
   ● Fui con mi primo Evelio y su amigo Juan.

3. ● ....
   ● Salimos bastante tarde, a eso de la una.

4. ● ....
   ● El sábado no hice nada en especial.

5. ● ....
   ● El domingo fui a Altea, a ver a mi tío.

6. ● ....
   ● En coche. No está lejos.

b) Escuche el diálogo y compruebe.

11

Combine la palabra con su definición.

☐ Una persona que trabaja porque le interesa, sin ganar dinero.

☐ Proceso de trabajar juntos, colaborar en un proyecto.

☐ Una organización que trabaja para el desarrollo económico y la igualdad de derechos en el mundo.

☐ Los jóvenes de un país visitan a los de otro país, y al revés, para conocerse, estudiar o trabajar juntos.

(1) **cooperación**
(2) **ONG**
(3) **intercambio**
(4) **voluntario**

4

a) Escuche el diálogo. ¿Qué cuenta Virgilio? Anote las informaciones más importantes.

¿Qué? ....
¿Cuándo? ....
¿Adónde? ....
¿Cómo? ....
¿Con quién? ....

12

b) Escuche otra vez y complete lo que cuenta Virgilio.

El fin de semana .... en moto a ...., a visitar a mi amigo Paco. .... a las diez de la mañana. Fui por la carretera. A 50 kilómetros de Madrid .... un problema con la moto. ¡Qué mala ....! En un pueblo cerca de allí .... un taller. El mecánico me ayudó en seguida, pero .... dos horas allí. Después .... un aperitivo en la plaza del pueblo y .... el viaje. Llegué a Segovia a eso de las dos. .... directamente a casa de mi amigo y los dos .... a comer a un buen .... segoviano.

9

¿Quiere hacer de periodista? Escriba titulares como el del ejemplo con las palabras de estas cuatro columnas.

«Señora venezolana encontró cocodrilo en la bañera.»

Jubilado	estuvo	con dos años de retraso.
Perro	llegó	una hora en el frigorífico.
Príncipe	se bañó	en secreto con una modelo.*
Carta	se casó	desnudo* en la piscina del «Hotel Palace».
Cantante	salió	a la calle en pijama.

* la modelo: *das Model, Fotomodell*;   desnudo: *nackt*

10

¿Qué palabra de cada línea no va bien con las otras? Elimínela.

1. fantástico – alegre – genial – enriquecedor – aburrido
2. una odisea – una maravilla – un horror – un caos
3. campesina – minero – experto – quechua
4. estuve – fui – soy – hice – vine
5. crisis – violencia – laguna – desastre natural

11

Saque de esta serpiente las cuatro palabras que necesita Paco para contar lo que le pasó el otro día en orden cronológico.

holaporfavorprimeroyqueydondedespuésgraciasdisculpealfinalbuenoperosísítotal

«¿Sabes qué me pasó ayer? .... dejé mis gafas en casa. .... no encontré las llaves de mi coche. .... fui en taxi al trabajo y llegué tardísimo. ...., ¡que fue un desastre!»

¿Recuerda?

a) Lea este telegrama. ¿Qué le pasó a la pobre Lourdes en Barcelona?

BARCELONA _ PROBLEMAS _ DEJAR BOLSO EN CABINA TELEFONICA _
VOLVER _ NO ENCONTRAR BOLSO _ QUEDARSE SIN PASAPORTE _ TARJETA
DE CREDITO _ IR POLICIA _ LLAMAR _ PRIMO ANGEL _ INVITAR A
CENAR _ PASAR NOCHE SU CASA _ PROXIMO DIA IR JUNTOS COCHE
VALENCIA _ ¡ODISEA! _ FIN _ L.

b) Lourdes escribe una carta sobre su odisea en Barcelona. ¡Ayúdela!

Valencia, 8 de mayo de 2002

Querido/-a *Nina*:

Quiero contarte lo que me pasó cuando estuve en Barcelona el mes pasado... No todo fue maravilloso, *en primero dejé mi bolso en una cabina telefónica. Cuando volví en la cabina mi bolso no estuvo ahí. En el bolso estuvieron mi pasaporte y mi tarjeta de credito. Entonces fui a la policia. Ahí llamé mi primo Angel que mi invitó a cenar en su casa. Passé la noche en su casa y el proximo día fuimos a Valencia. ¡Fue una odisea! Recibí hace una semana que recibí mi tarjeta y mi pasaporte de nuevo. No encontre mi bolso vieja nunca.*

un abrazo Lourdes

Autoevaluación. Piense en lo que ha aprendido en esta lección y evalúe su progreso.

☺ = bien   ☺ = más o menos   ☹ = no muy bien

Sé cómo...
- ○ ... contar sucesos del pasado.
- ○ ... valorar sucesos del pasado.
- ○ ... ordenar lo que quiero contar (*primero...*).
- ○ ... mostrar interés o sorpresa en una conversación.
- ○ ... llamar la atención para empezar a contar algo.

Conozco...
- ○ ... algunas palabras y expresiones peruanas como *compadre...*
- ○ ... algo de la vida en el Altiplano peruano.
- ○ ... algunos proyectos de las ONGs en España.

En las últimas clases he participado ○.   **Fuera del curso he practicado** ○.

☺ = bastante   ☺ = suficientemente   ☹ = poco, puedo mejorar

Repaso 1

1

Complete este fragmento de una noticia del periódico. ¿De qué lenguas habla el texto? Complete.

> **Las grandes lenguas del mundo**
>
> Según el primer Congreso de las Lenguas del Mundo, en el que se reunieron lingüistas de todo el planeta, el .... es el primer idioma del mundo en cuanto al número de hablantes. El .... es el segundo idioma por el número de hablantes, pero es la primera lengua de la economía mundial y también la lengua oficial en más países del mundo. El .... es la tercera lengua. Tiene algunos hablantes más que el hindi, que es el cuarto idioma del mundo.

2

¿Qué palabras define el diccionario?

....
s/m Habitante de los Estados Unidos de América, de habla española.

1

....
s/f Manera correcta de escribir las palabras de una lengua.

2

....
adv. No exactamente, más o menos, casi, con proximidad.

3

....
s/m SIN* Lengua

4

....
s/m Nativo de uno de los países de América Latina.

5

> aproximadamente
>
> hispano   idioma
>
> latinoamericano
>
> ortografía

*sinónimo: *Synonym* (Wort mit gleicher Bedeutung)

3

Complete con un artículo *(la, las)* o una preposición *(de, a, con, en, para)*.

1. aprender .... los errores
2. descubrir .... gramática
3. comunicarse .... español
4. aprender .... otros
5. aprender .... otros

6. aprender .... aprender
7. conocer .... culturas
8. un motor importante .... el aprendizaje
9. aprender .... grupo
10. utilizar la lengua .... clase

4

Añada en cada línea al menos dos elementos más.

1. restaurante, museo, ...
2. exposición, musical, ...
3. bolero, rumba, ...
4. desayuno, aperitivo, ...
5. bailar, quedar, ...

5

Imagine usted que está en un bar en España. Piense en los olores, los ruidos y los sabores de un típico bar español. Continúe.

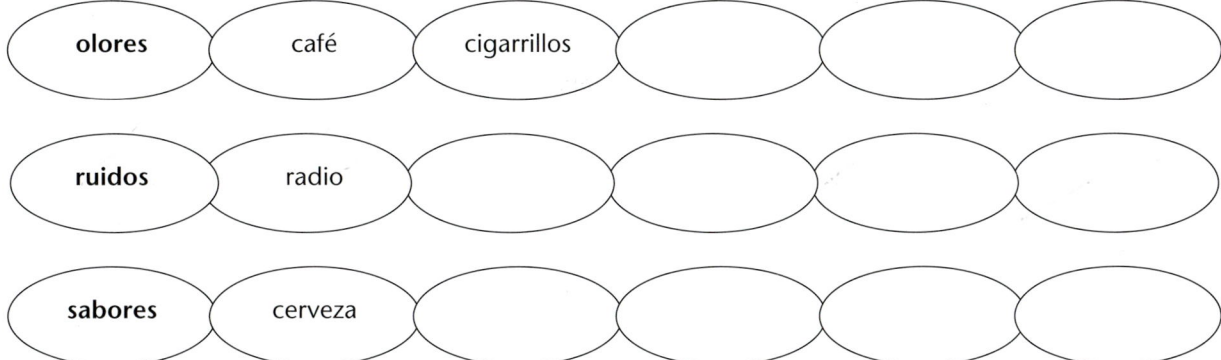

olores	café	cigarrillos			
ruidos	radio				
sabores	cerveza				

6

Escriba el contrario de...

1. hace calor – ....
2. verano – ....
3. mal tiempo – ....
4. está nublado – ....

5. este – ....
6. vientos fuertes – ....
7. norte – ....
8. otoño – ....

7

Lea este correo electrónico y marque después las respuestas correctas de cada línea.

Hola, Tomás:

Te mando un emilio porque nunca estás en casa y tu contestador no funciona. ¿Ya has acabado de pintar tu piso nuevo? ¿Qué tal va?
Mara y los chicos están en San Vicente, en la playa, desde principios de julio. Yo me he quedado aquí con Tobi todo el mes de agosto porque he tenido que trabajar. Así que este año estoy «de Rodríguez», como tú, y no está mal. Tobi y yo somos ahora grandes expertos en conservas y congelados* y damos largos paseos por el parque. ¡Le gusta tanto jugar con otros perros! He ido mucho al cine y en el videoclub he conocido a otros Rodríguez de mi barrio.
El viernes me voy yo también a San Vicente y por eso he organizadado una cena de «despedida de Rodríguez» en mi casa el jueves 23 a las diez. ¿Vienes?
Un abrazo,
Juan

Tiefkühlkost

1. Emilio es	a. un amigo de Juan	b. un correo electrónico	c. el hermano de Tomás
2. Mara es	a. la novia de Tomás	b. la mujer de Juan	c. la señora del videoclub
3. Tobi es	a. el hijo de Juan	b. un gato negro	c. un perro
4. San Vicente es	a. un santo	b. una iglesia	c. un lugar en la costa
5. Rodríguez es	a. el jefe de Juan	b. un «hit» de verano	c. un padre temporalmente solo, sin familia.

1

Crucigrama. ¿Cómo se llaman estas partes del cuerpo?

Verticales ▼   Horizontales ▶

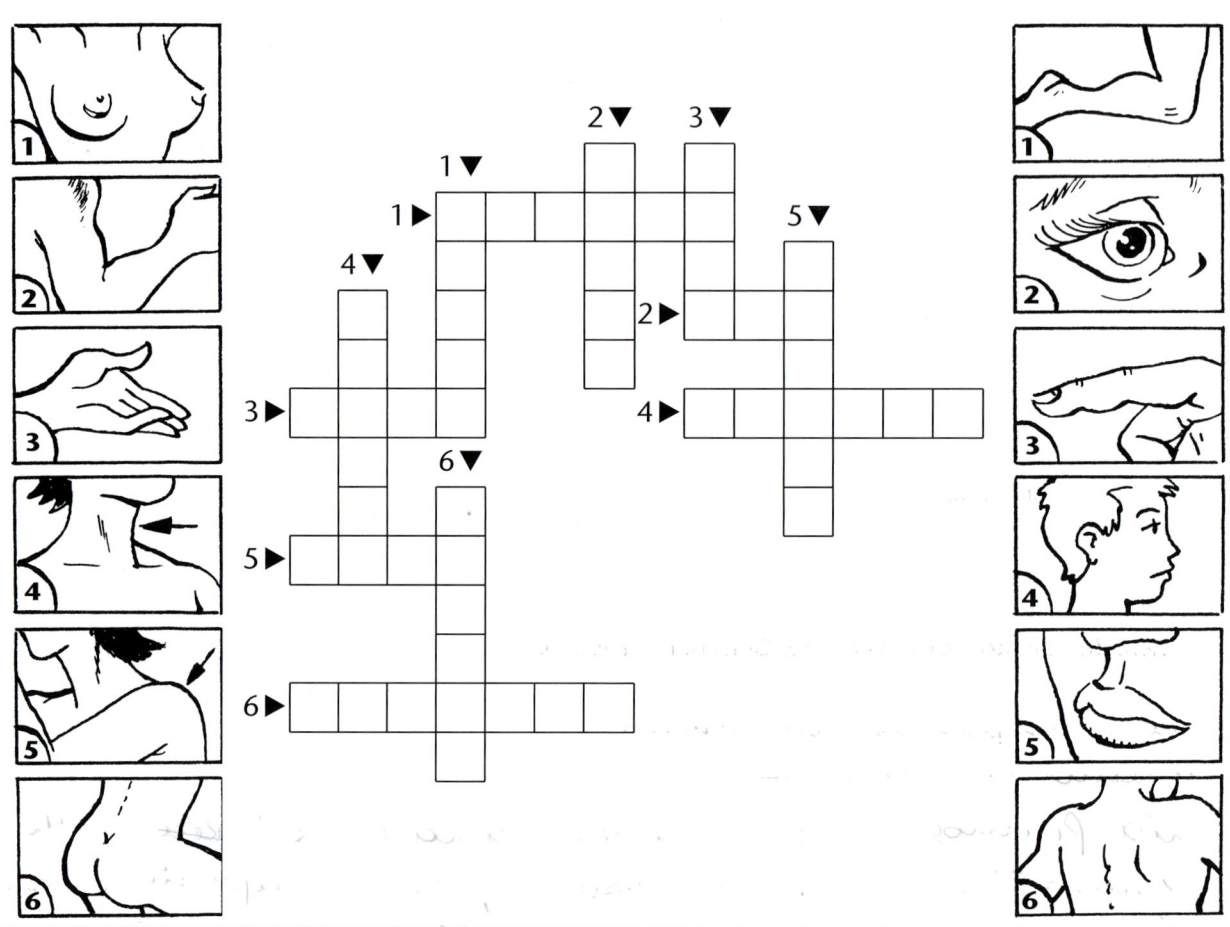

2

¿A qué partes del cuerpo se refieren estas frases?

1. Sirven para andar: los ....

2. Con la .... cerrada no podemos hablar.

3. Para saludar, damos la ....

4. Para leer necesitamos los ....

5. Sirven para abrazar: los ....

6. Entre cuerpo y cabeza está el ....

3

Lea los nombres de las notas de la escala musical. Complete después los adjetivos (en *masc.* o *fem.*) con las notas musicales.

1. aleg........

2. estresa........

3. tranqui........

4. pe........mista

5. enamora........

6. depri........do

7. ....tero

8. ....tal

a) ¿Se acuerda de estas frases hechas? Relacione el comienzo y el fin de las frases.

1. Estar hasta
2. Se me hace
3. Estoy con
4. Es un hombre
5. Eso cuesta

a) un ojo de la cara.
b) de pelo en pecho.
c) las narices.
d) la boca agua.
e) el agua al cuello.

b) ¿A qué frase se refiere la ilustración?

☐

El señor Ruiz se siente mal y llama a la consulta para pedir hora. Ordene el diálogo.

☐ Adiós, hasta luego.

☐ Su nombre, por favor...

☐ Pues, puede venir mañana, a las ocho de la mañana.

1 Consulta de la Dra. Manosanta, buenos días.

☐ Bueno, señor Olmos, entonces hoy por la tarde, a las cuatro. ¿De acuerdo?

☐ ¿Mañana? ¿No puedo ir hoy? Es que me encuentro fatal. Tengo un dolor de estómago terrible.

☐ Buenos días. Quería pedir hora.

☐ Ángel Olmos.

☐ Bien, de acuerdo, hoy a las cuatro. Gracias, hasta luego.

a) ¿Cómo se sienten estas personas? ¿Qué tienen?

Está ....

Tiene ....

Le duelen ....

....

....

....

b) ¿Por qué cree que no se encuentran bien? Relacione las frases con cuatro de la situaciones de arriba.

☐ a) Ha comido mucho.

☐ b) Ha dormido muy poco.

☐ c) Tiene que hacer un examen muy importante.

☐ d) Ha tomado demasiado chocolate.

5

7

Estas personas no se sienten bien. Escuche los diálogos y complete el recuadro.

13

	¿Qué le pasa?	¿Qué le recomiendan?	¿Acepta?
1		*Siéntate y ...*	
2			
3			
4			

8

¿Qué consejos puede dar a un amigo usando estas palabras? Puede haber más de una solución correcta.

	toma	ve	descansa	haz	quédate	come	respira
al médico							
un baño caliente							
una infusión							
a la farmacia							
un rato			✓				
profundamente							
gimnasia							
en casa							
una aspirina							
fruta							
vitaminas							

9

a) En la farmacia. Complete el diálogo.

● Buenos días.

◆ Hola, buenos días. Quería .... la gripe.
Es que .... todo: la cabeza, la espalda, todo.

● Ah, pues tome estos analgésicos, uno .... cuatro horas, y tómese un vaso de leche caliente .... de dormir.

◆ Muy bien, muchas gracias.

● Adiós, ¡que se ....!

b) Escuche y compruebe.

14

10

«Tres cosas hay en la vida...» Continúe estas frases.

1. Tres cosas hay en la vida: ....

2. El dinero no da la felicidad, pero ....

3. La salud no es todo, pero ....

4. Trabajamos para vivir, pero no vivimos para ....

¿Recuerda?

Lea qué consejos le da el doctor Sabio al lector de la revista «Medicina para todos». Complete el texto con los verbos del cuadro en imperativo.

Pregunta de nuestro lector Ángel O.:
«Doctor, tengo 52 años y me siento muy cansado y deprimido. Esto no puede seguir así. A partir de hoy quiero llevar una vida sana. ¿Qué consejos me puede dar?»

Respuesta del doctor Sabio:
«Pues, mire, primero le felicito por su decisión. Va a ver que mis consejos son fáciles de seguir y muy efectivos: .... por lo menos 7 horas cada noche y .... antes de la medianoche. .... una infusión para dormir mejor. .... un vaso grande de agua por la mañana. .... yoga o gimnasia con la ventana abierta. .... un desayuno sano, con cereales y yogur. .... pausas durante el trabajo. Después del trabajo .... un poco o .... a la piscina o al gimnasio. Si sigue este tipo de vida, dentro de poco se va a sentir mucho mejor.»

| tomar | dormir | hacer | ir | beber | acostarse | comer | hacer | descansar |

Autoevaluación. Piense en lo que ha aprendido en esta lección y evalúe usted mismo su progreso.

☺ = bien   ☺ = más o menos   ☹ = no muy bien

Sé cómo…
○ … hablar sobre mi salud y cómo me siento.
○ … pedir un medicamento en la farmacia.
○ … pedir hora en la consulta del médico.
○ … explicarle al médico lo que me pasa o me duele.

Entiendo…
○ … las instrucciones que me da el médico.
○ … cuándo y cuántas veces tengo que tomar mis medicamentos.

Conozco…
○ … las partes del cuerpo.
○ … algunas frases hechas que se refieren a partes del cuerpo.
○ … algunas enfermedades.
○ … algunos medicamentos y remedios.
○ … algunos valores importantes para la felicidad de los españoles.

En las últimas clases he participado ○.   **Fuera del curso he practicado** ○.

☺ = bastante   ☺ = suficientemente   ☹ = poco, puedo mejorar

6

1

Hablando de costumbres: ¿qué palabras faltan?

1. Después de pagar la cuenta en el restaurante se deja una .... encima de la mesa.

2. En España y Latinoamérica es muy normal hacer muchos .... mientras se habla.

3. En España la gente se tutea en todas partes y no es una falta de ...., sino algo normal.

4. En los bares y restaurantes no se suele .... la mesa con personas extrañas.

5. En España y Latinoamérica la gente no se suele .... los zapatos en público.

2

Relacione los elementos de la izquierda con los de la derecha.

1. Estuve en casa de un amigo
2. Cuando llegué a España
3. Hay que insistir
4. Me costó trabajo
5. Allí es una falta de respeto,
6. Cuando me toca a mí,
7. Cuando ella volvió

a) me chocó la costumbre de decir *palabrotas*.
b) aquí, en cambio, es muy normal.
c) que vive en Bremen.
d) suelo levantarme y pagar discretamente.
e) le pregunté el precio.
f) para dar dinero a alguien.
g) acostumbrarme al tuteo.

3

Encuentre cinco maneras de decir «sí» o «no».

¡Ni   ¡Pues   hablar!   manera!

¡Que no, hombre,   que no!

¡De ninguna   no!   claro!   ¡Cómo

sí: ....

no: ....

4

Unas personas piden permiso a otras. Relacione preguntas y respuestas.

1. ¿Puedo encender la luz? No se ve casi nada.
2. Perdona, ¿puedo coger un cigarrillo?
3. ¿Puedes traerme el libro de Marsé?
4. Casi no se oye, ¿verdad? ¿Puedo subir el volumen?
5. ¿Puedo poner el CD de Maná?
6. ¿Puedo hacer este crucigrama?

a) Es que no sé dónde está.
b) A ver… Sí, sí, hazlo.
c) Claro, ponlo, ponlo.
d) Sí, sí. Enciéndela.
e) Lo siento, pero es que sólo me queda uno.
f) Sí, claro. Súbelo.

a) Complete con las formas correspondientes del imperativo.

tú	usted
1. Abre la ventana.	*Abra la ventana.*...............................
2.	Deje el coche en el garaje.
....	
3. Pon la cerveza en la nevera.	....
	....
4.	Cuente la historia.
5. Llama a los niños.	....
6. Haz los deberes.	....
7.	Use el diccionario.
8. Enciende la luz, por favor.	....
	....
9. Cierra la puerta.	....

b) Transforme las frases de la izquierda (tú) sustituyendo el sustantivo por un pronombre.
No se olvide de poner los acentos.

1. Abre la ventana. *Ábrela.*	4.	7. ....
2.	5.	8. ....
3.	6.	9. ....

En estos diálogos unas personas piden permiso o un favor a otras personas. ¿Cómo son las respuestas en cada caso, afirmativas o negativas? Escuche y ponga una cruz en la columna correspondiente.

	respuesta afirmativa	respuesta negativa
1	X	
2		
3		
4		
5		

¿Qué diría usted en estas situaciones para pedirles un favor a sus compañeros de clase?

1. Usted quiere buscar una palabra en el diccionario de su compañero/-a.
   ¿Podría usar tu/su diccionario un momento? Es que quiero buscar una palabra............................

2. Su compañero/-a está al lado de una ventana abierta. Usted no oye casi nada por el ruido.
   ....

3. Usted quiere saber el número de teléfono de su compañero/-a para pedirle los deberes.
   ....

4. Después del curso usted tiene que llamar por teléfono urgentemente. Su compañero/-a tiene un móvil.
   ....

8

¿Dónde se escuchan estas preguntas normalmente?

| 1 en la estación | 2 en el hotel | 3 en el restaurante | 4 en la consulta del médico | 5 en la calle |

☐ ¿Podría despertarme mañana a las siete?
☐ ¿Podría traernos más vino?
☐ ¿Podría darme la receta, por favor?
☐ ¿Podría decirme qué tren tengo que tomar?
☐ ¿Podría decirme dónde está la Plaza Santa Ana?
☐ ¿Podría llamar un taxi?

9

Mire estos carteles internacionales. ¿Qué significan? ¿Qué se puede hacer y qué no? Escríbalo.

No se puede hacer
fotos.

....

....

10

¿Qué cosas no se pueden hacer en estos lugares? Continúe las frases.

1. En un hospital *no se puede* ....

2. En un restaurante español ....

3. En una iglesia ....

4. En un avión ....

5. En la clase de español *sí se puede* ....

¿Recuerda?

a) Lea esta entrada del diccionario y encuentre la traducción de «palabrota».

b) Mire las abreviaturas del diccionario y responda a estas preguntas.

▸ **pala|bra** [paˈlaβra] *f* Wort *n*; *fig* Versprechen *n*; **buenas ~s** leere Worte *n/pl* (*od* Versprechungen *f/pl*); **medias ~s** Andeutungen *f/pl*; **~ de honor** Ehrenwort *n*; **bajo ~** auf Ehrenwort; **de ~** mündlich; **de pocas ~s** wortkarg; **en pocas ~s** mit wenigen Worten; **en una ~** mit e-m Wort; **~ por ~** Wort für Wort; **coger** (*od* **tomar**) **a alg la ~** j-n beim Wort nehmen; **dejar a alg con la ~ en la boca** *fig* j-n stehen lassen; j-n nicht ausreden lassen; **quitar a alg la ~ de la boca** *fig* j-m das Wort aus dem Mund nehmen; **tomar la ~** das Wort ergreifen; **~s mayores** Schimpfworte *n/pl*; etw Wichtiges *n*; **~brería** [-βreˈria] *f*, **~brerío** [-βreˈrio] *Am m* leeres Gerede *n*; **~brero** [-ˈβrero] schwatzhaft; **~brota** [-ˈβrota] *f* derber Ausdruck *m*; Schimpfwort *n*

aus: Taschenwörterbuch Spanisch, Langenscheidt

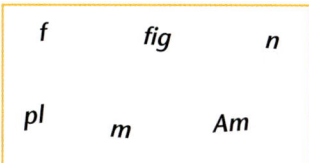

| f | | fig | | n |
| pl | m | | Am | |

1. Estas abreviaturas las entiendo enseguida:

....

2. Entiendo éstas si lo pienso un poco:

....

3. Y voy a buscar éstas en la lista de abreviaturas de mi diccionario:

....

Autoevaluación. Piense en lo que ha aprendido en esta lección y evalúe usted mismo su progreso.

☺ = bien   ☺ = más o menos   ☹ = no muy bien

Sé cómo...
- ○ … pedir permiso a alguien.
- ○ … dar o no dar permiso.
- ○ … pedirle un favor a alguien.
- ○ … hablar sobre normas y costumbres, lo que se hace o no se hace.
- ○ … interpretar ciertas actitudes de los hispanohablantes y relacionarlas con las costumbres de mi propia cultura.

Conozco...
- ○ … algunas costumbres y normas de comportamiento en España y Latinoamérica.
- ○ … algunas experiencias de personas extranjeras en los países hispanohablantes.

En las últimas clases he participado ○.   **Fuera del curso he estudiado** ○.

☺ = bastante   ☺ = suficientemente   ☹ = poco, puedo mejorar

1

a) ¿Recuerda la casa «El Molino» (pág. 60)? Lea de nuevo su descripción y busque palabras para estas categorías.

partes de la casa	características	muebles / objetos	materiales
....	*luminoso/-a*	....	....
....	*artesanal*	....	....
....	....	....	....
....	....	....	....
....	....	....	....

b) ¿Qué le gustaría a usted para su casa? Combine los elementos de la actividad 1.

lámparas de cristal ....

muebles de ....

2

a) Mire esta casa. ¿Cómo es? Descríbala utilizando, entre otras, las palabras de la actividad 1.

Es una casa moderna, de ....

....

....

....

....

b) Pequeño test: ¿Cuántas palabras de la actividad 1 ha usado para describir cada casa?

3–4 palabras ☺ ¿Un nuevo intento? Puede encontrar inspiración en el texto de la página 60.
5–6 palabras ☺ ¡Muy bien!
7–8 palabras ☺☺ ¡Felicidades! Ha aprovechado al máximo su nuevo vocabulario.

3

a) ¿Qué letra les falta a estas palabras? ¿Cómo se pronuncia en cada caso?

__o__ina   __uarto de baño   servi__io   pis__ina   __ristal   __erámi__a

b) Escuche y compruebe su pronunciación.

16

Su amiga le está mostrando la casa. ¿Cómo reacciona usted? Elija entre estos adjetivos.

agradable	luminoso/-a	bonito/-a	precioso/-a	práctico/-a	~~grande~~

- Mira, éste es el cuarto de baño.
- ¡Qué *grande!*...
- Sí, pero es un poco oscuro, ¿no? Mira, éste es el cuarto trastero, para guardar cosas.
- ¡Qué ....!
- Sí, no está mal. Bueno, y ésta es la sala de estar.
- ¡Ah! ¡Es ....!
- ¿Tú crees? No sé, todavía no me siento muy bien aquí. Ven, mira, éste es nuestro dormitorio.
- ¡..!
- Sí, porque las ventanas son grandes, pero es un poco frío, ¿sabes? Vamos abajo. Ésta es la cocina, está un poco desordenada...
- ¡Me parece ....! Y los muebles son ...., de verdad.
- ¿Te gustan? ¡Qué bien! ... Bueno, aún no la hemos terminado...

Forme con estos elementos frases importantes para informarse sobre un piso de alquiler.

Llamo	alquilan	su anuncio.
¿Ustedes	está	un piso?
Quería	ascensor?	algunas cosas.
¿En qué	planta	está?
¿Tiene	cuesta	amueblada?
¿Cuánto	preguntarle	el alquiler?
¿La cocina	por	–

Una persona llama al Cámping Internacional Pinar del Río, donde se alquilan caravanas, tiendas familiares y bungalows. Escuche varias veces. ¿Qué comodidades tiene cada alojamiento?

17

	n° de dormitorios	cocina eléctrica	sala de estar	televisor	lavadora
bungalow					
caravana					
tienda familiar					

7

La mudanza *(der Umzug)*. Mire el dibujo e indique a los trabajadores de la empresa de mudanzas dónde tienen que poner cada cosa.

● El sofá, ¿dónde lo pongo?

● Póngalo delante de la ventana, por favor.

● ¿Y la mesita, dónde la pongo?

● Póngala ....

● ¿Y la alfombra?

● ....

● ¿Y este sillón?

● ....

● ¿Dónde pongo esta estantería?

● ....

● ¿Y estos cuadros? ¿Dónde los pongo?

● ....

● ¿La lámpara? ¿Dónde?

● ....

● Muy bien, ¿y el televisor?

● ....

8

¿Recuerda las viviendas de Luis Portales y de Gema Bravo (pág. 65)? Lea de nuevo los artículos. ¿Cuál es, en su opinión, lo positivo y lo negativo de cada vivienda?

	tipo de vivienda	m²	está en...	positivo	negativo
Luis Portales					
Gema Bravo					

9

18

a) La familia Giráldez quiere pasar las vacaciones en una casa de turismo rural. Lea estas frases y escuche después la casete. ¿Por qué llama el señor por teléfono?

☐ Porque quiere alquilar una casa para pasar el mes de julio.

☐ Sólo quiere saber qué cosas tienen que llevar para sus vacaciones.

☐ Quiere saber el precio del alquiler de una casa.

b) Escuche de nuevo. Tache después las cosas que no tienen que llevar.

~~televisor~~	ropa de cama	platos	toallas	tijeras
	productos de limpieza	papel higiénico	cubo de basura	

¿Recuerda?

a) Éstas son las cosas más importantes para los españoles en el tema «calidad de vida» (en este orden). ¿Qué es lo más importante para usted? Elija los diez aspectos más importantes para usted y numérelos de 1 a 10, por orden de importancia.

☐ baño en la vivienda

☐ lavadora

☐ teléfono

☐ una habitación para cada miembro de la familia

☐ televisor

☐ coche

☐ poder viajar una semana al año (vacaciones)

☐ poder comprar ropa nueva regularmente

☐ jardín, terraza o balcón

☐ un plan de pensiones privado[1]

☐ comprar muebles nuevos

☐ ordenador

☐ lavavajillas[2]

☐ ir a comer con la familia una vez al mes

☐ vídeo

☐ suscripción a un periódico[3]

Fuente CIS, Boletín 25, 1998, «Calidad de vida de los españoles»

[1]*private Rentenvorsorge;* [2]*Spülmaschine;* [3]*Zeitungs-Abonnement*

b) ¿Falta algo importante para usted? ¿Qué?

....

Autoevaluación. Piense en lo que ha aprendido en esta lección y evalúe usted mismo su progreso.

☺ = bien   ☺ = más o menos   ☹ = no muy bien

Sé cómo...
○ ... describir una vivienda.
○ ... elogiar la vivienda de la persona que me la muestra.
○ ... informarme sobre los precios y las características de una vivienda.
○ ... situar un objeto en el espacio.

Entiendo...
○ ... los anuncios del periódico de venta o alquiler de viviendas.
○ ... las explicaciones de la persona que enseña, alquila o vende una vivienda.

Conozco...
○ ... los nombres de algunos materiales importantes.
○ ... los nombres de algunos muebles y objetos de uso diario.

En las últimas clases he participado ○.   **Fuera del curso he practicado ○.**

☺ = bastante   ☺ = suficientemente   ☹ = poco, puedo mejorar

8

1

¿Qué prendas de vestir se usan para qué partes del cuerpo? Relacione.

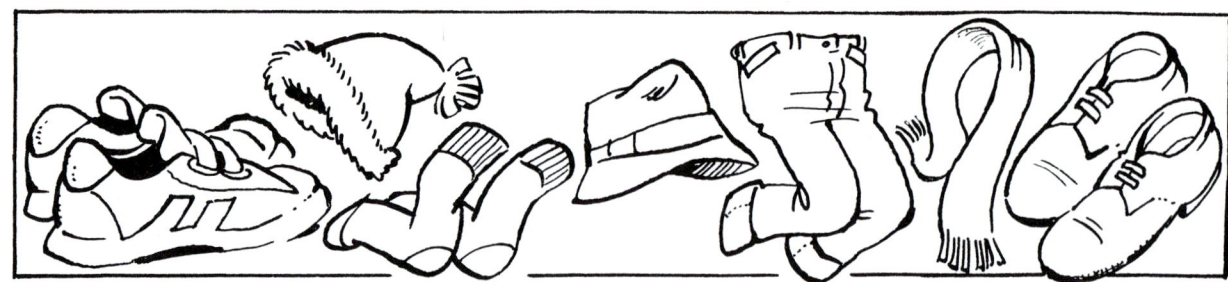

1. pies: ....
2. piernas: ....
3. cuello: ....
4. cabeza: ....

2

¿Qué lleva Felipe hoy? Descríbalo.

Felipe lleva ....

....

....

....

....

....

3

a) ¿Qué preposiciones faltan en estas frases y expresiones de la discusión sobre el uniforme?

en	entre	por	sobre	del	contra	con	de	al	por	de	en

1. después .... las vacaciones de verano
2. la vuelta .... cole
3. la discusión .... el uniforme
4. ¿A favor o .... contra?
5. luchar .... el *marquismo*
6. la obsesión .... las marcas

7. las zapatillas .... marca
8. el uniforme .... discretos colores
9. las chicas .... Colegio Santa Ana
10. Me siento gorda .... el uniforme.
11. .... un lado los padres están encantados.
12. .... los profesores sigue la discusión.

b) Relacione las palabras de la izquierda con su sinónimo o su definición a la derecha.

1. los chavales
2. el *marquismo*
3. el cole
4. iguala
5. el uniforme

a) la ropa estándar de trabajo
b) hace iguales a todos
c) los chicos y las chicas
d) la obsesión por las marcas de ropa
e) el colegio

Escriba al menos tres prendas de vestir para cada categoría.

ropa interior	ropa de deporte	ropa de invierno	ropa de señora	ropa de caballero
....	....	....	....	....
....	....	....	....	....
....	....	....	....	....

Combine los elementos que van bien juntos.

prenda	color	material
blusa..............	*blanca*..............	*de*..................
....	....	....
....	....	....
....	....	....
....	....	....
....	....	....

blusa✓   piel   negros   blanca✓

seda   algodón   gorro   lana

rojo   falda   rosadas   calcetines

azules   zapatos   negra

lino   viscosa   bragas

Observe el dibujo. Luego busque los adjetivos necesarios para comparar las prendas.

largo/-a
elegante
bonito/-a
cómodo/-a
estrecho/-a

1. *La falda negra es más* .... *que* ....
2. ....
3. ....
4. ....
5. ....

Récords. Complete las frases con el superlativo relativo de estos adjetivos.

1. El Everest es la montaña .... del mundo.
2. El río .... del mundo es el Nilo.
3. Bill Gates es el hombre .... del mundo.
4. Mercedes Sosa es la cantante .... de Latinoamérica.

largo
rico
alto
famoso

8 Combine elementos de estos dos cuadros para formular preguntas y frases que usan cliente/-a *(C)* y vendedor/-a *(V)* en una tienda de modas.

qué	cuánto	de qué
qué tal	lo tiene	puedo
	qué	

desea	talla	tiene	probármelo	en
le queda	color	lo quiero	cuesta
otros colores

1. *(V)* ¿...?
2. *(V)* ¿...?
3. *(V)* ¿...?
4. *(V)* ¿...?
5. *(C)* ¿...?
6. *(C)* ¿...?
7. *(C)* ¿...?

9 Use el superlativo absoluto en estas frases.

1. ¡Este jersey es (muy caro) *carísimo!*...........................
2. Llevas una falda (muy elegante) ...., chica.
3. El AVE es un tren (muy rápido) ....
4. ¡Este museo es (muy moderno) ....!
5. ¡Esta película es (muy divertida) ....!

10 Usted quiere comprar una chaqueta y va a una tienda de moda. Lea el diálogo y elija los pronombres correctos: ¿*me, le* o *la*?

(V) ¿Qué tal .... queda la chaqueta?

(C) .... queda un poco estrecha.

(V) Bueno, pruébese ésta más grande.

(V) Ah, sí, ésta .... queda muy bien.

(C) Sí, ésta .... gusta mucho.

(C) ¿.................... tiene en otros colores?

(V) No, lo siento, ... tengo sólo en negro.

(C) Ah, bueno, da igual, ... llevo.

11 Escuche estos cuatro diálogos y responda a las preguntas.

19

	¿qué tienda es?	¿qué quiere el/la cliente/-a?	¿lo compra?	si no lo compra: ¿por qué no?
1				
2				
3				
4				

¿Recuerda?

Lea esta parte de una entrevista con Sandra sobre el uso del uniforme. Ponga una cifra para los conectores que faltan.

1 pero	2 por otro lado	3 además	4 por un lado

● Sandra, ¿a ti te gusta llevar el uniforme del cole?

◆ Bueno, no sé, ☐ no me gusta mucho, prefiero mis pantalones vaqueros. ☐ el uniforme nos hace todos más o menos iguales, la ropa no es lo más importante. ☐ se ve que somos todos del mismo colegio. Eso no está mal.

● ¿Y que dicen tus padres?

◆ Mis padres están muy a favor del uniforme, claro. Es menos caro que la ropa de marca. Estoy de acuerdo, ☐ el estilo de los uniformes podría ser un poco más moderno, ¿no?

Usted va a viajar en abril a Andalucía. Quiere hacer excursiones a la Sierra Nevada, donde hace todavía frío, y a la Costa del Sol, donde normalmente hace buen tiempo en primavera (25°). ¿Qué ropa va a llevar? Escríbalo.

Para la sierra: ....

Para la costa: ....

Identifique a este personaje famoso según la descripción de lo que lleva puesto.

Es un hombre bajito, de pelo negro y bigote negro. Lleva siempre un traje que le queda bastante estrecho, con los pantalones un poco cortos. Además una camisa blanca, un sombrero negro muy pequeño y unos zapatos negros que le quedan muy grandes. Otra característica muy típica de este hombre es el bastón *(Stock)* que usa al andar. ¿Sabe quién es?

Autoevaluación. Piense en lo que ha aprendido en esta lección y evalúe usted mismo su progreso.

☺ = bien   ☺ = más o menos   ☹ = no muy bien

Sé cómo...
◯ ... hablar sobre ropa y describirla.
◯ ... comparar prendas de vestir y otros objetos.
◯ ... expresar que una cosa es muy grande o muy cara, usando el superlativo.

Conozco...
◯ ... algunas prendas de vestir.
◯ ... algunos dibujos y materiales de ropa.
◯ ... algunos conectores para combinar frases.
◯ ... algunos refranes que se refieren a la ropa.

En las últimas clases he participado ◯.   **Fuera del curso he estudiado ◯.**

☺ = bastante   ☺ = suficientemente   ☹ = poco, puedo mejorar

Repaso 2

1

Forme cuatro diálogos con una frase de cada recuadro.

- ¡Tengo treinta y nueve de fiebre!
- Tengo gripe.
- Tengo un dolor horrible de espalda.
- Me duele mucho la cabeza.

- ¿Por qué no te tomas un vaso de leche con coñac?
- ¿Y por qué no te vas a la cama?
- ¿Quieres una aspirina?
- ¿Te doy un masaje?

- Sí, si sigo así…
- ¡Ah, sí!, por favor.
- Es que no me gusta el coñac.
- ¿Una aspirina? Es que prefiero no tomar nada.

2

Complete el texto sobre la primavera con estos adjetivos.

La primavera

Los días son más ...., hay flores en todas partes, todos nos sentimos ...., optimistas y llenos de vida con la llegada del sol. ¿Todos? ¡No! Las consultas están llenas de gente que va al médico o al psicólogo porque está ...., nerviosa y cansada. La depresión primaveral y las alergias son los motivos más .... de enfermedades en los meses de marzo y abril. Los médicos y psicólogos recomiendan: tomar aire ...., hacer deporte, tomar .... agua, comer comidas ...., trabajar menos y descansar más.

alegres largos deprimida mucha fresco sanas frecuentes

3

Subraye en cada línea la palabra buscada.

1. Algo que no se puede cambiar: el trabajo, la costumbre, el dinero, la profesión, la cabeza
2. Un lugar donde no se puede dormir: el dormitorio, el sofá, el hotel, la cámara, la cama
3. Algo que no se puede lavar: la ropa, la camisa, el plato, el vino, las zapatillas

4

Encuentre ocho parejas de contrarios y cuatro palabras que no forman parejas.

interior pequeño tranquilo excluido económico feo moderna ✓ portero automático

sin amueblar completa exterior grande antigua ✓ luminoso caro

bonito amueblado incluido portero físico céntrico

moderna / antigua ....

....

....

....

1. ....   3. ....

2. ....   4. ....

a) Lea estas frases sobre los buenos modales en la mesa *(Tischmanieren)*.

1. Para los platos que no necesitan cuchillo, se suele usar un trozo de pan para ayudarse.
2. La servilleta se pone sobre las piernas, no en la camisa.
3. El gazpacho se puede tomar de la taza, sin cuchara.
4. Se suele poner el hueso[1] de las aceitunas en el plato, no en el cenicero[2].
5. Se puede comer el queso y el jamón con la mano, no con el tenedor.

[1]hier: *Kern;* [2]cenicero: *Aschenbecher*

b) Transforme las frases en recomendaciones con imperativo *(usted)*, **según el modelo.**

1. Para los platos que no necesitan cuchillo, *use* un trozo de pan para ayudarse.
2. ....
3. ....
4. ....
5. ....

Complete este fragmento de una historia cotidiana.

Aquel día Felisa .... a las siete y ....
directamente a la .... para preparar el desayuno.
.... la ventana para dejar entrar el aire fresco. Después fue
al .... de los niños y los despertó. .... en
el baño para .... y dejó el reloj en el lavabo para controlar
la hora. «¡Mamá! ¡............................ la puerta! ¡Tengo prisa!», gritó* Ana,
la mayor…

fue entró
se levantó
       cocina
abrió
        abre
cuarto
        ducharse

*gritar: *schreien*

Relacione cada etiqueta con una prenda de vestir.

1. *vestido de lino* ....   2. ....   3. ....
4. ....   5. ....

a) ¿Qué significan estas expresiones en español? Relacione.

1. sueldo
2. puesto de trabajo
3. en el paro
4. los parados

empleo, función o lugar de una persona que trabaja
personas que no tienen un empleo o puesto de trabajo
cantidad de dinero que recibe un empleado cada mes
sin empleo o puesto de trabajo

b) ¿Y qué significan en su lengua?

1. ....
2. ....
3. ....
4. ....

c) Complete estos datos con las palabras de arriba.

> **Algunos datos sobre el mercado de trabajo español**
>
> ■ El 20 % de las personas que han estudiado Geografía, Historia o Biología no encuentra trabajo, está ....
>
> ■ Los pilotos de aviación tienen que pagar unos 50.000 euros al año por su formación[1], pero al terminar tienen un .... seguro y bien pagado.
>
> ■ El desempleo afecta a la salud: .... tienen un 30 % más de posibilidades de estar enfermos que las personas con trabajo.
>
> ■ Profesionales que no ganan ni para comer: un/a teleoperador/a que trabaja a tiempo completo[2] tiene un .... medio de 730 euros al mes y trabaja un máximo de dos años en la misma empresa.
>
> [1]hier: Ausbildung; [2]a tiempo completo: Vollzeit

Fuente: Cámara de Comercio, Educaweb

a) Combine los adjetivos *mucho/-a/-os/-as* o los adverbios *muy / mucho* con estas palabras.

muchas	horas	
	tiempo libre	
	gano	
	aburrido	
	compañeros	
	estresante	
	me gusta	
	responsabilidad	

b) ¿Cómo es su trabajo? Descríbalo usando al menos 4 palabras de 2 a).

Piense en las profesiones que conoce y escriba una o dos por cada criterio.

estresante	creativa	peligrosa	bien pagada	dura	con poco paro
....	....	....	....	....	....
....	....	....	....	....	....

a) Mire estos anuncios del periódico y subraye con dos colores diferentes:
   – los requisitos que tienen que tener las personas que se buscan
   – lo que ofrecen las empresas

Asistenta para casa y niños (2), mañanas, con experiencia y buen carácter. Trabajo estable y seguro. Contrato y Seguridad Social. 98 347 59 33 **1**

Se necesita **dependiente/a** para pequeña tienda de alimentación. Jornada completa. Necesario cargar cajas*, leer, escribir, cuentas. Trabajo seguro, buen sueldo. 98 373 46 65 **2**

Necesitamos cubrir dos puestos de **taxista**. Turnos de noche. Imprescindible hablar español. Contrato laboral. Buen sueldo. Llamar 10:00 a 12:00 horas. 98 361 35 72 **3**

Laboratorios farmacéuticos precisan joven **administrativo/a** (máx. 25 años) para Canarias. Sueldo superior a 1.000 euros. Imprescindible buen nivel de informática e inglés escrito. Infórmate 98 338 65 30 **4**

*cargar cajas: *Kisten tragen*

b) Estas personas buscan trabajo. ¿Qué oferta es adecuada para cada una? Subraye por qué. ¿Para quién no hay ningún puesto?

☐ *Arancha:* Sabe mucho de administración, conoce los programas de tratamiento de texto más modernos y puede ir a vivir a otra ciudad si es necesario.

☐ *Mohammed:* Conoce muy bien la ciudad, sabe conducir, habla y escribe bien el español Puede trabajar también por la noche.

☐ *Sergio:* Estudiante. Sabe mucho de ordenadores. Sólo puede trabajar por las tardes.

☐ *Teresa:* Sólo puede trabajar por la mañana. Sabe cocinar, cuidar niños y conducir.

☐ *Emiliano:* Sabe leer, escribir y hacer cuentas simples. Puede transportar cajas de 20 – 25 kilos. Puede trabajar a tiempo completo.

5

Lea otra vez la descripción de las personas que buscan trabajo y complete esta explicación. ¿De qué verbo se trata en cada caso?

Das Verb .... („können") verwendet man bei Dingen, die man kann, weil man sie gelernt hat, wie z. B. schwimmen, Rad fahren, tanzen, kochen etc.

Das Verb .... („können") verwendet man für das, was man kann, weil man dazu die Möglichkeit hat, weil man die Zeit oder die körperliche Verfassung dazu hat, z.B. nachts arbeiten, Kisten tragen etc.

Der Ausdruck .... bedeutet „Kenntnisse haben" und wird für umfassende Wissensgebiete, wie z.B. Computer, Buchhaltung oder Geschichte, verwendet.

Das Verb .... („kennen") verwendet man für etwas Bestimmtes, was man schon gesehen, gehört oder womit man schon gearbeitet hat, wie z. B. ein bestimmtes Computer-Programm etc.

6

¿Qué es lo que más y lo que menos le gusta a usted de...? Escriba.

este libro	mi curso de español	mi ciudad / pueblo	mi trabajo

Lo que más me gusta de ....es   Lo que menos ....

....

....

....

....

....

7

Estas personas han recibido el premio de la Fundación para el Trabajo por buscar nuevos caminos para salir del paro. Escuche la casete varias veces y complete la tabla.

20

	Lucía	Jorge
profesión anterior	....	....
profesión actual	....	*jardinero*...
¿contento/-a?	....	....
¿Qué va a hacer con el dinero?	....	....

8

Lea y complete la biografía laboral de Jorge.

TRABAJO Y EMPRESA
Premios del Instituto de la Juventud para jóvenes que han salido del paro con iniciativas propias.

Valladolid, Redacción

Jorge Sanz Lucas .... estudiar
Economía en 1985, pero no ....
la carrerra, sino que .... estudiar para
trabajar como administrativo en la empresa de un conocido. Pero la empresa
.... hace unos tres años. Jorge .... dos años en el paro
y trabajando con contratos temporales, experiencia que le llevó a buscar nuevos caminos. Amante
de la naturaleza desde niño, le pidió trabajo como ayudante a un amigo jardinero[1]. Este trabajo le
gusta tanto que ha decidido .... estudiar. Con el dinero de este premio
quiere estudiar la rama de Formación Profesional de Jardinería[2], en el Instituto Nocturno. Por
cierto, que esta profesión tiene 100 % de empleo. ¡Felicidades y mucha suerte, Jorge!

[1]Gärtner; [2]Gartenbau

empezar a	terminar	dejar de	volver a	estar	cerrar

¿Recuerda?

a) Una locutora de radio entrevista a Alejandro Arratia, el productor de vinos de la página 84. Escuche varias veces y tome notas.

21

b) Complete este resumen de la vida profesional de Alejandro.

Alejandro tuvo algunos problemas con ...., por eso dejó de trabajar con él y se fue

a Santiago .... arquitectura. Pero a causa de la ....

de Chile tuvo que salir del país y no pudo .... la carrera. Estuvo varios años en Europa,

donde hizo .... en viñas de diferentes países. Al final decidió .... a Chile

y trabajar en la empresa familiar. El negocio del vino .... porque hay que estar

en contacto con .... y con gente contínuamente. Actualmente Alejandro ....

la empresa Vinos Arratia con ayuda de su padre. Sus vinos .... muchos premios y son

famosos.

¿Que le gustaría a usted para su propio trabajo? Puede añadir otros aspectos.

jornada completa	media jornada
poca responsabilidad	mucha responsabilidad
horario fijo	horario flexible
estar empleado/-a en una empresa	tener una empresa
mucho dinero pero poco tiempo	poco dinero pero bastante tiempo libre
trabajar solo/-a	trabajar en equipo
ser jefe/-a	trabajar sin jefes

Autoevaluación. Piense en lo que ha aprendido en esta lección y evalúe su progreso.

☺ = bien   ☺ = más o menos   ☹ = no muy bien

Sé cómo...
- ○ ... explicar en qué consiste mi trabajo.
- ○ ... hablar sobre el significado del trabajo en mi vida.
- ○ ... hablar sobre los aspectos positivos y negativos de un trabajo.
- ○ ... expresar qué es lo que más / menos me gusta de un trabajo.
- ○ ... contar cómo ha sido mi vida profesional hasta ahora.

Entiendo...
- ○ ... las ofertas de trabajo del periódico a nivel básico.

En las últimas clases he participado ○.   **Fuera del curso he practicado ○.**

☺ = bastante   ☺ = suficientemente   ☹ = poco, puedo mejorar

1 Complete estas expresiones. ¿De qué tema se trata?

cumplir	social		costar	las posibilidades		por escrito
invitados		abrir		un par de	vals	

1. el primer ....
2. .... mucho dinero
3. cientos de ....
4. .... económicas
5. un acontecimiento ....

6. .... zapatos altos
7. las invitaciones ....
8. .... la fiesta
9. .... 15 años

2 Rellene la tabla con los verbos en infinitivo y en tercera persona singular (él, ella).

	empezar			**cumplir**
presente		es		cumple
indefinido	empezó			
futuro			tendrá	

3 En esta invitación a una boda faltan los verbos. Complete con las formas correctas del futuro.

Los Sres. Domínguez y Sres. González
Se complacen* en comunicarles que sus hijos Carlos y Mariana se unirán
en Matrimonio*.
La boda .... el día 25 de octubre. La misa en la Iglesia
Santa Eulalia .... a las 4 de la tarde.
A continuación .... lugar una fiesta en el restaurante «Viejo Molino».

tener

empezar

ser

*se complacen: *sie freuen sich, sie haben die Ehre;* se unirán en Matrimonio: *sie werden sich das Ja-Wort geben*

4 **a)** Forme tres frases correctas con estos elementos.

1	¡	siento	ay	es	lo	que	puedo	pero	el	no	sábado!

....

2	¿	venir	fiesta	te	de	gustaría	a	cumpleaños	mi	?

....

3	¡	sí	pues	encantaría	claro	me	!

....

b) ¿A qué situación se refiere cada una de las frases? Escriba el número en la casilla que corresponda.

☐ invitar a alguien   ☐ aceptar una invitación   ☐ rechazar una invitación

a) Ana, la mujer de Carlos, cumple 40 años el próximo sábado. Para celebrarlo, Carlos quiere organizar una fiesta sorpresa en el bar *Veracruz*, el sábado a las ocho. Les escribe una postal a sus amigos y familiares para invitarlos. ¿Podría usted ayudarlo?

....:

.... *y por eso* ....

....

Pasaremos una noche guay* con tapas ....

....

....

Carlos

PD Ana no sabe nada. Espero vuestra respuesta por teléfono, en mi trabajo.

*guay: *toll, klasse*

b) Cuando Carlos llega al trabajo al día siguiente, Rosa, su secretaria, le cuenta que ya han llamado varias personas. Escuche quiénes han llamado, si estas personas van a ir a la fiesta y, en caso de que no, por qué no.

22

	¿quién / quiénes?	¿va(n) a la fiesta?	¿por qué no?
1.			
2.			
3.			
4.			

Evelio es un chico que no sabe lo que quiere. A cada pregunta responde con un *no sé*. Complete sus respuestas.

1. ● Evelio, ¿vienes al cine con nosotros? ◆ *Pues no sé si iré.*.......................................
2. ▲ ¿Tienes tiempo el sábado para ir al cine? ◆ ....
3. ◗ ¿Vas en coche a Sevilla, o en tren? ◆ ....
4. ▲ ¿Vas a llamar a tu novia esta noche? ◆ ....
5. ● ¿Vas a trabajar este sábado? ◆ ....

¿Cómo actúan normalmente los anfitriones e invitados en una fiesta de cumpleaños en España? Decida si estas frases son correctas o no.

        sí   no

1. Si el invitado lleva un regalo, éste no se abre hasta el final de la fiesta. ◆   ◆
2. Cada invitado se suele presentar él mismo a la gente. ◆   ◆
3. El anfitrión / la anfitriona anima muchas veces a su invitado a tomar algo. ◆   ◆
4. Normalmente el invitado lleva el postre. ◆   ◆

8

Éstas son unas frases típicas entre anfitrión/-a *(A)* e invitado/-a *(I)*. Combine dos elementos para cada frase y decida quién lo dice normalmente.

¡Hola,   el jamón.   Gracias,   pasa, pasa!   un poco más?

Un vinito,   esto es para tí.   ¿lo abro?   ¿No quieres   Prueba

Toma,   no puedo más.   por favor.   No, gracias,

(A) ....   *(I)* ....
(A) ....   *(I)* ....
(A) ....   *(I)* ....
(A) ....

9

a) Usted da una fiesta e invita a mucha gente. Algunos no se conocen todavía. Complete los diálogos. Presente...

1. a su amiga Silvia y a su compañero de trabajo Toni

◆ Toni, te ....
Y éste es Toni, mi compañero de trabajo.
Toni: ....
Silvia: ....

2. al señor Romano, su jefe, y a la señora Brandt, su vecina

◆ ....
....
Sr. Romano: ....
Sra. Brandt: ....

b) Escuche y compruebe.

23

10

Combine estas palabras con su terminación correcta.

fav.......   animad.....   *color*.....   am.....   cal.....

balc.....   conduct.....   **-or** **-ón**   hum.....   coraz.....

mot.....   buz.....   *bombón*.....   jam.....   dol.....

¿Sabía usted que las palabras que terminan en *-or* y *-ón* (¡no en *-ción*!) son masculinas?

11

Elija un regalo para cada persona y complete las frases.
Puede elegir a otras personas y otros regalos.

1. A mi colega de trabajo *le regalo* ....
   ....
2. A mi vecino ....
3. A la abuela ....
4. A mi jefe ....
5. A mi suegro ....
   ....

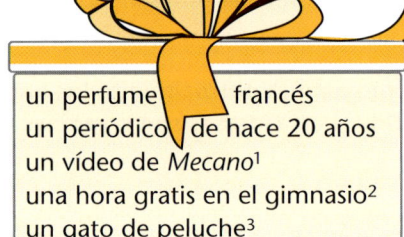

un perfume francés
un periódico de hace 20 años
un vídeo de *Mecano*[1]
una hora gratis en el gimnasio[2]
un gato de peluche[3]

[1] *spanische Rockgruppe;* [2] *Fitnessstudio;* [3] *Plüsch*

¿Recuerda?

En esta lección sobre las fiestas ha aprendido muchas nuevas palabras. Recójalas en este memo-mapa para poder recordarlas mejor.

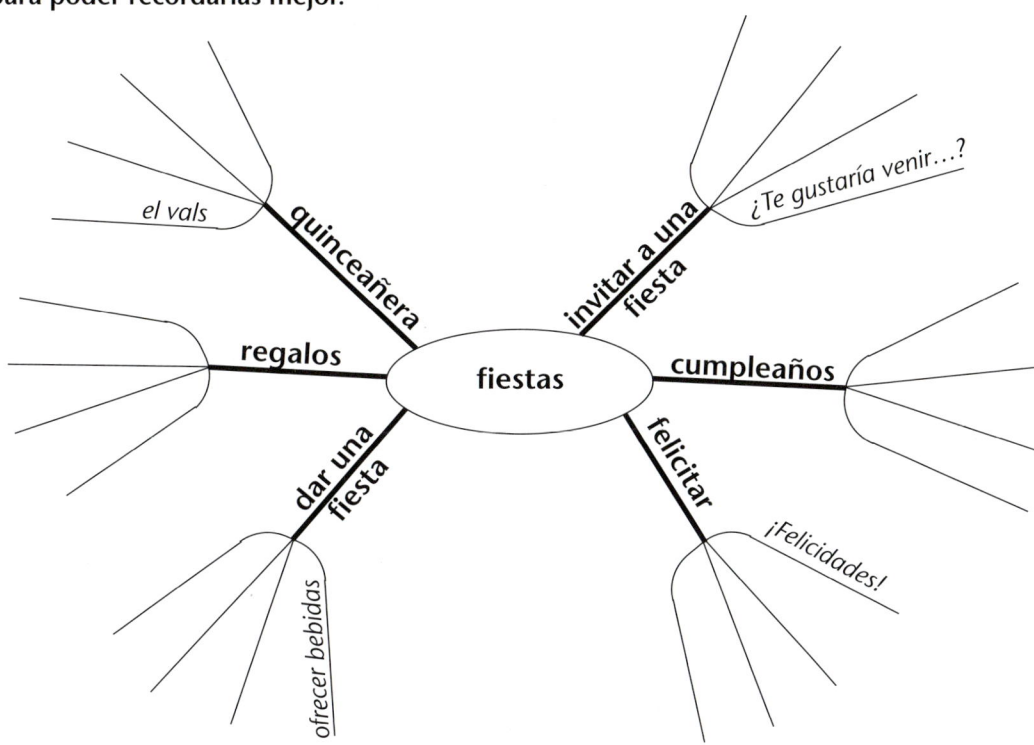

el vals
quinceañera
¿Te gustaría venir...?
invitar a una fiesta
regalos
fiestas
cumpleaños
dar una fiesta
felicitar
¡Felicidades!
ofrecer bebidas

Autoevaluación. Piense en lo que ha aprendido en esta lección y evalúe usted mismo su progreso.

☺ = bien   ☺ = más o menos   ☹ = no muy bien

Sé cómo...
- ○ ... leer y entender una invitación escrita.
- ○ ... invitar por escrito y por teléfono a una fiesta.
- ○ ... aceptar una invitación.
- ○ ... rechazar una invitación.
- ○ ... felicitar a alguien.
- ○ ... responder a una felicitación.
- ○ ... presentar a alguien.
- ○ ... expresar inseguridad o duda sobre acciones futuras.

Entiendo...
- ○ ... una invitación formal escrita.

Conozco...
- ○ ... una fiesta típica de Latinoamérica, la quinceañera.
- ○ ... algunas expresiones para felicitar y algunas respuestas a las felicitaciones.
- ○ ... algunos rituales entre anfitrión e invitado en España.

En las últimas clases he participado ○.   **Fuera del curso he estudiado ○.**

☺ = bastante   ☺ = suficientemente   ☹ = poco, puedo mejorar

1

Estos son datos importantes de la vida de un famoso futbolista. ¿Sabe quién es?

Nació en 1960 en el barrio pobre de Villa Florita, en la periferia de Buenos Aires, en una familia de ocho hijos con problemas económicos. <u>En 1970</u> jugó por primera vez en *Los Cebollitas*[1], un equipo de fútbol infantil. <u>En 1971</u> su equipo ganó 136 partidos gracias a sus intervenciones, por lo que recibió el nombre de «El Pibe[2] de Oro». <u>En 1977</u> entró en la selección de Argentina y jugó con gran éxito. En 1982 firmó un contrato millonario en España con el F.C. Barcelona. En 1986 su equipo ganó el Campeonato del Mundo y Diego recibió el Balón de Oro de la Fifa. Durante los años siguientes recibió tres sanciones[3] por dopaje[4]. En 2000 sufrió un infarto por tomar demasiada cocaína y se fue a Cuba para seguir un tratamiento de desintoxicación[5]. Actualmente juega al fútbol sólo en ocasiones especiales, como invitado.

[1]*Die Kleinen Zwiebeln;* [2]Arg.: *Junge;* [3]hier: *Sperren;* [4]*Doping;* [5]*Entziehungskur*

2

Lea otra vez la mini-biografía del futbolista y sustituya los años por otras expresiones de tiempo (a los … años, al año siguiente, … años después).

1970 ....   1971 ....

1977..   1986 ....

3

a) Si soluciona este cucigrama con datos de la vida de Frida Kahlo encontrará el nombre del futbolista. ¿Ha acertado?

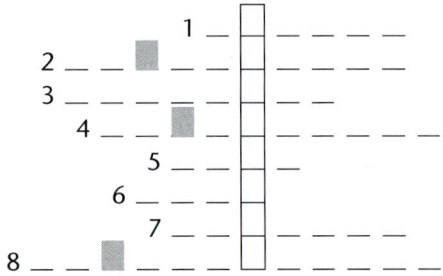

En 1925 .... un accidente. (6)

Frida .... a pintar en la cama. (1)

A los veintiún años .... a Diego Rivera. (7)

La joven .... locamente del pintor viejo, gordo y mujeriego. (2)

Los dos .... unos años en EE.UU. (3)

Después de 10 años de matrimonio .... (8)

Diego y Frida .... dos veces. (4)

La pintora nunca .... tener hijos. (5)

b) Relacione los verbos con las preposiciones adecuadas y continúe las frases con datos de la biografía de Frida Kahlo.

Nació		....
Empezó	con	....
Conoció	a	....
Se enamoró	en	....
Se casó	de	....
Se separó		....
Volvió		....

a) ¿A qué verbos corresponden estas raíces *(Verbstämme)* de formas en indefinido?

TERMIN- *terminar*....   PUD- ....   DEJ- ....

HIC(Z)- ....   ESTUV- ....   FU- ....

NAC- ....   TUV- ....   VIN- ....   DIJ- ....

b) Agrupe las raíces según las terminaciones correspondientes.

1		**2**		**3**		**4**
pud...... -e	.... -é	.... -í	.... -i
.... -iste	-aste	-iste	-iste
.... -o	-ó	-ió	-e
.... -imos	-amos	.... -imos	.... -imos
.... -isteis	.... -asteis	-isteis	-isteis
.... -ieron	-aron	-ieron	-eron

¿Qué terminación del imperfecto corresponde a cada raiz? Marque con una cruz.

ten-	est-	sol-	pod-	sab-	hab-	llev-	
							-ía
							-aba

En cada grupo de palabras hay un «extraño». Táchelo y póngalo en el grupo adecuado.

1. nació, tenía, estudió, se casó, ...

2. estás, se casarán, va, veis, ...

3. será, hay, habrá, iré, ...

4. era, llevaba, solía, se separó, ...

a) Escuche. ¿De qué habla Doña Amelia?
¿Cuántos años cree usted que tiene?

b) Lea estas frases y escuche. ¿Dice esto la señora?

En aquella época...	Sí	No
... no había teléfono.		
... la gente se visitaba más.		
... la gente iba menos a la iglesia.		
... la gente era más feliz.		

24

¿Cómo era la vida antes? Escriba.

Ahora hay teléfonos móviles.   Antes ....

Ahora se escriben muchos «emilios».   Antes ....

Ahora se puede ir a América en avión.   ....

Ahora tenemos el euro.   ....

Ahora los trenes son muy rápidos.   ....

9

a) Así empieza la vida de Penélope. Lea una primera vez para comprender lo que cuenta el texto.

Penélope *nacer* (1) en una familia muy normal en el barrio sevillano de Triana. *Ser* (2) un barrio de trabajadores en el que también *vivir* (3) muchos gitanos. Su madre *ser* (4) peluquera y su padre conductor de camiones y no *tener* (5) mucho tiempo para su hija única. Así que Penélope siempre *jugar* (6) con otros niños en la calle, delante de la peluquería de su madre. Allí, en la calle, la pequeña *conocer* (7) la música y el baile de los gitanos*, con los que *aprender* (8) a bailar y cantar flamenco. A los 16 años *conocer* (9) a Manuel y los dos *enamorarse* (10). Él *ser* (11) el hijo más joven de una conocida familia gitana y *tocar* (12) la guitarra en un grupo de flamenco. Ella *ser* (13) una joven fuerte y valiente. Las costumbres gitanas no permiten la boda con no gitanos, así que…

*gitanos: *spanische Zigeuner*

b) Subraye con dos colores diferentes:

1. un color ¿Qué pasó, qué hicieron las personas?
2. otro color: Descripción de personas, cosas o lugares. Lo que hacían regularmente las personas (siempre, todos los días, ...)

c) Escriba los verbos en el tiempo correspondiente.

1. ....   4. ....   7. ....   10. ....   12. ....

2. ....   5. ....   8. ....   11. ....   13. ....

3. ....   6. ....   9. ....

d) Lea el texto de nuevo. ¿Puede imaginar cómo sigue la historia de Penélope? Escriba una continuación.

10

Piense en cosas que han cambiado en su vida y escriba una o dos frases para cada aspecto.

Antes era soltera y no tenía hijos.

pareja / familia: ....

dinero: ....

aspecto físico: ....

hobbies: ....

trabajo: ....

...........: ....

¿Recuerda?

Elija lo adecuado en cada caso.

1 Yo empec.... a jugar al tenis a los 12 años, pero sufr.... un accidente y por eso lo dej....

a) -é   a) -ió   a) -ó
b) -ó   b) -í   b) -é

2 En 1968 .... por primera vez en Asturias. En aquella época .... una
   región muy poco conocida.

a) estaba   a) fue
b) estuve   b) era

3 Cuando .... niña .... mucho ir al pueblo de mis abuelos.

a) fui   a) me gustaba
b) era   b) me gustó

4 Nos .... en 1993. Yo .... estudiante y .... 23 años.

a) conocíamos   a) era   a) tuve
b) conocimos   b) fui   b) tenía

Autoevaluación. Piense en lo que ha aprendido en esta lección y evalúe usted mismo su progreso.

☺ = bien   ☺ = más o menos   ☹ = no muy bien

Sé cómo...
○ ... hablar sobre los hechos *(Geschehen)*
   más importantes de mi pasado.
○ ... expresar cómo ha cambiado mi vida.
○ ... describir la vida, las personas y los
   lugares de épocas pasadas.

Conozco...
○ ... la conjugación y algunos usos importantes
   del imperfecto.
○ ... algunas expresiones temporales que sirven
   para hablar del pasado.
○ ... algunos datos significativos de la vida de
   Diego Rivera y Frida Kahlo.

En las últimas clases he participado ○.   **Fuera del curso he estudiado** ○.

☺ = bastante   ☺ = suficientemente   ☹ = poco, puedo mejorar

1

¿Cuáles de estos adjetivos le describen a usted? ¿En qué medida? Escriba un número al lado de cada uno: 0 (nada vago**) , 1 (un poco** vago**), 2 (bastante** vago**), 3 (muy** vago**). Puede añadir otros adjetivos.**

Soy como soy:

☐ vago/-a   ☐ amable   ☐ trabajador/a   ☐ alegre
☐ cariñoso/-a   ☐ frío/-a   ☐ romántico/-a   ☐ orgulloso/-a
☐ seco/-a   ☐ juerguista   ☐ disciplinado/-a ☐ soñador/a
☐ caótico/-a   ☐ serio/-a   ☐ ordenado/-a   ☐ abierto/-a
☐ tacaño/-a   ☐ generoso/-a   ☐ emprendedor/a   ☐ responsable
☐ hospitalario/-a ☐ .... ☐ .... ☐ ....

2

¿Cómo son estas personas? Complete.

1. La señora Contreras tiene siempre buenas palabras para todo el mundo, es una persona muy

   ....

2. Serena está siempre «en las nubes», es muy ....

3. A Torcuato no le he visto nunca reír, es un hombre muy ....

4. Genaro llega siempre tarde, nunca encuentra lo que busca, es bastante ....

5. Mariví nunca dice gracias ni perdón y no sabe aceptar críticas, es demasiado ....

6. Mi vecino sale todos los días por la noche, es un .... incorregible.

7. La casa de mis tíos siempre está llena de huéspedes, es gente muy ....

3

Mire esta estadística que compara la vivienda española con la de la Unión Europea y complete las frases de abajo con las expresiones adecuadas. Una expresión se repite.

	España	Alemania
Viviendas en propiedad (Eigentumswohnungen)	84 %	43 %
Viviendas alquiladas (Mietwohnungen)	14,1 %	56 %
Viven en edificios de más de 10 viviendas (bloques de pisos)	46,2 %	21,5 %

la mayoría de la gente   casi la mitad de la población   poca gente   casi todo el mundo

● En España, ... tiene una vivienda en propiedad, ... tiene una vivienda alquilada; en cambio, en Alemania, ... tiene una vivienda alquilada.

● En España .... vive en edificios de más de 10 viviendas (bloques de pisos), mientras que en Alemania .... vive en edificios pequeños o en casas unifamiliares.

Estas personas han cambiado de opinión después de sus experiencias. ¿Qué pensaban o creían antes?

Ana: «El dinero da la felicidad.» *Antes Ana pensaba que el dinero daba la felicidad,* pero ahora piensa que lo más importante para ser feliz es el amor.

Sven: «España es sol y playa.» ...., sin embargo ha descubierto que España tiene muchas otras cosas.

Sonia y Juan: «El matrimonio no puede funcionar.». ...., sin embargo ahora están casados y son felices.

Elena: «Los alemanes no saben divertirse.» ...., sin embargo ahora tiene amigos alemanes con los que se divierte mucho.

Usted: «..»

....

¿Indicativo o subjuntivo? Coloque estas formas de la tercera persona (él, ella, usted) en la columna correspondiente.

vive   es   trabaje   tiene   viva   sea
trabaja   tenga   escucha   escuche

Presente de Indicativo (3ª pers.)

....
....
....
....
....

Presente de subjuntivo (3ª pers.)

....
....
....
....
....

Transforme estas frases afirmativas en negaciones para mostrar que usted no está de acuerdo. No se olvide de utilizar el *subjuntivo*.

1. Creo que Manolo vive en Viena.   *Yo no creo que viva en Viena.*...........................

2. Pienso que hoy tenemos tiempo para ir al cine.   *Yo dudo que* ....

3. Es demasiado caro, ¿no crees?   *No, yo* ....

4. Creo que los españoles son poco modernos.   ....

5. Es verdad que Juana nunca escucha bien.   ....

6. Pienso que todos los alemanes trabajan mucho.   ....

a) Mire este mapa de los países germanoparlantes. ¿Cómo se llaman las ciudades y estados fede-
rados *(Länder)* que faltan? Relacione los números del mapa con los nombres en español.

☐ Viena ☐ Colonia ☐ Renania Palatinado ☐ Berna

☐ Renania del Norte-Westfalia ☐ Maguncia ☐ Sarre ☐ Turingia

☐ Baviera ☐ Sajonia

25

b) Los nombres de estas ciudades y regiones se pronuncian en los países hispanohablantes según la
fonética del español, p.ej. Hamburgo /amburgo/, Kiel /ki-el/.
Escuche y escriba los nombres que oye.

....

....

c) Usted solo/-a o con otro/-a compañero/-a. Lea en voz alta todos los nombres del mapa... ¡en
español, claro!

¿Recuerda?

a) Así se ven los españoles. Lea este artículo y piense, sin escribir, qué palabras le parecen adecuadas para los espacios vacíos.

Nosotros y los europeos
de Francisco Renado

España es Europa. Los españoles somos europeos, eso está .... Pero sin embargo, las estadísticas demuestran que todavía nos vemos muy .... a ellos. Nos consideramos sobre todo «..», es decir, personas de buen corazón. También alegres y ...., o sea siempre dispuestos[1] a hablar de los sentimientos propios y escuchar los ajenos. Y además somos ...., un pueblo con las puertas abiertas, y .... que no se pierden ni una fiesta. Estas características que, en opinión de la mayoría, les faltan a nuestros vecinos europeos, dan forma a la clásica imagen que en el extranjero se tiene de España: el país .... por excelencia, siempre dispuesto a recibir visitantes. ¿Y no tenemos nada en común? Sí, una cosa: los españoles se consideran tan .... como los europeos. Es decir, trabajamos tanto como ellos, pero le sacamos menos partido[2] a nuestro trabajo, ya que nuestros sueldos son mucho más bajos.

[1]*bereit;* [2]sacamos menos partido: *hier: wir machen weniger Geld*

---

b) Complete el artículo con las palabras del recuadro. ¿Son las mismas o equivalentes a las que pensó usted?

abiertos	buena gente		turístico	juerguistas	trabajadores
	claro	diferentes		hospitalarios	

Autoevaluación. Piense en lo que ha aprendido en esta lección y evalúe usted mismo su progreso.

☺ = bien   ☺ = más o menos   ☹ = no muy bien

Sé cómo…
○ … identificar a una persona por su aspecto.
○ … describir el carácter de una persona.
○ … hablar sobre las diferencias entre los habitantes de las regiones de mi país.
○ … generalizar (clichés) y matizar.
○ … contar cómo pensaba antes y cómo ha cambiado mi opinión respecto a un tema.
○ … expresar que no soy de la misma opinión que otra persona.

Conozco…
○ … lo que piensan los españoles de sí mismos.
○ … los nombres de las regiones y ciudades más importantes de mi país en español.
○ … la conjugación de las formas regulares del presente de subjuntivo y algunas formas irregulares.

En las últimas clases he participado ○.   **Fuera del curso he estudiado ○.**

☺ = bastante   ☺ = suficientemente   ☹ = poco, puedo mejorar

Repaso 3

1 **Complete lo que dicen estas personas sobre su trabajo usando *muy* o *mucho*.**

1. ● El jefe de un departamento tiene .... responsabilidad.

2. ◆ Trabajo .... horas, pero también gano ....

3. ▲ No quiero trabajar a tiempo completo porque me parece .... estresante.

4. ● En mi taller tenemos un horario .... flexible, eso me gusta ....

5. ● Hago .... horas extra y por eso después puedo tomar más vacaciones.

6. ◆ No tengo .... dinero, pero sí bastante tiempo libre. Para mí es .... importante.

muchas	
muy	mucho
mucha	
	mucho
muchas	muy
muy	mucho

2 **¿Cómo son estas profesiones o puestos de trabajo? Descríbalas con un adjetivo.**

1. Maitena dibuja cada día nuevos comics, es una profesión ....

2. ◆ Nunca sé si mi marido va a volver a casa vivo, tiene un trabajo ....

3. ▲ Trabajo en la construcción*, me levanto muy pronto y estoy todo el día al aire libre, en invierno y en verano. Es una profesión ....

4. ● No puedo más: todos los días tengo que hacer las mismas cosas, este trabajo es ....

5. María Luisa es camarera. Gana unos 10.000 euros al año. Tiene una profesión ....

*construcción: hier: *Bau*

3 **Ordene estas palabras según la ocasión. Algunas pueden aparecer en varios recuadros.**

novios	pastel	quinceañera	misa	boda	vals
iglesia	traje de novia	piñata	cumpleaños	champán	

1 ....

2 ....

3 ....

Escriba las formas del indefinido de los verbos indicados. La última letra de una palabra es la primera de la siguiente. Atención: En las letras mayúsculas *(Großbuchstaben)* **se pierden los acentos.**

1. SER (vosotros)

2. SALIR (ella)

3. OLVIDAR (ellos)

4. NACER (yo)

5. INFORMAR (tú)

6. EXPLICAR (nosotros)

7. SALUDAR (yo)

8. ENTENDER (nosotros)

Lea lo que cuenta Rafael de cuando era niño. Complete con los verbos que faltan en indefinido o imperfecto.

«Yo .... en el 30 en Sevilla. La verdad es que no recuerdo mucho del tiempo de la Guerra Civil*, sólo algunas cosas que me .... siempre mis padres y abuelos. Antes, cuando yo .... niño, casi no .... coches y los chicos .... al fútbol en la calle.

En el 55 .... a María José. Casi todos los días .... largos paseos después del trabajo. Los fines de semana .... a fiestas en casas de amigos, ... juntos, ... con la música de la radio. Los domingos .... al cine del barrio.»

*der (Spanische) Bürgerkrieg (1936–39)

jugar	dar
hay (haber)	
contar	ir
ser	conocer
ir	nacer
cantar	bailar

6

¿Cuáles des estos adjetivos *no* se pueden aplicar a personas? Táchelos.

serio/-a	nublado/-a	ordenado/-a	irregular	orgulloso/-a	~~permanente~~	abierto/-a
cerrado/-a	tacaño/-a	seco/-a	juerguista	caótico/-a	caro/-a	largo/-a
alegre	fácil	frío/-a	bueno/-a	chulo/-a	estrecho/-a	pelirrojo/-a

¿Usted está de acuerdo con estas afirmaciones o no? Consteste y no se olvide de poner el subjuntivo donde sea necesario.

Sí, creo que...
No, no creo que...

1. «Se puede vivir muy bien sin vacaciones.» ....

2. «La gente de mi país trabaja demasiado.» ....

3. «La mayoría de la gente come demasiado.» ....

4. «Todos tenemos la casa llena de cosas que no necesitamos.» ....

....

Abschlusstest

Nachdem Sie sich im zweiten Band von El Nuevo Curso mit authentischen Texten verschiedener Art auseinander gesetzt haben, können Sie anhand des folgenden Tests Ihren Kenntnisstand prüfen. Dieser Test entspricht im Aufbau Teilen der Prüfung für das Europäische Sprachenzertifikat.

Comprensión lectora, Parte 1 (comprensión global)

Aquí tiene usted 6 titulares de artículos de periódico: a–f. 3 de ellos corresponden a los textos 1–3. Escriba la letra del título correspondiente en las casillas.

a) Los alemanes se quedan en casa

b) Vivienda en la UE: grandes diferencias

c) Turismo más responsable

d) La calidad de las viviendas españolas

e) ¡Atención al *ciberspanglish*!

f) El español en Europa

1 La ñ, los acentos y los signos de exclamación (¡!) e interrogación (¿?) son signos desconocidos para muchos programas y servidores extranjeros, lo que está ocasionando graves errores ortográficos y gramaticales en los textos que se encuentran en Internet. Además, el uso de las nuevas tecnologías ha causado la creación innecesaria de anglicismos como «emilio» o «imeil» *(e-mail)* para ‹correo electrónico›, «cliquear» o «hacer click» para ‹pulsar›. La Real Academia de la Lengua pide a los usuarios de Internet atención y respeto a su lengua.

2 La venta de reservas turísticas en las Baleares ha bajado de forma alarmante en la temporada de verano de 2002. Los aeropuertos han registrado un 20% menos de pasajeros. El motivo más importante de esta crisis del sector turístico español es que las familias alemanas, afectadas por la crisis económica de su país y por la inestabilidad mundial después del 11 de septiembre, han preferido este año quedarse en Alemania o veranear en países vecinos.

3 Según un estudio del Instituto Nacional de Estadística (INE) España es el país con más viviendas en propiedad: sólo un 14% de la gente vive de alquiler, cifra muy baja en comparación con la media de la UE, 35,8% y de Alemania, 54,4%. En cuanto al tipo de vivienda, casi la mitad de los españoles vive en grandes bloques de pisos, frente a la media europea, 21,5%.

Comprensión lectora, Parte 2 (comprensión detallada)

Lea el siguiente texto. Luego marque en las casillas de las preguntas 1–4 cuál es la solución correcta: (a–b–c).

IKEAMANÍA

La uniformidad del «estilo Ikea» entra en las casas españolas

Tres de cada cuatro jóvenes franceses han montado su primer piso con muebles y objetos decorativos de Ikea. El fenómeno es tal que los hogares de los jóvenes europeos parecen clónicos: la misma mesa, la misma silla, el mismo sofá con la marca de la empresa sueca y el discreto *made in China...* En España, aunque los jóvenes no dejan el hogar de los padres hasta los 28 años de media (frente a los 20 años de media europea), el boom del mueble nórdico ya se nota. El 60% de los cinco millones de *ikeadictos* tiene menos de 40 años, el 70% son mujeres, un 50% tiene hijos, la mayoría son de clase media o media-alta y con estudios universitarios.

Para Teresa Sapei, una prestigiosa arquitecta italiana, España no entró en la Unión Europea en 1986, fecha oficial, sino en 1996, año en que Ikea abrió en Barcelona su primera tienda en España. Por fin los españoles podían tener una casa moderna, de diseño y económica, como el resto de los europeos.

Ikea tiene ya más de un 15% del mercado del mueble español y sigue creciendo. Y todo sin *megacampañas* de publicidad. Simplemente dejando en los buzones tres millones de catálogos cada temporada y usando la forma de márketing más antigua del mundo: el boca a boca.

Texto adaptado de El Mundo, Crónica, n° 211, 31/10/99

1. Los hogares de los jóvenes europeos parecen «clónicos» porque
   - ☐ a) la decoración es muy original.
   - ☐ b) tienen los mismos muebles de la empresa sueca.
   - ☐ c) son exactamente iguales.

2. Según una famosa arquitecta italiana, España entró en la Unión Europea en 1996 porque
   - ☐ a) no pudo entrar en 1986.
   - ☐ b) la empresa Ikea permitió la entrada.
   - ☐ c) Ikea abrió en ese año su primera tienda en España.

3. La mayoría de los jóvenes españoles amuebla y decora su primer hogar
   - ☐ a) antes de los 20 años.
   - ☐ b) a los 20 años aproximadamente.
   - ☐ c) después de los 28 años.

4. Ikea tiene más del 15% del mercado del mueble en España. Su estrategia de márketing es
   - ☐ a) usar principalmente el boca a boca para hacer publicidad.
   - ☐ b) hacer pocos catálogos para gastar menos dinero.
   - ☐ c) hacer grandes campañas de publicidad.

Lernertipps:
Strategien und Techniken für ein effektiveres Lernen

El Nuevo Curso 2 möchte Ihnen nicht nur Spanisch (das *Was*) vermitteln, sondern auch *wie* Sie es am besten lernen und anwenden können und was Sie tun können, um das eigene Lernen zu planen, zu organisieren und selbst in die Hand zu nehmen. Anknüpfend an *El Nuevo Curso 1* können Ihnen folgende Lernertipps dabei helfen, den Lernprozess im Unterricht und zu Hause bewusster wahrzunehmen, damit Sie schneller, stressfreier, effektiver und mit viel Motivation und Freude an Ihr Ziel kommen. Die mit einer Glühbirne versehenen Tipps stellen eine Ergänzung und Erweiterung zu den Tipps in *El Nuevo Curso 1* dar und erhalten beim jeweils ersten Vorkommen auch im Buch die entsprechende Glühbirne.

1. Was bedeutet es, eine Sprache zu lernen?

Eine fremde Sprache zu lernen bedeutet, dass Sie eine Menge Dinge tun: Texte lesen und verstehen, Dialoge und Lieder hören, Briefe und andere Texte schreiben und, nicht zuletzt, mit anderen Menschen ins Gespräch kommen und sich unterhalten. Es ist also ein komplexer Prozess, in den auch das Wissen über die Kultur der Spanisch sprechenden Welt mit einfließt.

1.1 Die eigene Lernsituation reflektieren

Über das Lernen sprechen: Über die eigene Motivation, das Interesse an der Sprache und über den Lernprozess zu sprechen sind eine ideale Voraussetzung für das <u>erfolgreiche, selbstständige und selbstverantwortliche Lernen.</u> Wir lernen zu sprechen, während wir uns mit anderen in der Fremdsprache austauschen, wenn wir sprachlich handeln mit dem Ziel, ein bestimmtes Ergebnis zu erreichen. Die Lerngruppe ist eine reale und authentische Welt, in der Sie als Lerner/in Ihre kommunikative Kompetenz in der Fremdprache entwickeln können.
→ *S. 11, 7 a)*

Eigene Lernfortschritte selbst einschätzen und bewerten: Die Lösungen der Übungen im Arbeitsbuch werden im Anhang abgedruckt. Dadurch haben Sie die Möglichkeit, Ihren Lernfortschritt selbst zu kontrollieren. Außerdem bietet Ihnen *El Nuevo Curso 2* am Ende jeder Arbeitsbuch-Lektion, auf der *¿Recuerda?*-Seite die Möglichkeit, Ihren Fortschritt selbst zu evaluieren.
→ *S. 119, 123 etc.*

1.2 Das Sprechen und das Schreiben in der Fremdsprache

Szenarien: Wenn wir einen Freund um einen Gefallen bitten, z. B. dass er während des Urlaubs unsere Katze versorgt, tun wir das meistens nicht mit einem Satz, sondern es findet eine Abfolge kommunikativer Handlungen statt, in der nicht nur Redemittel und Grammatik, sondern auch soziokulturelle Konventionen zum Tragen kommen. Solche ritualisierten komplexen Handlungsabfolgen, die im Alltag häufig vorkommen, nennt man Szenarien. Szenarien finden Sie in *El Nuevo Curso 2* auf S. 17, **3 a)** (sich verabreden), S. 37, **10 a)** (von einem Ereignis erzählen), S. 47, **7 a)** (ein Gespräch beim Arzt), S. 55, **7 b)** (um einen Gefallen bitten), S. 72, **11 b)** (ein Verkaufsgespräch in einem Bekleidungsgeschäft führen), oder S. 89, **3 b)** (jemanden einladen). Die Szenarien haben eine sehr große Nähe zur sprachlichen Wirklichkeit, da sie Verbindungswörter (*pero, sino, además* etc.) und sog. Füllwörter *(bueno, pues, entonces)* enthalten sowie die Funktion von sozialen und Kommunikations-Strategien im Zusammenhang zeigen. Das Gleiche gilt für die schriftliche Kommunikation, z. B. auf S. 90, **5** (jemanden per E-Mail einladen) oder S. 113, **Repaso 3** (ein formeller Brief).

1.3 Verständnis für die fremde Kultur entwickeln

Sich in andere hineinversetzen: Jede Kultur, jedes Land hat eigene Sitten, Gebräuche, Verhaltensweisen und Vorstellungen darüber, ob etwas höflich oder unhöflich ist. Wenn wir eine Sprache lernen, ist es wichtig, sich über die eigenen (individuellen und kulturellen!) Wertmaßstäbe bewusst zu werden, um die Fähigkeit zu schulen, sich in andere Kulturen hineinzuversetzen und Missverständnisse zu vermeiden. So wird z. B. in den Spanisch sprechenden Ländern ein *no* als Antwort auf eine Bitte oder eine Frage um Erlaubnis als sehr schroff und unhöflich empfunden. Man vermeidet das *no,* indem man ausweicht und erklärt, warum man z. B. einer Bitte um Erlaubnis nicht zustimmen kann.
→ *S. 52, 1 – S. 54, 4*

2. Wie gehen Sie mit Texten um, die Sie lesen oder hören?

2.1 Die Lese- und Hörverstehensübungen in *El Nuevo Curso 2* werden im Allgemeinen in mehreren Phasen durchgeführt:

Vorkenntnisse aktivieren: <u>Bevor</u> Sie anfangen zu lesen oder zu hören, werden Sie mithilfe von Bildern, einem Wortigel, dem Sammeln Ihrer Assoziationen zum Thema oder einer kurzen Beschreibung der Situation auf den Text vorbereitet. Einige Beispiele:
→ *S. 8, 1 a) – S. 25, 3 a) – S. 88, 1 a) – S. 106 , 4 a)*

Globalverstehen: Hier geht es darum, dass Sie den Überblick über den Textinhalt gewinnen. Einige Beispiele:
→ *S. 9, 3 b) – S. 12, 9 a) – S. 65, 12 a)*

Selektives Verstehen: In dieser Phase müssen Sie je nach Textsorte (Dialog, Durchsage auf dem Bahnhof, Lied, Zeitungsartikel, Interview ...) und Aufgabenstellung nach bestimmten, in der Regel den wichtigsten Informationen suchen. Einige Beispiele:
→ *S. 12, 9 b)* – *S. 35, 7 b)* – *S. 65, 12 c)*

Detailverstehen: Hier geht es darum, alles zu verstehen, wenn z. B. ein Gedicht gelesen wird, oder eine Wohnungsanzeige genau studiert wird:
→ *S. 34, 4 a* – *S. 61, 4 a)*

➡ Die meisten Texte in *El Nuevo Curso 2* werden entweder global und / oder selektiv gelesen bzw. gehört.

2.2 Was können Sie tun, um Lese- und Hörtexte besser zu verstehen?

Das Verstehen von Gehörtem und Gelesenem wird leichter und effektiver, wenn es Ihnen gelingt, den Inhalt der Texte auf Weniges zu reduzieren. Wichtig in dieser Phase ist es, das Wesentliche herauszufinden, d. h., dass Sie ein Gespür für die wichtigsten, die informationsreichsten Abschnitte und die Schlüsselwörter im Text entwickeln. Folgende Techniken können Ihnen dabei helfen:

Markieren: Unterstreichen Sie während des Lesens die wichtigsten Stellen, am besten mit Leuchtstiften (Textmarkern). Mithilfe dieser wichtigen Stellen können Sie später den Inhalt des Textes zusammenfassen. Konzentrieren Sie sich auf die Wörter, die Sie verstehen. Bleiben Sie nicht an einzelnen unbekannten Wörtern „hängen". → *S. 8, 1 b)* – *S. 60, 1 a)*

Sich Notizen machen: Diese Technik können Sie während des Lesens, Hörens oder auch als ersten Schritt beim Schreiben oder zur Vorbereitung eines Gesprächs anwenden. Wenn Sie Notizen machen, unterstützen Sie nicht nur Ihr Gedächtnis, Sie können sich auch besser auf das Wesentliche konzentrieren. → *S. 62, 7 a)* – *S. 93, 12 b)*

Zusammenfassen:
– Eine einfache Form des Zusammenfassens liegt vor, wenn Sie sich z. B. eine <u>Überschrift</u> oder einen Titel für einen Text oder Absatz ausdenken. Einige Beispiele: → *S. 13, 10 a)* – *S. 22, En vivo a)* – *S. 66, En vivo a)*

– Sie erfassen den Inhalt eines Textes auch rasch, wenn Sie nach <u>Schlüsselwörtern</u> suchen: Welche Wörter geben die wichtigsten Informationen wieder? → *S. 30, En vivo b)*

– Eine andere Möglichkeit ist es, so genannte <u>W-Fragen</u> *(Wer? Was? Wann? Warum? Wie?)* an einen Text zu stellen. Diese Fragen können Ihnen auch als Gerüst oder Gliederung dienen, wenn Sie selber einen Text verfassen. → *S. 13 10 b)* – *S. 35, 7 b)*

Textkonnektoren als Wegweiser erkennen: Textkonnektoren geben wertvolle Hinweise auf das, was folgt. Sie kündigen z. B. an, dass im Folgesatz eine Einschränkung kommt *(pero)*, ein Kontrast *(en cambio, sino, por un lado – por otro)*, eine Begründung *(porque)*. Sie können auch neue Informationen einführen, wie z. B. *además, y*. → *S. 69, 2 b)*

2.3 Wie können Sie sich neue, unbekannte Wörter erschließen?

Kenntnisse der eigenen Muttersprache nutzen: Wenn wir eine neue Sprache lernen, vergleichen wir sie bewusst und unbewusst mit der Muttersprache, um Ähnlichkeiten und Unterschiede festzustellen: *Kenne ich ein Wort in meiner Muttersprache, das so ähnlich klingt oder eine ähnliche Schreibweise hat, ist der Satzbau ähnlich?*

Kenntnisse anderer Sprachen und „internationale" Wörter nutzen: Wörter wie *Computer, Café, Restaurant, Hotel* usw. sind in vielen Sprachen ähnlich. Dieses Erkennen so genannter „Internationalismen" kann beim Erschließen neuer Wörter sehr hilfreich sein. Auch Kenntnisse anderer Fremdsprachen können Ihnen helfen. → *S. 25, 4* – *S. 65, 12 a)*

Ableiten neuer Wörter aus bereits bekannten Wörtern: Sie können aus Ihnen schon bekanntem Vokabular selbst neue Wörter ableiten: Wenn Sie z. B. wissen, was *escalar montañas* bedeutet (Bergsteigen), dann ist der Ausdruck *subir / bajar la escalera* leicht zu erschließen. → *S. 65, 12 b)*

Ein Wort aus dem Zusammenhang erschließen: Viele neue, unbekannte Wörter werden häufig durch andere Wörter oder Satzteile erklärt bzw. in anderen Worten wiederholt. Diese so genannten „Redundanzen" finden sich oft im gleichen Satz oder im gleichen Abschnitt eines Textes. Manchmal helfen Ihnen auch Fotos, Bildunterschriften oder Illustrationen, um Wörter aus dem Zusammenhang zu erschließen. Haben Sie Mut zur Lücke und Mut zur Vermutung! → *S. 25, 4* – *S. 29, 11 a)* – *S. 65, 12 b)*

➡ Erst wenn diese Techniken Ihnen nicht geholfen haben, sollten Sie ein Wort im Wörterbuch nachschlagen.

3. **Wie können Sie Wortschatz, Redewendungen und Grammatikstrukturen besser behalten und so im Gedächtnis speichern, dass sie leicht abgerufen werden können?**

Wortgruppen bilden: Einzelne, isolierte Wörter sind sehr schwer zu lernen und zu behalten. Besser ist es, bedeutungsverwandte Wörter, die Sie lernen möchten, zu Wortgruppen zusammenzufassen und sie Oberbegriffen zuzuordnen. → S. 70, 4 a)

Wortpaare finden: Das Gedächtnis speichert leichter Gegensatzpaare (Antonyme) wie z. B. bueno–malo *gut–schlecht*, ancho–estrecho *weit–eng* oder Wörter mit ähnlicher oder gleicher Bedeutung (Synonyme), wie z. B. guapa–bonita. → S. 71, 9 a) – S. 104, 1 c)

Wortigel, Wortnetze herstellen: Eine der effektivsten Methoden, Wörter zu lernen, ist das Anlegen von Assoziogrammen oder Mind-maps. Sie erleichtern das Lernen im thematischen Zusammenhang, indem Sie mentale Bezüge zu den einzelnen Wörtern herstellen. → S. 63, 9 b)

Bilder verwenden: Wenn Sie sich zu einem Wort oder einer Redewendung ein Bild vorstellen oder besser noch zeichnen, können Sie es besser behalten. → S. 65, 13

Handeln: Sie können im Unterricht oder zu Hause Wörter, Wendungen oder ganze Dialoge schauspielerisch, durch Gestik und Mimik, darstellen. Wenn Sie den Wörtern und Wendungen auf diese Weise „Energie" geben, werden Sie sie länger behalten und leichter abrufen können. → S. 46, 6 b)

4. **Was können Sie tun, um die Kommunikation in Gang zu bringen, sie aufrechtzuerhalten oder sie zu verbessern?**

Verständigungsprobleme ansprechen, um Hilfe bitten: Sie können mithilfe bestimmter Fragen Verständnisprobleme ansprechen: *¿Cómo? Más alto, por favor. – No comprendo. – Puedes repetir, por favor? – ¿Qué significa…?* usw. → S. 19, 7

Kompensations-Strategien anzuwenden hilft Ihnen, mangelndes Wissen in der Fremdsprache auszugleichen:
– Mimik und Gestik: Manchmal hilft es mit „Händen und Füßen" zu sprechen. Scheuen Sie sich nicht, diese Strategie anzuwenden!

– Zeichnen: Wenn Ihnen ein wichtiges Wort fehlt, versuchen Sie, es zu zeichnen!

– Umschreiben: Wenn Ihnen ein bestimmtes Wort entfallen oder unbekannt ist, umschreiben Sie es. Sie können z. B. *Es algo que sirve para escribir* sagen, wenn Ihnen das Wort *bolígrafo* entfallen ist. → S. 76, 2 a) – S. 78

– Ein (Telefon-)Gespräch vorbereiten: Schreiben Sie auf, was Sie fragen möchten und was man Sie vielleicht fragen wird und welche Antworten Sie geben möchten. → S. 62, 7 a)

Interesse zeigen: Wenn Sie Ihrem Gesprächspartner gegenüber Interesse zeigen, tragen Sie in jedem Fall zur Aufrechterhaltung und zur Verbesserung der Kommunikation bei. Das können Sie tun, indem Sie Ausdrücke und Fragen verwenden wie: *Ah, ¿sí? – ¡Qué interesante! – ¡Cuenta, cuenta! – ¿De verdad?* → S. 37, 12

Lösungen zu den Übungen

Lección 1

1 a) De las lenguas más habladas del mundo.
1 b) 1 chino, 1000 millones – 2 inglés, 450 millones –
3 español, 400 millones – 4 hindi, 395 millones –
5 árabe, 215 millones
2 a) correcto: 2, 3, 4
2 b) 2: ... el español de Caracas es tan bueno como el de Salamanca, todo depende del nivel cultural de los hablantes. –
3: porque no hay grandes diferencias de vocabulario, ni de
gramática, ni de ortografía... Por suerte, en nuestra lengua
hay una norma culta general, que hace que todos los
hablantes de Jalisco, Bogotá o Zaragoza se puedan entender perfectamente. – 4: Gracias a esa norma, la industria
editorial puede actuar en todos los países hispanohablantes porque no hay grandes diferencias de vocabulario,
ni de gramática, ni de ortografía, a diferencia de lo que
ocurre, por ejemplo, entre Portugal y Brasil.
3 1 latinoamericano (pronuncia [s]) – 2 española
(pronuncia [θ]) – 3 español (pronuncia [θ]) –
4 latinoamericana (pronuncia [s])
4 Vivimos aquí desde 1980 – diciembre – el 30 de octubre.
Vivimos aquí desde hace tres días – dos meses – 20 años.
5 *Lösungsvorschlag:* Estudio español desde hace dos años /
desde septiembre del 2000. – Conozco a mi marido
desde mayo de 1992 / desde hace once años. – Vivo en
esta ciudad desde 1993 / desde hace 10 años.
6 b) ¿Desde cuándo juegas al golf? – ¿Desde cuándo juegas
como profesional? – ¿Conoces a Severiano Ballesteros? –
¿Has jugado alguna vez en el extranjero?
7 *Lösungsvorschlag:* No he hecho nunca autoestop en bikini.
– No he estado nunca en Sierra Nevada. – No he visto
nunca un elefante marino. / Sí he visto un elefante marino.
8 Hoy he conocido a la chica que vive en el segundo. ¡Qué
simpática! ¿Conoces al director del hotel? Yo no. – No
conozco a la mujer del jefe, pero creo que se llama Ana. –
A Sara le gustaría conocer Guinea Ecuatorial. Su novio es
de allí. – ¿Has visto a Fernando? Tengo que hablar con él.
– ¿Puede usted llamar al señor López, por favor?
9 a) lentamente – normalmente – regularmente – rápidamente
– puntualmente – tranquilamente – frecuentemente –
correctamente – fácilmente
9 b) 1. rápidamente – puntualmente – perfectamente –
correcta – normalmente – rápidos
2. tranquila – lentamente – puntualmente – frecuentemente – fácil – tranquila
10 *Lösungsvorschlag:* Yo soy una persona bastante tranquila,
me gusta hacer las cosas lentamente, por ejemplo, cocinar.
Normalmente soy bastante puntual. Me gusta trabajar en
equipo porque es más fácil, más divertido y más efectivo,
pero frecuentemente trabajo sola. Cuando trabajo
lentamente, mi trabajo es correcto, cuando trabajo rápidamente hago muchos errores.
R 1 *Lösungsvorschlag:*
● Estudio español en la Universidad Popular desde hace
dos años.
● Sí, el trabajo en equipo me parece normalmente más
efectivo, pero a veces es mejor trabajar solo.
● Sí, una vez, para reservar una habitación.
● Voy a ir al cine y a cenar con unos amigos.
R 2 gramática – motivación – hablar – conocer – aprendemos
– trabajar en grupo – errores

Lección 2

1 a) Poesía pintada (3) – Pop-rock (1) – En otoño, más Cuba
(1) – Ático (2) – Contratiempo (1) – Canción de autor (1)
– Museo de Cera (3) – Teatro Real (1)
Música: pop-rock, banda, ritmos, flamenco, cantaor,
guitarra, canción, orquesta sinfónica.
Teatro: compañía, comedia.
Exposición: fotografía, pintura, obra, pintor, galería,
museo.
1 b) *Lösungsvorschlag:* 1. Puede ir al Teatro Real, ponen la
ópera Aida. – 2. Puede ir a escuchar pop-rock / la Banda
Sin Nombre. Puede ir al ático para ver una comedia, a la
Peña Flamenca o al Rincón de Arte Nuevo. – 3. Puede ir al
Palacio de Congresos, donde hay música cubana / del
Caribe. – 4. Puede ir a la exposición de fotografía que hay
en el Instituto de México o a la exposición de Pedro Riba,
en la galería Fúcara. Allí hay exposiciones con entrada
libre.
2 1. película, conmigo – 2. exposición, acuerdo – 3. contigo,
lo siento
3 verdadero: 1. b) – 2. a)
4 entonces – pues – bueno
5 ir a un bar – ir a bailar – ir a / ver una exposición – ver una
película – dar una vuelta – jugar al bádminton – escuchar
música clásica – quedar a las diez – quedar en la puerta del
cine
6 1. yo (Sí, soy yo.) – 2. entonces – 3. ahí – 4. por – 5. es –
6. ahora
7 1. la – 2. el – 3. La – 4. *kein Artikel* – 5. *kein Artikel*
8 a) 1. c) – 3. a) – 4. b)
8 b) B 1. – C 2. – D 3. – A 4.
9 *Lösungsvorschlag:* 1. Él: «Estoy tomando una cerveza / una
caña.» Ella: «Estoy estudiando / leyendo / preparando
un examen.» – 2. Ella: «Estoy escribiendo una carta.»
Él: «Estoy jugando con Carlitos / el niño.»
10 2. Está haciendo la compra. – 3. Están paseando con el
perro. – 4. Está durmiendo la siesta. – 5. Está viendo
un partido de fútbol en la tele. – 6. Están escuchando el
sorteo de la lotería en la radio.
11 a) Una señora («mamá») llama a su hijo Roberto.
11 b) Julio está en el mercado. Está haciendo la compra. –
Mónica está en su habitación. Está durmiendo la siesta. –
Pepín está en la cocina. Está jugando. – Graciela está aquí.
Está viendo la tele.
R 1 a) El texto puede tratar de un bar en España / del bar
español.
R 1 b) desayunando – periódico – ruido – mesas – móvil – sus –
casa – jugando – fuman – cañas

Lección 3

1 *Lösungsvorschlag:* Hoy hace buen tiempo: hace sol, hace
calor. Hoy hace mal tiempo: llueve, hace frío, hay niebla,
hace viento, nieva, está nublado
2 nieva – hay niebla – está nublado – hace sol – llueve –
hace calor / hace sol
3 mañana – domingo – lunes: sol, 18° – 24°
4 *Lösungsvorschlag:* Hoy hace buen tiempo, pero no hace
sol. Está nublado. Tenemos una temperatura de 15° más o
menos. También hace un poco de viento. Es un tiempo
típico del otoño.

5 a)   algún – alguna – ninguna – ningún – algún

5 b)   pedir información

6   Es un billete de ida y vuelta, con reserva, de clase turista, para no fumador – Juana ha comprado el billete 2 días antes de la salida – es válido para los próximos dos meses

7   1 En el avión – 2 En la estación de tren – 3 En el aeropuerto

8   Acabamos de llegar – Acabo de hablar con Patricia por teléfono. – Acabo de ver a Abi.

9 a)   *Lösungsvorschlag:* sábado, 10:00, ida – domingo, 19:00, vuelta

9 b)   *Lösungsvorschlag:*
● Hola, quería un billete de ida y vuelta para Ronda.
● Me gustaría salir el sábado a las diez de la mañana y volver el domingo a las siete de la tarde.
● ¿Cuánto cuesta el billete?

9 c)   *Lösungsvorschlag:*
● Hola, buenos días. Quería un billete para Ronda.
● El sábado, a las diez, si es posible.
● Sí.
● Me gustaría volver el domingo a las siete de la tarde.
● No fumador.
● Gracias. Adiós.

10   Pero, ¿todavía no has comprado el billete? – Pero, ¿todavía no has hecho las maletas? Pero, ¿ya has hecho las maletas / el equipaje?

11   suelen – suelen – suele

12   *Lösungsvorschlag:* En verano me gusta quedarme en mi ciudad, ir a la piscina después de trabajar, salir por la noche, ir al campo con mi familia... En otoño, en septiembre, suelo tomar dos o tres semanas de vacaciones y viajar a España, al mar. Si hace buen tiempo, vamos a la playa. Si llueve, podemos visitar pueblos y ciudades. En invierno suelo ir una semana a esquiar a Austria y suelo pasar la Navidad en casa, normalmente viene la familia y muchos amigos. Mi estación favorita es la primavera. En primavera suelo pasear mucho por el campo, necesito salir y estar en el campo.

R 1   acaba – ya – de – horas – viajas – suelo – a – voy – a – No – rápida – invierno – sueles – volver – tengo – me

R 2   *Lösungsvorschlag:* verano – sol – mar – vacaciones – amor – dormir – salir – leer
viaje – país – coche – billete – estación – botella de agua – dinero
Argentina – Pampa – tango – asado – mar – montaña – grande

Lección 4

1   1. la semana pasada – 2. el 3 de agosto de 1999 – 3. ayer – 4. en 1975 – 5. anoche – 7. en Navidad – 8. hace cinco días – 9. el otro día – 10. el año pasado

2   1. traba<u>ja</u>ron – 2. co<u>mi</u>mos – 3. ha<u>bló</u> – 4. vol<u>vis</u>te – 5. su<u>bí</u> – 6. to<u>mé</u> – 7. <u>fue</u>ron – 8. hi<u>ci</u>mos – 9. <u>vi</u>ne – 10. es<u>tu</u>viste

3   2. ayer – 3. el mes pasado – 4. el año pasado

4 a)   El texto habla del tenis. Palabras que lo indican: *Australian Open,* match, tenista...

4 b)   perdió > perder – entró > entrar – estuvieron > estar – perdió > perder – se fue > irse – se trasladaron > trasladarse – celebraron > celebrar – ganó > ganar

5   Me vió. – La miré. – Me habló. – La conocí.

6 a)   1. ● ¿Dónde estuviste ayer? – 2. ● ¿Con quién fuiste? – 3. ● ¿A qué hora salisteis del restaurante? – 4. ● ¿Qué

hiciste el sábado? – 5. ● ¿Y adónde fuiste el domingo? – 6. ● ¿Cómo fuiste?

7   4 – 1 – 2 – 3

8 a)   ¿Qué?: Una excursión en moto. – ¿Cuándo?: El fin de semana pasado. –¿Adónde?: A Segovia. –¿Cómo?: En moto. – ¿Con quién?: Solo.

8 b)   fui – Segovia – Salí – tuve – suerte – encontré – estuve – me tomé – continué – Fui – fuimos – restaurante

9   *Lösungsvorschlag:* Jubilado salió a la calle en pijama. – Carta llegó con dos años de retraso. – Perro estuvo una hora en el frigorífico. – Príncipe se casó en secreto con una modelo. – Cantante se bañó desnudo en la piscina del *Hotel Palace.*

10   1. aburrido – 2. una maravilla – 3. quechua – 4. soy – 5. laguna

11   primero –después – al final – total

R 1 a)   Lourdes perdió su bolso en una cabina telefónica.

R 1 b)   *Lösungsvorschlag:*
Querida Marilena: Quiero contarte lo que me pasó cuando estuve en Barcelona el mes pasado...
No todo fue maravilloso, tuve algunos problemillas. Dejé mi bolso en una cabina telefónica y cuando volví, no lo encontré. Me quedé sin pasaporte y sin tarjeta de crédito. Fui a la policía. Luego llamé al primo Ángel... que me invitó a cenar. ¡Menos mal! Pasé la noche en su casa y al día siguiente fuimos juntos en su coche a Valencia. De verdad, ¡fue una odisea!
Un abrazo
Lourdes

Repaso 1

1   chino – inglés – español

2   1 hispano – 2 ortografía – 3 aproximadamente – 4 idioma – 5 latinoamericano

3   1. de – 2. la – 3. en – 4. de – 5. con – 6. a – 7. las – 8. para – 9. en – 10. en

4   1. cine, teatro... – 2. película, concierto, baile... – 3. tango, flamenco, salsa... – 4. comida, café, cena, copas... – 5. tomar algo, jugar, comer, salir...

5   olores: calamares fritos, puros, tapas...
ruidos: la máquina de café, la tele, móviles, el dominó (¡clac! ¡clac!), gente jugando a las cartas, bromas, risas, discusiones, música, gente bailando...
sabores: caña, bocadillos, aceitunas, tapas, café, aguardiente, coñac, puros...

6   1. hace frío – 2. invierno – 3. buen tiempo – 4. está despejado – 5. el oeste – 6. vientos moderados – 7. sur – 8. primavera

7   1. b – 2. b – 3. c – 4. c – 5. c

Lección 5

1   Verticales: 1 pecho – 2 brazo – 3 mano – 4 cuello – 5 hombro – 6 nalgas
Horizontales: 1 pierna – 2 ojo – 3 dedo – 4 cabeza – 5 boca – 6 espalda

2   1. pies – 2. boca – 3. mano – 4. ojos – 5. brazos – 6. cuello

3   1. alegre – 2. estre<u>sa</u>do – 3 tran<u>qui</u>la – 4 pesi<u>mis</u>ta – 5. enamo<u>ra</u>do – 6. deprimido – 7. sol<u>te</u>ro – 8. fa<u>tal</u>

4 a)   1. c) – 3. e) – 4. b) – 5. a)

4 b)   Se me hace la boca agua.

5   ● Consulta de la Dra. Manosanta, buenos días.
● Buenos días. Quería pedir hora.

● Su nombre, por favor...
● Ángel Olmos.
● Pues, puede venir mañana, a las ocho de la mañana.
● ¿Mañana? ¿No puedo ir hoy? Es que me encuentro fatal. Tengo un dolor de estómago terrible.
● Bueno, señor Olmos, entonces hoy por la tarde, a las cuatro. ¿De acuerdo?
● Bien, de acuerdo, hoy a las cuatro. Gracias, hasta luego.
● Adiós, hasta luego.

6 a) 1 Está nerviosa. – 2 Tiene fiebre. – 3 Le duelen las muelas. – 4 Le duele el estómago. – 5 Tiene dolor de cabeza. / Le duele la cabeza. – 6 Está cansada.

6 b) 4 a) – 6 b) – 1 c) – 3 d)

7 1 Le duelen las piernas. – Siéntate y descansa un poco. – sí
2 Nada. – ¿Hacemos una pausa? – no
3 Tiene una tos tremenda. – ¿Por qué no dejas de fumar? – no
4 Le duele muchísimo la cabeza. – ¿Quieres una aspirina? – sí

8 toma: un baño caliente, una infusión, una aspirina, fruta, vitaminas – ve: al médico, a la farmacia – descansa un rato – haz gimnasia – quédate en casa – come fruta, vitaminas – respira profundamente

9 a) ◆ Buenos días.
● Hola, bunos días. Quería algo para la gripe. Es que me duele todo: la cabeza, la espalda, todo, todo.
◆ Ah, pues tome estos analgésicos cada cuatro horas y tómese un vaso de leche caliente antes de dormir.
● Muy bien, muchas gracias.
◆ Adiós, ¡que se mejore!

10 *Lösungsvorschlag:* 1. Tres cosas hay en la vida: salud, dinero y amor. – 2. El dinero no da la felicidad, pero ayuda a ser feliz. – 3. La salud no es todo, pero es (muy) importante / es lo más importante. – 4. Trabajamos para vivir, pero no vivimos para trabajar.

R 1 duerma – acuéstese – beba (tome) – tome (beba) – haga – coma (tome) – haga – descanse – vaya

Lección 6

1 1. propina – 2. gestos – 3. respeto – 4. compartir – 5. quitar

2 1. c) – 2. a) – 3. f) – 4. g) – 5. b) – 6. d) – 7. e)

3 sí: ¡Pues claro! – ¡Cómo no!
no: ¡Que no, hombre, que no! – ¡De ninguna manera! – ¡Ni hablar!

4 1. d) – 2. e) – 3. a) – 4. f) – 5. c) – 6. b)

5 a) 2. Deja el coche en el garaje. – 3. Ponga la cerveza en la nevera. – 4. Cuenta la historia. – 5. Llame a los niños. – 6. Haga los deberes. – 7. Usa el diccionario. – 8. Enciende la luz, por favor. – 9. Cierre la puerta.

5 b) 2. Déjalo en el garaje. – 3. Ponla en la nevera. – 4. Cuéntala. – 5. Llámalos. – Hazlos. – 7. Úsalo. – 8. Enciéndela, por favor. – 9. Ciérrala.

6 respuesta afirmativa: 1, 2, 4
respuesta negativa: 3, 5

7 *Lösungsvorschlag:* 2. ¿Podría(s) cerrar la ventana? Es que no oigo casi nada por el ruido. 3. ¿Podría(s) darme tu/su número de teléfono? Es que te/le quiero llamar (y preguntar) por los deberes. 4. ¿Podría utilizar tu/su móvil? Es que necesito llamar por teléfono urgentemente.

8 2 – 3 – 4 – 1 – 5 – 2 (3)

9 2 No se puede fumar. – 3 El agua no se puede beber. – 4 No se puede hacer ruido. / No se puede hablar en voz

alta. – 5 Se puede pagar con tarjeta de crédito. – 6 No se puede entrar con perros. – 7 No se puede bañar. – 8 No se puede pasar.

10 *Lösungsvorschlag:*
1. En un hospital no se puede hacer ruido, fumar en las habitaciones, beber alcohol...
2. En un restaurante español no se puede compartir la mesa, discutir con el camarero sobre la cuenta y la propina...
3. En una iglesia no se puede fumar, beber alcohol, quitarse los zapatos...
4. En un avión no se puede jugar al golf, pasear, bailar...
5. En la clase de español sí se puede escuchar música, bailar, reírse mucho, quitarse los zapatos, …

R 1 a) derber Ausdruck, Schimpfwort

Lección 7

1 a) partes de la casa: sala de estar, cuarto de baño, dormitorio, jardín, comedor, cocina
características: luminoso/-a, artesanal, confortable, elegante, cálido/-a, sencillo/-a, ligero/-a, amplio/-a, íntimo/-a, rústico/-a, tradicional, oscuro/-a, agradable
muebles / objetos: chimenea, lámpara, alfombra, mesa, silla, puerta, sofá, ventana, piscina
materiales: metal, mármol, cristal, cerámica, piedra, madera

1 b) *Lösungsvorschlag:* muebles de madera, baño luminoso y grande, alfombras elegantes, patio interior agradable...

2 a) *Lösungsvorschlag:* Es una casa moderna, de piedra, cristal y metal. Es amplia, luminosa y agradable. Es una casa muy confortable con una sala de estar muy grande con un sofá cómodo.

3 a) cocina [ko'θina] – cuarto de baño ['kuarto] – servicio [ser'viθio] – piscina [pis'θina] – cristal [kris'tal] – cerámica [θe'ramika]

4 *Lösungsvorschlag:* práctico – agradable – Qué luminoso – preciosa – bonita

5 Llamo por su anuncio. – Quería preguntarle algunas cosas. – ¿En qué planta está? – ¿Tiene ascensor? – ¿Cuánto cuesta el alquiler? – ¿La cocina está amueblada?

6

	n° de dormitorios	cocina eléctrica	sala de estar	televisor	lavadora
bungalow	3	sí	sí	sí	sí
caravana	2	sí	sí	sí	no
tienda familiar	3	sí	sí	sí	no

7 La mesita: ● Póngala delante del sofá. – La alfombra: ● Póngala debajo de la mesita. – El sillón: ● Póngalo al lado del sofá. – La estantería: ● Póngala al lado de la puerta. – Los cuadros: ● Póngalos detrás del sofá. – La lámpara: ● Póngala entre el sofá y el sillón. – El televisor: ● Póngalo en la estantería.

8 Luis Portales: tipo de vivienda: minipiso, m²: 45, está en: el centro, positivo: funcional, negativo: pequeño, caro.
Gema Bravo: tipo de vivienda: chalé adosado, m²: 240, está en: la periferia, positivo: grande, negativo: muchas escaleras, caro.

9 a) Sólo quiere saber qué cosas tienen que llevar para sus vacaciones.

9 b) Tienen que llevar: ropa de cama, toallas, tijeras, productos de limpieza, papel higiénico.

R 1 b) *Lösungsvorschlag:* un buen trabajo, zonas verdes, amigos

Lösungen zu den Übungen

Lección 8

1 1. pies: zapatillas de deporte, zapatos, calcetines –
2. piernas: pantalones – 3. cuello: bufanda – 4. cabeza: gorro, sombrero

2 Felipe lleva zapatos negros, calcetines a rayas, pantalones negros, una camiseta, un jersey, una chaqueta a cuadros y gafas de sol.

3 a) 1. de – 2. al – 3. sobre – 4. en – 5. contra – 6. por – 7. de – 8. en – 9. del – 10. con – 11. Por – 12. Entre

3 b) 1. c) – 2. d) – 3. e) – 4. b)

4 ropa interior: bragas, sujetador, calzoncillos…
ropa de deporte: zapatillas de deporte, traje de baño, bañador, bikini…
ropa de invierno: gorro, bufanda, abrigo…
ropa de señora: falda, blusa, vestido, pantalones, jersey, pijama…
ropa de caballero: pijama, traje, camisa, corbata, pantalones, jersey, …

5 *Lösungsvorschlag:* blusa blanca de viscosa – gorro rojo de lana – falda negra de lino – zapatos negros de piel – bragas rosadas de seda – calcetines azules de algodón

6 *Lösungsvorschlag:* 1. La falda negra es más larga que la falda blanca. – 2. Los pantalones a rayas son más estrechos que los negros. – 3. La blusa blanca es más elegante que la blusa a cuadros. – 4. Las zapatillas de deporte son más cómodas que los zapatos de piel / de señora. 5. El jersey a rayas es más bonito que el jersey grande.

7 1. la montaña más alta – 2. el río más largo – 3. el hombre más rico – 4. la cantante más famosa

8 1. *(V)* ¿Qué desea? – 2. *(V)* ¿Qué talla tiene? – 3. *(V)* ¿De qué color lo quiere? – 4. *(V)* ¿Qué tal le queda?– 5 *(C)* ¿Puedo probármelo? – 6. *(C)* ¿Lo tiene en otros colores? – 7. *(C)* ¿Cuánto cuesta?

9 2. elegantísima – 3. rapidísimo – 4. modernísimo – 5. divertidísima

10 *(V)* le – *(C)* Me – *(V)* le – *(C)* me – *(C)* La – *(V)* la – *(C)* me la

11 1 tienda de moda – cazadora – no – El modelo no le gusta.
2 zapatería – zapatillas de deporte – sí
3 tienda de moda – corbata – sí
4 zapatería – zapatos marrones – no – El 41 le queda muy estrecho y el 42 muy grande.

R 1 4 – 2 – 3 – 1

R 2 *Lösungsvorschlag:* Para la sierra: jersey, gorro, bufanda, zapatillas de deporte, pantalones vaqueros…
Para la costa: traje de baño, bañador, bikini, toallas, camisetas, pantalones cortos, faldas…

R 3 Charles Chaplin

Repaso 2

1 ● Tengo gripe. ● ¿Por qué no te tomas un vaso de leche con coñac? ● Es que no me gusta el coñac.
● Tengo un dolor horrible de espalda. ● ¿Te doy un masaje? ● ¡Ah, sí!, por favor.
● Me duele mucho la cabeza. ● ¿Quieres una aspirina?
● ¿Una aspirina? Es que prefiero no tomar nada.

2 largos – alegres – deprimida – frecuentes – fresco – mucha – sanas

3 1. la cabeza – 2. la cámara – 3. el vino

4 interior / exterior – pequeño / grande – excluido / incluido – económico / caro – feo / bonito – portero automático / portero físico – sin amueblar / amueblado
1. tranquilo – 2. completa – 3. luminosa – 4. céntrico

5 b) 2. Ponga la servilleta sobre las piernas, no en la camisa. – 3. Tome el gazpacho de la taza, sin cuchara. – 4. Ponga el hueso de las aceitunas en el plato, no en el cenicero. – 5. Coma el queso y el jamón con la mano, no con el tenedor.

6 se levantó – fue – cocina – abrió – cuarto – Entró – ducharse – Abre

7 2. blusa de seda – 3. zapatos de piel – 4. jersey de lana – 5. camiseta de algodón

Lección 9

1 a) 1. sueldo: cantidad de dinero que recibe un empleado cada mes
2. puesto de trabajo: empleo, función o lugar de una persona que trabaja
3. en el paro: sin empleo o puesto de trabajo
4. los parados: personas que no tienen un empleo o puesto de trabajo

1 b) 1. Lohn, Gehalt – 2. Arbeitsplatz, Stelle – 3. arbeitslos – 4. die Arbeitslosen

1 c) en paro – puesto de trabajo – los parados – sueldo

2 a) mucho tiempo libre – gano mucho – muy aburrido – muchos compañeros – muy estresante – me gusta mucho – mucha responsabilidad

2 b) *Lösungsvorschlag:* Yo soy profesora, trabajo en una escuela. Gano poco y tengo poco tiempo libre, además es bastante estresante, pero me gusta mucho y no es aburrido.

3 *Lösungsvorschlag:* estresante: cocinero, médico – creativa: escritor, periodista – peligrosa: policía, pescador – bien pagada: director, dentista – dura: agricultor, profesor – con poco paro: informático, mecánico

4 a) ● requisitos: 1. mañanas, experiencia, buen carácter – 2. jornada completa, cargar cajas, leer, escribir, cuentas – 3. hablar español, turnos de noche – 4. buen nivel de informática, inglés escrito.
● lo que ofrecen las empresas: 1. trabajo estable y seguro, Seguridad Social, – 2. buen sueldo – 3. contrato laboral, buen sueldo – 4. sueldo superior a 1000 €.

4 b) Arancha: 4. – Mohammed: 3. – Teresa: 1. – Emiliano: 2. – Sergio: ninguna oferta adecuada

5 saber – poder – saber de – conocer

6 *Lösungsvorschlag:* Lo que más me gusta de este libro es la página «En Vivo». Lo que menos me gusta es …
Lo que más me gusta de mi curso de español es escuchar y hablar.
Lo que más me gusta de mi trabajo son los compañeros.
…

7

	Lucía	Jorge
profesión anterior	profesora de geografía	administrativo
profesión actual	diseñadora de páginas web	jardinero
¿contento/-a?	sí	sí
¿Qué va a hacer con el dinero?	comprar un programa de diseño	un curso

8 empezó a – terminó – dejó de – cerró – estuvo – volver a

R 1b su padre / papá – a estudiar – situación política – terminar – prácticas – volver – le gusta mucho – la naturaleza – dirige – han recibido

R 2 *Lösungsvorschlag für weitere Aspekte:*
lugar bonito de trabajo, jefe simpático…

Lección 10

1 1. el primer vals – 2. costar mucho dinero – 3. cientos de invitados – 4. las posibilidades económicas – 5. un acontecimiento social – 6. un par de zapatos altos – 7. las invitaciones por escrito – 8. abrir la fiesta – 9. cumplir 15 años
Se trata de la fiesta de la quinceañera.

2

	empezar	ser	tener	cumplir
presente	empieza	es	tiene	cumple
indefinido	empezó	fue	tuvo	cumplió
futuro	empezará	será	tendrá	cumplirá

3 será – empezará – tendrá

4 a) 1 ¡Ay, lo siento, pero es que no puedo el sábado!
2 ¿Te gustaría venir a mi fiesta de cumpleaños?
3 ¡Pues sí, claro, me encantaría!

4 b) 2 – 3 – 1

5 a) *Lösungsvorschlag:*
Queridos amigos y familiares:
Ana cumple 40 años el próximo sábado y por eso quiero organizar una fiesta sorpresa en el bar Veracruz, el sábado a las ocho.
¿Os animáis?
Pasaremos una noche guay con tapas, vino, risas, baile y mucho más.
¡No podéis faltar! ¡Os espero!
Un abrazo
Carlos
PD Ana no sabe nada. Espero vuestra respuesta por teléfono, en mi trabajo.

5 b)

	¿quién / quiénes?	¿va(n) a la fiesta?	¿por qué no?
1.	José	Sí, pero va a llegar más tarde.	
2.	Julia	No.	Porque su hermana cumple años el mismo día.
3.	Diego y Marta	No.	Porque se van a Mallorca el viernes por la tarde.
4.	Lorena y Laura	Sí.	

6 2. Pues no sé si tendré tiempo. – 3. No sé si iré en coche o en tren. / No sé cómo iré. – 4. ◆ No sé si (la) llamaré. – No sé si trabajaré (este sábado).

7 1. no (Se abre en seguida.) – 2. no (El anfitrión suele presentar a los invitados.) – 3. sí – 4. no (No tiene que llevar nada, pero puede llevar algo, un vino p.ej. o el postre.).

8 *(A)* ¡Hola, pasa, pasa! – Gracias, ¿lo abro? – ¿No quieres un poco más? – Prueba el jamón.
(I) Toma, esto es para tí. – Un vinito, por favor. – No, gracias, no puedo más.

9 1. ◆ Toni, te presento a mi amiga Silvia.
Y éste es Toni, mi colega de trabajo.
Toni: Mucho gusto.
Silvia: Hola, encantada.

9 2. ◆ Señor Romano, le presento a la señora Brandt, mi vecina.
Señora Brandt, este es mi jefe, el señor Romano.
Sr. Romano: Encantado.
Sra. Brandt: Mucho gusto.

10 favor – balcón – motor – animador – conductor – buzón – amor – humor – jamón – calor – corazón – dolor

11 *Lösungsvorschlag:* 1. A mi colega de trabajo le regalo un perfume francés. – 2. A mi vecino le regalo una hora gratis en el gimnasio. – 3. A la abuela le regalo un gato de pelu-che. – 4. A mi jefe le regalo un vídeo de Mecano. – 5. A mi suegro le regalo un periódico de hace 20 años.

R 1 *Lösungsvorschlag:* invitar a una fiesta: Quiero dar una fiesta. ¿Quieres venir? – ¿Tienes ya planes para el próximo sábado? Es mi cumpleaños. – Oye, ¿qué vas a hacer el domingo? ¿Te gustaría venir a mi fiesta? – Estáis todos invitados. – Os espero…
cumpleaños: ¡Feliz cumpleaños! – el pastel / la tarta – las velas – la canción – el regalo – la barbacoa…
felicitar: ¡Feliz cumpleaños! – ¡Enhorabuena! – ¡Feliz Navidad! – ¡Feliz Año (Nuevo)!
dar una fiesta: preparar la comida – invitar a amigos – comprar comida / bebidas – escoger música…
regalos: un perfume – un CD – una corbata – flores – un vino – un libro – dinero…
quinceañera: la piñata – zapatos altos – el vestido largo – guantes…

Lección 11

1 Diego Armando Maradona

2 1970: a los diez años. – 1971: al año siguiente – 1977: seis años después – 1986: cuatro años después

3 a) 1. empezó – 2. se enamoró – 3. vivieron – 4. se casaron – 5. pudo – 6. tuvo – 7. conoció – 8. se separaron

3 b) Nació en Coyoacán en 1907. – Empezó a pintar en la cama. – Conoció a Diego en 1928. – Se enamoró de él. – Se casó con Diego en 1929. – Se separó del pintor en 1939. – Volvió a casarse con él en 1940.

4 a) poder – dejar – hacer – estar – ir / ser – nacer – tener – venir – decir

4 b) 1. poder, tener, decir, hacer, estar, venir (irregulares)
2. terminar, dejar (regulares en –ar)
3. nacer (regulares en –er, -ir)
4. ir / ser

5 tenía – solía – podía – sabía – había – estaba – llevaba

6 1. nació, estudió, se casó, se separó – 2. estás, va, veis, hay – 3. será, habrá, iré, se casarán – 4. era, llevaba, solía, tenía

7 a) Doña Amelia habla de su juventud. Tiene unos 80 años.

7 b) Sí: En aquella época la gente se visitaba más.

8 *Lösungsvorschlag:* Antes no había teléfonos móviles. – Antes se escribían cartas por correo. – Antes se iba en barco. – Antes teníamos el marco, la peseta… – Antes eran más lentos.

9 b) 1. ¿Qué pasó?
2. **Descripción de personas, cosas o lugares; lo que hacían regularmente las personas**
Penélope nacer (1) en una familia muy normal en el barrio sevillano de Triana. *Ser* (2) un barrio de trabajadores en el que también *vivir* (3) muchos gitanos. Su madre *ser* (4) peluquera y su padre conductor de camiones y no *tener* (5) mucho tiempo para su hija única. Así que Penélope siempre *jugar* (6) con otros niños en la calle, delante de la peluquería de su madre. Allí, en la calle, la pequeña *conocer* (7) la música y el baile de los gitanos, con los que *aprender* (8) a bailar y cantar flamenco. A los 16 años *conocer* (9) a Manuel y los dos *enamorarse* (10). Él *ser* (11) el hijo más joven de una conocida familia gitana y *tocar* (12) la guitarra en un grupo de flamenco. Ella *ser* (13) una joven fuerte y valiente. Las costumbres gitanas no permiten la boda con no gitanos, así que…

9 c) 1. nació – 2. era – 3. vivían – 4. era – 5. tenía – 6. jugaba – 7. conoció – 8. aprendió – 9. conoció – 10. se enamoraron – 11. era – 12. tocaba – 13. era

10 *Lösungsvorschlag:* dinero: Antes tenía menos dinero que ahora porque era estudiante.
aspecto físico: Antes estaba más gorda que ahora.
hobbies: Antes bailaba más que ahora.
trabajo: Antes trabajaba menos que ahora.

R 1   1. a, b, b – 2. b, b – 3. b, a – 4. b, a, b

Lección 12

2   1. amable – 2. soñadora – 3. serio – 4. caótico – 5. orgullosa – 6. juerguista – 7. hospitalaria

3   casi todo el mundo – poca gente – la mayoría de la gente – casi la mitad de la población – la mayoría de la gente –

4   Sven: Antes pensaba / creía que España era sol y playa...
Sonia y Juan: Antes pensaban / creían que el matrimonio no podía funcionar...
Elena: Antes pensaba / creía que los alemanes no sabían divertirse...
Lösungsvorschlag:
Usted: «La vida es larga» Yo antes pensaba / creía que la vida era larga, sin embargo ahora me parece corta, los días pasan muy rápidamente.

5   Presente de Indicativo: vive, es, trabaja, tiene, escucha
Presente de Subjuntivo: viva, sea, trabaje, tenga, escuche

6   2. Yo dudo que hoy tengamos tiempo para ir al cine. – 3. Yo no creo que sea demasiado caro. – 4. No creo que los españoles sean poco modernos. – 5. No es verdad que Juana nunca escuche bien. – 6. No pienso que todos los alemanes trabajen mucho.

7 a)   Viena 10 – Colonia 1 – Renania Palatinado 5 – Berna 9 – Renania del Norte Westfalia 3 – Maguncia 2 – Sarre 6 – Turingia 7 – Baviera 8 – Sajonia 4

7 b)   Kiel – Múnich – Leipzig – Dresde – Núremberg – Francfort – Bonn – Zúrich

R 1 a)   claro – diferentes – buena gente – abiertos – hospitalarios – juerguistas – turístico – trabajadores

Repaso 3

1   1. mucha – 2. muchas – mucho – 3. muy – 4. muy – mucho – 5. muchas – 6. mucho – muy

2   *Lösungsvorschlag:* 1. creativa – 2. peligroso – 3. dura – 4. aburrido, monótono – 5. mal pagada

3   1. novios – pastel – misa – boda – vals – iglesia – traje de novia – champán
2. pastel – piñata – cumpleaños – champán
3. pastel – quinceañera – vals – iglesia – cumpleaños – misa

4   1. FUISTEIS – 2. SALIO (salió) – 3. OLVIDARON – 4. NACI (nací) – 5. INFORMASTE – 6. EXPLICAMOS – 7. SALUDE (saludé) – 8. ENTENDIMOS

5   nací – contaban – era – había – jugábamos – conocí – dábamos – íbamos – cantábamos – bailábamos – íbamos

6   nublado/-a – irregular – caro/-a – largo/-a – estrecho/-a

7   1. Sí, creo que se puede vivir muy bien sin vacaciones. / No, no creo que se pueda vivir muy bien sin vacaciones. – 2. Sí, creo que la gente de mi país trabaja demasiado. / No, no creo que la gente de mi país trabaje demasiado. – 3. Sí, creo que la mayoría de la gente come demasiado. / No, no creo que la mayoría de la gente coma demasiado. – 4. Sí, creo que todos tenemos la casa llena de cosas que no necesitamos. / No, no creo que tengamos todos la casa llena de cosas que no necesitamos.

Abschlusstest

Parte 1   1 e) – 2 a) – 3 b)
Parte 2   1 b) – 2 c) – 3 c) – 4 a)

Transkription der Hörtexte

Sie finden hier die Hörtexte aus dem Lektionsteil, und anschließend die Hörtexte aus dem Übungsteil, die dort nicht abgedruckt und auch nicht in den Lösungen enthalten sind. Die Höraufgaben in *El Nuevo Curso 2* sind so gestellt, dass Sie sie lösen können, ohne die Texte gedruckt vor Augen zu haben. Die Transkriptionen helfen Ihnen „im Notfall", wenn Sie meinen, einmal zu wenig zu verstehen, oder wenn Sie den gehörten Text noch einmal nachlesen möchten.

Lektionsteil

Lección 1

A 4
- Celia, ¿vamos en coche?
- ¿Quieres decir en carro? No, no, a esta hora hay mucho tráfico, mejor tomamos el ómnibus.
- ¿El ómnibus? ¿Quieres decir el autobús?
- Síííí, ustedes los españoles dicen autobús; aquí en el Perú decimos el ómnibus, bueno, y sabías que en Puerto Rico y en Cuba se dice la guagua…
- En Argentina decimos el colectivo.
- ¡Síiii! ¡Cierto! ¡Qué gracioso! ¡El colectivo! ¡En Ecuador también se dice colectivo!
- Ay, bueno, bueno, vamos. Pero yo prefiero ir en coche.
- ¿En auto?
- No, en carro…

A 5
- ¡Hola!, pasa, pasa...
- ¡Hola!
- Yo soy Manuela García, y tú, ¿cómo te llamas?
- Yo me llamo Michael Berger, mucho gusto.
- Encantada, Michael... Siéntate. Dime... ¿quieres hacer la entrevista en español?
- Sí, claro...
- Muy bien. Dime, ¿de dónde eres?
- Soy alemán, de Düsseldorf.
- Ah, ¿sí? ¡Yo he estado en el carnaval de Düsseldorf!
- ¿En serio?
- Sí, sí, muy alegre... Bueno, ¿tu dirección aquí en Granada, por favor?
- Plaza de San Agustín, número 5.
- Bien, ¿y tu teléfono?
- Ehhh, ... un momento, es el 958 28 54 53.
- Vale. ¿Has estudiado español en otra institución?
- No, nunca. Hasta ahora he aprendido solo, en mis vacaciones en España, con mis amigos... pero ahora me gustaría hacer un curso, porque es más..., más...
- ¿Más sistemático?
- Sí, más sistemático.
- ¿Y desde cuándo hablas español?
- Desde hace tres años, más o menos.
- ¿Y has estudiado con algún libro?
- No, nunca. No sé mucho de gramática.
- Pero lo hablas muy bien, te felicito...
- ¿Tú crees? ¡Qué bien! ¡Gracias!
- De nada. ¿Has vivido alguna vez en un país hispano-hablante?
- No, nunca..., he estado muchas veces en España y una vez en Bolivia.
- ¡Aja, qué interesante! y... ¿sabes otras lenguas? A ver: ¿Qué lenguas has estudiado?
- Sí, hablo bastante bien inglés. También he estudiado francés, en la escuela, pero ¡uf!, ya he olvidado mucho.
- Claro, claro,... y... ¿para qué necesitas el español?
- Para hablar con mis amigos, para leer... y porque un día me gustaría vivir aquí, en el sur de España, me encanta...
- ¿Ah, sí? ¡Qué bien! Bueno, Michael, muchas gracias. Ahora quisiera hacerte unas preguntas... pero tranquilo, no pasa nada, no es un examen.

A 9
Buenas noches, estimados radiooyentes, a continuación les presentamos un reportaje en directo desde las Islas Canarias: No estamos en Cuba, no estamos en Colombia, estamos en España, en la Isla de Tenerife, en la localidad de Arona, donde se celebra por cuarta vez el festival de cultura latina «Son Latinos» y vamos a retransmitir en directo algunas actuaciones del programa de hoy y algunas entrevistas con personalidades de la cultura hispana. Tengo que decir que esto es increíble, hay casi doscientas mil personas, ¿se lo pueden imaginar? Doscientas mil personas que bailan y se divierten, aquí, en la maravillosa Playa de los Cristianos, un macroconcierto de 12 horas, repito, doce horas de la mejor música latina, a 25 grados de temperatura, en una noche clara de agosto, con el Océano Atlántico al fondo. Bueno, ya he dicho que el festival «Son Latinos» es una experiencia increíble. Dentro de unos minutos empieza la actuación del grupo cubano Los Fakires, la gente ya se va acercando…

Lección 2

A 3 b
- ¡Hola, María Elena! ¡Cuánto tiempo! ¿Qué tal, cómo estás?
- ¡Hola, Cecilia! Bien, bien, ¿y tú?
- Bien, bien... Oye, ¿qué tal si quedamos un día?
- Vale, de acuerdo, ¡buena idea! Entonces, ¿cuándo nos vemos? ¿Y qué podemos hacer?
- Pues mira, hay una exposición nueva de Dalí en el Museo de Arte Moderno. ¿Te gustaría ir conmigo el sábado por la tarde?
- Ay, pues claro que sí. Me encanta Dalí. ¿Cómo quedamos?
- Pues, no sé... ¿Qué tal a las cinco en la puerta del museo?
- Ay, no, lo siento, no puedo, es que no me va bien tan pronto. Mejor a las seis, ¿sí?
- Vale, perfecto. Bueno, entonces quedamos a las seis, en la puerta del museo…
- Vale, pues entonces hasta el sábado, adiós, adiós...
- ¡Adiós!

A 5 b
Diálogo 1:
- ¿Sí?
- ¿Luis?
- Sí, soy yo.
- ¡Hola! Soy Inés. ¿Qué tal, dónde estás?

Diálogo 2:
- Agencia de viajes «Vaivén», ¿dígame?
- Buenos días. ¿Está el Sr. Sánchez?
- En este momento no puede ponerse. ¿De parte de quién, por favor?
- De Mario Centeno.

Lektionsteil

Diálogo 3:
- ¿Hola?
- ¿Está María José?
- No, no está. Vuelve a las ocho.

Diálogo 4:
- ¿Diga?
- ¡Hola! ¿Está Mariana?
- Un momento, ahora se pone.

A 5 d
- ¿De parte de quién, por favor?
- No, no está. Vuelve a las ocho.
- Sí, soy yo.
- Un momento, ahora se pone.

A 6
Diálogo 1:
- ¿Dígame?
- ¿Está Pepe, por favor?
- Mira, es que ahora no puede ponerse. ¿De parte de quién?
- De Isabel.
- Ah, hola, Isabel, ¿qué tal?

Diálogo 2:
(señal de línea ocupada)

Diálogo 3:
- ¿Dígame?
- ¿Está Charo, por favor?
- ¿Charo...? No, no es aquí. Se ha equivocado.
- Perdone.
- No pasa nada. Adiós.
- Adiós.

Diálogo 4:
(suena el teléfono, no contesta)

Diálogo 5:
Este es el contestador de la Empresa Sinestrés. Nuestro horario de atención al público es de lunes a viernes, de 9:30 a las 19:30. Si quiere, puede dejar un mensaje después de la señal.

Diálogo 6:
- ¿Sí?
- Enrique, ¿eres tú?
- Sí, soy yo.
- Hola, Enrique, soy Joaquín...
- Hola, Joaquín, ¡qué sorpresa!
- ¿Dónde estás?
- Voy por la autopista en dirección a Asturias.
- ¿Y qué vas a hacer allí?
- Bueno, voy a visitar a unas amigas...

Diálogo 7:
- Erre Ene, buenos días.
- ¿El señor González, por favor?
- Ahora no puede ponerse. Está en una reunión.
- ¿Puede decirle, por favor, que ha llamado Luis Sierra y que...?

A 10 b
- ¿Dígame?
- ¡Hola, Marcela!
- ¡Hola, Julio! ¡Qué sorpresa! ¿Dónde has estado?
- ¿Yo? Aquí, trabajando, como siempre. ¿Y tú? ¿Qué haces?
- ¿Yo? Aquí, nada especial, estoy estudiando un poco, mañana tengo un examen.

- Ah, ya... Mira, te llamo porque el grupo de inglés quiere encontrarse el viernes en el Bar *Coco Loco* para pasar un rato juntos. ¿Te gustaría ir?
- ¡Ay! Pues, ¡qué genial! No tengo nada que hacer el viernes.
- ¡Qué bien! Pues, si quieres, yo te recojo a eso de las diez, más o menos. ¿Te va bien?
- No, no, a esa hora estoy cenando. Mejor a las once, ¿vale?
- Sí, claro, no hay problema. Entonces te recojo sobre las once. Adiós, hasta el viernes.
- ¡Hasta el viernes! ¡Adiós, adiós!

Lección 3

A 1 c
Diálogo 1:
- Pero, ¡qué bonita esta foto!
- ¿Te gusta? Aquí estamos en Port de la Selva, en la Costa Brava, en el verano del 2002. Huy, me acuerdo... ¡pero qué calor! y el viento, madre mía, ese viento... Pero fue un verano maravilloso, la verdad.
- Sí, sí, ya me lo imagino...

Diálogo 2:
- Mmmm, ¿y ésta? Esto es Mallorca, ¿no?
- Sí, sí, aquí estamos en Mallorca, en la primavera del 99. Mira, allí la primavera es algo maravilloso, ya desde febrero empieza a hacer calor, hace sol, y los almendros ya están floreciendo, es algo increíble.
- ¿Sí? Yo nunca he estado en Mallorca en primavera, aunque me encantaría ir...

Diálogo 3:
- A ver... Aquí estáis en Los Pirineos, ¿no?
- No, no, ¡qué va!, aquí estamos en el invierno de Chile, en la Cordillera de los Andes, en julio, bueno, ya sabes que allí el invierno empieza en junio, ¿no? Hay muchísima nieve, un sol maravilloso, y un frío de esos seco, seco. Lo pasamos fenomenal con los chicos, estuvimos esquiando todos los días. Bueno, ¡qué invierno, qué tiempo!!!
- Pues qué maravilla, qué fotos más bonitas, mujer...

A 3
- ¿Hola?
- Enrique, ¿cómo andás?
- Iván, ¡qué sorpresa, ché! ¿Por dónde andás?
- En Río Gallegos. ¿Qué tal el tiempo en Buenos Aires?
- Está haciendo un tiempo genial, mucho sol, 16 grados. Y por allá, ¿qué tal?
- ¿Aquí? ¡Un frío insoportable! Esto no hay quien lo aguante, cualquier cantidad de viento... Pero bueno, te llamo para hablarte del problema ese, ya sabés, ¿no? ...

A 5 b
En la región de Buenos Aires, tenemos temperaturas típicas de comienzo de verano. Para hoy, jueves: Inestable con posibilidad de lluvias. Riesgo de tormentas. Temperatura mínima de 16 grados y máxima de 23. Mañana, viernes 15 de diciembre, el cielo estará nublado, con un leve ascenso de temperatura y vientos leves del sector norte. Temperatura mínima de 20 grados y máxima de 30.
Para el sábado más calor, cielo despejado, vientos moderados del noreste, humedad en aumento y ambiente cálido. Temperatura mínima de 24 grados y máxima de 34.

Lektionsteil

Lección 4

6

Diálogo 1:
- Hola, Buenas tardes. Bienvenidos al programa «Gente original». Esta tarde tenemos con nosotros a Juan Antonio Alegre, que acaba de volver a Madrid después de un largo viaje, nada menos que ¡en bicicleta! Hola, Juan, buenas tardes...
- Buenas tardes...
- Juan, ¿cuánto tiempo estuviste de viaje por el mundo?
- Pues salí en mayo del 99 y volví en noviembre del 2001, o sea, dieciocho meses.
- ¿Y adónde fuiste exactamente?
- ¡Uf! Visité muchos países: el viaje comenzó en China y acabó en Portugal, pasé por Hong Kong, Paquistán, Irán, Turquía, Hungría, Eslovenia, Italia, España...
- Y todo eso en sólo dieciocho meses. ¡Guau! ¡Todo un récord! Y, cuéntanos, ¿fuiste solo?
- Sí, fui solo...

Diálogo 2:
- ¿Sí?
- Hola, Paco, soy Macarena...
- Ah, hola, Macarena, ¿qué tal? ¿qué tal ayer?
- Pues muy bien... Por la mañana estuve en casa y por la tarde no hice nada de nada. Me pasé toda la tarde en el sofá. Una delicia...
- ¡Qué suerte, chica! ¿Y hoy? ¿Quieres salir un rato? Podemos ir a un local nuevo que han abierto en la calle Libertad...

Diálogo 3:
- Buenas tardes, señoras y señores. A continuación el programa «Encuentros» de RPP, Radio Programas del Perú. Hoy tenemos en el estudio a un invitado especial, un joven español que pasó sus vacaciones de agosto en nuestro país, en el Altiplano, junto con varios compañeros de la organización Cooperación Internacional. Buenas tardes, Nacho, Nacho Mendaro...
- Hola, ¿qué tal? Buenas tardes...
- Nacho, ¿qué impresiones se llevó del Altiplano?
- Pues me impresionó mucho la alegría de vivir de la gente, a pesar de las duras condiciones de vida allí... ¡Ah! Y bueno...También me impresionaron las enormes distancias. El viaje en ómnibus hasta Huancavelica fue una verdadera odisea.

A 10 b
- ¡Rosita! Hola, ¿qué tal?, ¿cómo estás?
- ¡Pero Lucha, comadre! ¡Qué sorpresa! ¿Cómo te va? Hace mucho que no conversamos...
- Es cierto... Pues, ¿sabes? Imagínate que el otro día me pasó una cosa curiosísima...
- A ver, cuenta, ¿qué te pasó?
- Pues resulta que el lunes pasado fuimos a la Playa del Silencio. Primero nos bañamos en el mar, después fuimos a tomar una Inca Kola a uno de los restaurantes e imagínate que allí conocí ¡a Juan Berti!
- ¿Que conociste a Juan Berti, mi cantante favorito? ¡No puede ser! ¿De veras? Cuéntame...
- Pues sí, así fue: llegó al restaurante y me saludó. Yo me sorprendí, y mi esposo le preguntó: «¿Conoce usted a mi esposa?». Y entonces dijo: «no, pero me gustaría conocerla», ¿qué te parece?, y se rió mucho, y mi esposo también, ¡por suerte!, y todos nos reímos mucho. Al final se sentó con nosotros y conversamos todos un buen rato. Total, que fue un día divertido, lindo...
- Ay, ¡qué alegría!, a ver si me lo presentas, comadre...
- Sí, sí, claro... Pero bueno, cuéntame, y tú, ¿cómo estás?

Repaso 1

1
- Empresa Con Estrés, ¿dígame?
- Buenos días, ¿podría hablar con la Sra. Durán, por favor?
- Lo siento, no está, está reunida en este momento. ¿De parte de quién, por favor?
- Soy Gabriel Rodríguez, de la empresa Turbinas S.A. de Bilbao. ¿Sabe usted a qué hora vuelve?
- No sé exactamente, creo que a las 5 de la tarde. ¿Quiere dejar un mensaje?
- Sí, ¿puede tomar nota, por favor? Dígale que he llamado y que llamo más tarde, a eso de las 6 de la tarde.
- Muy bien, Sr. Rodríguez, queda anotado.
- Vale, perfecto, hasta luego, muchas gracias...
- A usted, hasta luego...

3
- Empresa Con Estrés, ¿dígame?
- Buenas tardes, con la Sra. Durán, por favor, soy Gabriel Rodríguez.
- Ah, sí, Sr. Rodríguez, un momento por favor, ahora le pongo...
- ¿Sí, dígame?
- Hola, María José, ¿qué tal? Soy Gabriel.
- ¡Hombre, Gabriel! ¡Qué sorpresa! Estoy bien, muy bien, ¿y tú?
- Pues yo bien, muy bien, gracias. Cuéntame, ¿qué tal el tiempo en Barcelona?
- Mira, está haciendo un sol maravilloso, y ¿allí en Bilbao?
- Ah, pues aquí, como siempre, está lloviendo... Pero bueno, así es... Oye, ¿has recibido mi email?
- Sí, sí, mira, acabo de leerlo. Tu idea me parece estupenda. Me encantaría ir a Bilbao, esa nueva turbina me parece muy interesante...
- Ah, pues genial, ¡fenomenal! Puedes traer a tu marido, si quieres.
- Pues claro que le gustaría ir, pero seguro que no puede, es que, sabes, también está trabajando. Pero muchas gracias por la invitación. Bien, entonces, nos vemos el miércoles. ¿A qué hora es la presentación?
- La presentación empieza a las 11 y después nos vamos a comer, ¿qué te parece?
- Ah, muy bien. Entonces, yo voy a hacer la reserva del billete y te escribo un email para informarte a qué hora llego, ¿de acuerdo?
- Perfecto, hasta luego, adiós, María José, saludos a la familia...
- A ti, a ti, gracias por la invitación, adiós, hasta el miércoles...

Lección 5

A 1 c
Esos ojos grandes, color caramelo,
ese pelo negro, suave y largo.
Esa nariz graciosa,
esa sonrisa en tu boca
esa piel morena de dulce sabor.
Tus piernas recorren
conmigo la vida.

Lektionsteil

Doy gracias al cielo día a día,
porque puedo disfrutar
de tu compañía,
de tu cuerpo lindo,
de tu caminar.

Tus brazos acunan
a nuestro bebé –
ea, ea, é.
Tus pies me acompañan
en el minué,
uno, dos y tres.

Tu bello pecho,
tu cintura estrecha
y esas caderas... ¡olé!

Día a día me gusta descubrir
el laberinto
que es tu cuerpo de mujer.

A 5
● Consulta del Dr. Matasanos, buenas tardes...
● Buenas tardes. Quería pedir cita... Es para mi mujer.
● El nombre de la paciente, por favor...
● Esperanza Ordóñez.
● ¡Ah! Sr. Ordóñez, hola, ¿qué tal? Pues mire, puede venir el viernes, a las cinco de la tarde.
● ¿El viernes? ¿A las cinco de la tarde? ¡Pero si hoy es lunes! Lo siento, señorita, pero es demasiado tarde. Mi mujer se encuentra muy muy mal, tiene una gripe terrible, está muy resfriada... ¿No la oye?
● Bueno, señor Ordóñez, bueno... Pues, a ver... Podría darle cita para mañana por la mañana. ¿De acuerdo?
● Bueno, eso está mejor. Mañana por la mañana, ¿y a qué hora?
● A las nueve.
● Bien, gracias, mañana a las nueve.
● Queda anotado. Adiós, hasta luego.

A 8
Siéntate cómodamente... relájate... pon los brazos sobre las piernas... cierra los ojos... y respira profundamente una vez... otra... y otra. Ahora imagina que estás en el campo... hay muchos árboles... todo es verde, verde... y el cielo está azul... muy azul... Estás paseando por el campo, es verano, hace calor, hay flores de muchos colores... flores azules, blancas, rojas, amarillas... ¡son muy bonitas! ¡Escucha! Ahora oyes un sonido a lo lejos... ¡escucha! ... es el agua de un río. El agua es cristalina... y te metes en el río... Ahora estás en el agua... ¡qué buena está el agua!... ¡Qué fresca!... ¡Escucha!... ¡Oyes otro sonido!... ¡Escucha con atención!... es el sonido de tu respiración lenta... muy lenta... Ahora respira profundamente otra vez... ¡ya! ... otra vez... y otra... y ahora, lentamente, mueve tus pies, tus piernas, tus manos, tus brazos... lentamente... abre los ojos y mira a los demás.

A 11
Diálogo 1:
● Buenos días.
● Buenos días, ¿tiene algo para el dolor de espalda? Es que me duele mucho aquí, ay, ay, ay...
● Ah, pues puede tomar estos analgésicos cada cuatro horas y tomar un baño caliente...
● Cada cuatro horas, muy bien, muchas gracias...

Diálogo 2:
● Sí, sí, ya voy... Buenas noches, a ver... ¿qué desea?
● Hola, buenas. ¿Tiene algo para..., para la tos, por favor?
● Pues sí, claro. ¡Pobre, vaya tos que tiene! Claro, con este tiempo... ¿Tiene usted fiebre?
● No, no tengo.
● Bueno, pues, mire, tómese este jarabe. Se lo aconsejo. ¡Es buenísimo! Tómese una cucharada tres veces al día. Y también puede probar estos caramelos de miel.
● Vale, pues me lo llevo todo.
● Muy bien. Son... trece euros en total.
● Vale, aquí tiene.
● Adiós, ¡que se mejore!
● Gracias, gracias.

Diálogo 3:
● Buenas noches.
● Buenas... Mire, mi novio ha comido algo muy pesado y ahora tiene un fuerte dolor de estómago.
● Pobrecillo. Mire, le voy a dar una infusión de manzanilla contra el dolor. Tiene que tomar una taza antes de las comidas. Si sigue con el dolor, tiene que ir al médico.
● Ah, muy bien, muchas gracias, vale. ¿Cuánto es?
● Pues son dos euros.
● Aquí tiene, ale, adiós...

A 12 a
Tres cosas hay en la vida:
salud, dinero y amor.
El que tenga estas tres cosas,
que le dé gracias a Dios.

El que tenga un amor,
que lo cuide, que lo cuide.
La salud y la platita,
que no las tire, que no las tire...

Lección 6

A 2 b
● ¿Me trae la cuenta, por favor?
● En seguida.
◆ ¿Qué haces? ¿Vas a pagar tú? No, no. Hoy pago yo, ¿de acuerdo?
● Nooo, venga, déjame pagar a mí, ¿vale?
◆ Que no, hombre, de ninguna manera. ¡La cuenta para mí, por favor!
● ¡Ni hablar! Yo he pedido la cuenta. Por favor, deme a mí la cuenta. Tú pagas la próxima vez, ¿vale?
◆ ¡Cómo eres!, ¿eh?
● ¿Se puede pagar con tarjeta?
● Por supuesto.
● Aquí tiene.
● Muchas gracias. Enseguida vuelvo.

A 4 b
Diálogo 1:
● ¿Puedo abrir la puerta? Es que el ambiente está muy cargado.
● Sí, sí, claro, ábrala, ábrala.

Diálogo 2:
● ¿Puedo fumar?
● Ay, lo siento, pero es que tengo dolor de cabeza.

Diálogo 3:
● ¿Puedo pasar?
● Sí, sí, claro, pase, pase.

Lektionsteil

A 6

Diálogo 1:
- Toma, esto es para ti, es un regalo.
- ¿Para mí? ¡Gracias! ¿Puedo abrirlo?
- Claro, cómo no, ábrelo, ábrelo.

Diálogo 2:
- Perdone, ¿puedo probarme estos zapatos?
- ¡Sí! ¡Por supuesto! Mire, puede sentarse aquí.

Diálogo 3:
- Oye, Sole, ¿puedo mandar un fax?
- ¿Es muy urgente? Es que el fax es de Pedro y yo no sé muy bien cómo funciona, ¿sabes? y tengo un poco de miedo. ¿Puedes esperar un poco y le preguntas después a él?
- Ah, vale, vale, claro.

Diálogo 4:
- Perdone, ¿puedo aparcar un momento delante de su garaje?
- Bueno, si sólo es un momento...

A 7
- ¿Dígame?
- ¿Eduardo, eres tú? Soy Olga.
- Olga, ¡qué sorpresa! ¿Qué tal? ¿Cómo estás? ¿Todavía estás trabajando en Berlín?
- De momento sí, pero pronto tengo que ir a Honduras, es que tengo otro proyecto... Mira, por eso te llamo...
- A ver, dime, dime...
- Bueno, resulta que el vuelo que he reservado hace escala en Madrid y sale al día siguiente. Y bueno, he pensado que... ¿Podría quedarme una noche en tu casa? Es que ya sabes, los hoteles son tan aburridos, y me gustaría muchísimo verte...
- ¡Ah, pues claro que sí, con mucho gusto! ¡Ya sabes que mi casa es tu casa! ¿Qué día llegas?
- Ay, muchas gracias, Eduardo, ¡cómo me alegro! Llego el próximo sábado, el día 15. Pero sabes, ¿podría pedirte otro gran favor? Es que llevo muchas maletas, y ya sabes que a veces no hay taxis. ¿Me podrías recoger en el aeropuerto? Pero sólo si puedes, si tienes tiempo...
- Pero claro que sí, mujer, ¡cómo no! ¡No hay problema! Yo te recojo en el aeropuerto. ¿A qué hora llegas?
- Gracias, Eduardo, eres un encanto. Llego a las tres y media de la tarde, con Iberia.
- Bueno, muy bien, entonces hasta el sábado, a las tres y media...
- Adiós, adiós, un beso y muchas gracias...

A 9

Diálogo 1:
- Oye, Nacho, ¿podrías traer el pan hoy por la tarde, por favor?
- Vale.

Diálogo 2:
- ¡Uff! ¡Cómo llueve! ¿Puedo coger tu paraguas?
- Sí, sí, claro, cógelo.

Diálogo 3:
- ¡Qué ruido! ¿Puedo cerrar la ventana?
- Perdona, pero es que yo tengo bastante calor.
- Ah, bueno, pues nada.

Diálogo 4:
- ¿Sabes qué? Hoy juega el Madrid contra el Bayer-Leverkusen. ¿Puedo poner la tele?
- Sí, hombre, ponla, ponla.

Diálogo 5:
- Mamá, ¿me podrías ir a recoger a la estación? Es que llego por la noche...
- Vale, tranquila. ¿A qué hora llega el tren?

Lección 7

A 3
- ¡Hola, Macarena!, ¿qué tal?
- Hola, Fabiola. ¿Cómo estás?
- Bien, bien... Pasa, pasa...
- ¡Qué bonita es vuestra casa! ¡Ah, la sala! ¡Qué agradable y luminosa! ...
- Sí, pero es un poco pequeña..., ¿no crees?
- No, ¡Qué va! Es preciosa... ¡Y con esta terraza!
- Sí, ¿verdad? Mira, ven... Te voy a enseñar las habitaciones...
- A ver, enséñame.
- Mira, éste es nuestro dormitorio.
- Mmm..., en azul. Me gusta el color. ¡Es muy bonito!
- ¿Tú crees? ¿No te parece demasiado fuerte?
- No, no... Me encanta.
- Y éste es el dormitorio de Julia. Le gusta mucho el rosa... Disculpa por el desorden, ya sabes... los jóvenes...
- No te preocupes... ¡Y ya tiene su propio ordenador, con once años!
- Sí, le encanta...
- Y éste es el cuarto de Nacho, en verde...
- Parece que a Nacho le gusta mucho leer. ¡Cuántos libros! Y el color verde es muy original...
- ¿Te gusta? ... Bueno, oye, ¿quieres tomar algo? ¿Una cervecita, o un vino...?
- Bueno, tal vez una cerveza...
- Entonces vamos a la cocina. Aquí, a la izquierda...
- ¡Ah! ¡Qué cocina tan moderna! Oye mujer, ¡tienes una casa maravillosa!
- ¿Sí?
- Pues claro, podéis estar muy contentos.
- Pues sí, la verdad, estamos bastante contentos. El único problema es que necesitamos dos coches, ya sabes, a 20 kilómetros de Madrid...
- Sí, sí, claro, eso sí.

A 7
- ¿Sí, dígame?
- Buenos días... Mire, llamo por el anuncio del periódico. Ustedes alquilan un piso, ¿verdad?
- Sí...
- Muy bien. Pues, estoy muy interesado y quería pedirle un poco más de información.
- A ver, dígame...
- ¿Qué piso es? En el anuncio no lo dice...
- Es un tercer piso.
- Un tercero... ¿Y cuántos dormitorios tiene?
- Esto es un estudio, el dormitorio está integrado...
- Ah, sí, sí, claro... claro... ¿Y es exterior?
- Sí, da a la calle, y el baño y la cocina al patio interior...
- Ah, ya... Y... ¿en qué calle está el piso exactamente?
- Está en la calle Libertad, número 15, cerca de...
- ¡Ah, sí! Conozco la calle Libertad... La zona es un poco ruidosa, ¿no?
- Bueno, está en pleno centro, a 5 minutos de la Gran Vía, pero la calle en sí no es muy ruidosa, no, no...
- Ya... Y una última pregunta: el piso está amueblado, ¿verdad? Así lo dice el anuncio...
- Sí, está totalmente amueblado.

- Muy bien... Bueno, pues me gustaría verlo, ¿es posible?
- Sí, claro. Si quiere, puede venir hoy mismo, esta tarde...
- Muy bien, ¿a qué hora?
- ¿Qué tal a las cuatro?
- De acuerdo, a las cuatro en la calle Libertad, número 15, tercero...
- Tercero, izquierda. ¿Y su nombre, por favor?
- Soy Luis del Valle. Y usted, ¿cómo se llama?
- Ricardo Rey.
- Muy bien, Sr. Rey, pues hasta esta tarde.
- Adiós, hasta luego.

Lección 8

A 7 a

- ¡Qué ritmo!, es fantástico. Me encanta bailar samba... Brasil, laralalalalá...
- Sí, es fabuloso, ché...
- ¡Uf!, ¡qué calor! Me quito la chompa...
- ¿La chompa? ¿Qué es eso, Cristina?
- En el Perú así le decimos al jersey, «jersey» como dicen ustedes en España.
- Ah, pues Cristina, me encanta vuestra palabra... ¡Qué original! «chompa, chompa, chompa pa ti, ¡eh!»
- Y sabés cómo se dice en Argentina? ... Pu-ló-ver, del inglés... Y en Chile... ¿Cómo creés que se dice?
- Pues, ni idea.
- «Chaleco», en Chile se dice «chaleco», ¡qué cosa!, ¿no?
- Sí, y en Venezuela creo que dicen «suéter», ¿no?
- Sí, creo que sí, «suéter».
- Chompa, jersey, pulóver, suéter... ¡Qué gracioso! Pero nos entendemos. Bueno, vamos a bailar... «chompa, chompa, chompa pa ti...»

A 10
1

Semana fantástica de «Bueno, bonito y barato»: Las mejores rebajas en Moda Caballero; abrigos de lana a sólo 45 euros, pantalones a sólo 30 euros... Los mejores precios y la mejor calidad en Sección Caballeros, tercera planta.

2

¡Atención, deportistas! En nuestra cuarta planta, zapatillas de deporte de las mejores marcas, a precios sin igual. ¿A qué espera? ¡Suba a nuestra cuarta planta, Sección Deporte! Esta semana, rebajas en «Bueno, bonito y barato»...

3

Las mejores rebajas en Moda Señora: Diseño de calidad al mejor precio. Vestidos, faldas, trajes de chaqueta... Todo en nuestra primera planta, Moda Señora. ¡Precios de ocasión en la Semana Fantástica, del 14 al 21!

4

¡Ojo! ¡Atención! Vestidos niñas a sólo 20 euros, abrigos niños a sólo 30 euros... Para los más pequeños, segunda planta, Moda Niños... Disfrute de nuestra Semana Fantástica.

Lección 9

A 2 a

Queridos oyentes, buenos días y bienvenidos a nuestro programa, como todos los lunes...
Hoy vamos a hablar, ¡cómo no! del trabajo, ese aspecto tan importante en nuestras vidas, que puede significar tantas cosas diferentes para todos y cada uno de nosotros. Para algunos, es sobre todo la forma de ganarse el pan de cada día, de salir del paro, es un deber y una necesidad... Para otros significa realizar los ideales personales, es la manera de sentirse útil, independiente, libre, de tener contactos... Algunos sueñan con ganar mucho dinero para disfrutar de la vida, del placer de consumir, para otros trabajar significa hacer carrera, tener prestigio social... Vivimos en un mundo lleno de contradicciones: si bien una gran parte de la población está sin trabajo, en el paro, hay mucha gente que trabaja demasiado y vive en estrés permanente... Y es que hay quien trabaja para vivir y hay quien vive para trabajar... El valor del trabajo, su papel en nuestras vidas, en nuestra sociedad: Éste es el tema de la emisión de hoy...

A 3

- A continuación les presentamos la primera entrevista de hoy en nuestro programa *El valor del trabajo*. Buenos días, María Eugenia, y muchas gracias por recibirnos.
- De nada, encantada...
- María Eugenia, ¿puedes contarnos qué haces en tu trabajo exactamente?
- Sí, claro... Trabajo en el departamento de márketing de una fábrica de productos lácteos. Soy responsable de la publicidad de nuestros productos, de encontrar clientes, de comparar precios del mercado...
- ¿Y cuántas horas trabajas al día?
- ¡Uf! ¡Muchas! Mi horario oficial es de nueve a seis, con una pausa de una hora al mediodía. Pero en general trabajo hasta las 8 de la noche...
- Así que trabajas mucho...
- Sí, ... muchísimo. A veces me siento muy estresada cuando mis hijas están enfermas o de vacaciones. Pero por suerte mi jefe me comprende, a veces puedo irme más pronto a casa...
- O sea que siempre estás muy ocupada...
- Sí, la verdad es que siempre estoy muy ocupada. No tengo tiempo para mí misma, ni para leer ni para hacer deporte, no paro ni un momento...
- ¿Y por qué trabajas?
- ¿Que por qué trabajo? Pues por muchas razones: para vivir, para pagar el crédito de nuestra casa. Me gusta la responsabilidad, el contacto con mis compañeros. Y además, ¡el márketing es fascinante!
- Ajá... Y... ¿Nos permites una última pregunta?: ¿Cuánto ganas? o mejor dicho, ¿cuánto se gana en un puesto como el tuyo?
- ¡Vaya pregunta, caballero! Para todo lo que hago, no gano mucho, unos 35.000 euros al año. Lo malo es que en general los hombres ganan más por el mismo trabajo, lo que es bastante injusto, creo yo...
- Sí, por supuesto, así es... Bueno, pues, muchas gracias María Eugenia, por responder a mis preguntas... Volvemos a nuestro estudio... Tenemos otro invitado...

A 6 a

- Hola, Paula, ¿cómo estás?
- Hola... ¿Te tomas una caña conmigo, un vinito...?
- Sí, una caña, gracias... Oye, ¿qué tal?, ¿ya has encontrado trabajo?
- Pues todavía no, la situación está un poco difícil, ya sabes. Aquí tengo el periódico... Mira, este anuncio me parece interesante... Buscan a alguien con estudios medios o superiores...
- Y tú has estudiado dos años de psicología, en la universidad, o sea, que no hay problema.
- También piden conocimientos informáticos a nivel usuario.
- Bien... Tú sabes bastante de ordenadores...

Lektionsteil

- Ya, pero aquí pone que es conveniente tener experiencia en márketing... ¡Y yo no tengo ninguna experiencia!
- Ya, pero parece que no es obligatorio. Sólo dicen «que es conveniente»... ¡Ah, piden inglés! Tú sabes bastante inglés, ¿no?, lo hablas bien...
- Sí, sé bastante inglés, vamos, me defiendo...
- Pues, chica, ¡ni lo dudes!... Las condiciones no están mal: te ofrecen contrato laboral, formaciones...
- Lo que pasa es que es en Madrid...
- Bueno... ¿y por qué no? Es interesante... Un cambio de vida... Además, de Segovia a Madrid, en tren, es sólo una hora o así...
- Mmm... Pues, ¿sabes? Voy a escribir ahora mismo..., a ver qué pasa...
- Eso es, Paula. ¡Genial! Y si vas a Madrid, te visito todos los fines de semana...

Lección 10

A 3 a
- ¿Sí?
- Hola, Iñaki... Soy Charo...
- ¡Charo!... ¿Qué tal, chica? ¿Cómo estás?
- Muy bien, gracias... Aquí, como siempre, trabajando... Oye, Iñaki, ¿tienes un momentito?
- Sí, no te preocupes, el jefe no está...
- Pues mira, quería preguntarte una cosa... ¿Qué vas a hacer el sábado por la tarde? ¿Tienes ya algún plan?
- El sábado... Pues, ... no sé... ¿Por qué?
- Pues, es que es mi cumpleaños...
- ¿Tu cumpleaños? Ay, ¡felicidades!
- ¡Gracias! Sí, y quiero hacer una barbacoa en nuestra casa de campo. ¿Te gustaría venir?
- ¡Pues sí! Encantado, me gustaría mucho... ¿A qué hora?
- A eso de las ocho.
- ¿A las ocho?... Ah, pues, perfecto.
- O sea que vienes, ¡ah, cómo me alegro! ¡Qué bien!
- Genial, pues entonces hasta el sábado ¿eh? ¡Y gracias por la invitación!
- De nada, a ti, a ti, hasta luego, adiós y un beso.

A 3 c
- ¿Dígame?
- Hola, Sandra...
- ¡Charo!... ¿Qué tal, chica? ¿Cómo estás?
- Pues muy bien, gracias, aquí, en el trabajo... Oye, una pregunta, ¿tienes algún plan para el sábado por la tarde?
- Pues no, nada especial... Ya sabes, los niños, la cena y esas cosas... ¿por qué?
- A ver, piensa... ¿Qué día es el sábado?
- Mmm... Ah, 11 de mayo... ¡Tu cumpleaños! ¡Claro!
- Sí, pues mira, te llamo porque voy a hacer una barbacoa en casa, a eso de las ocho. ¿Te gustaría venir?
- Eehh, pues me encantaría, pero no puedo, lo siento,... Es que Julio está de viaje de negocios y estoy sola con los niños...
- ¡Oh! ¡Qué pena!
- Sí... Lo siento de verdad...
- Bueno, no te preocupes... A ver si nos vemos otro día, ¿vale?
- Vale... ¡Que lo paséis muy bien... y muchas felicidades!
- Gracias, Sandra, hasta pronto. Un beso a los niños...
- Hasta luego, Charo.

A 9
Diálogo 1:
- ¡Vivan los novios!
- ¡Vivan!
- Enhorabuena, Julia, felicidades, Ramón...
- Gracias, gracias.

Diálogo 2:
«Cumpleaños feliz, cumpleaños feliz, te deseamos todos, cumpleaños feliz... Bieeeen...»
- Feliz cumpleaños, Antonio...
- Gracias, Rocío.
- ¡Felicidades, Antonio!
- Gracias, Alberto ... ¡Madre mía! 50 años, ¡medio siglo! ¡Qué barbaridad!

Diálogo 3:
- ¡Hola, Raquel!
- ¡Hola, Rafa! ¿Qué tal?
- Pues muy bien... Acabo de tener una entrevista de trabajo y... ¡Me han dado el puesto! ¡No puedo creerlo!
- ¿De verdad? ¡Enhorabuena! ¡Qué bien, Rafa! ¡Me alegro muchísimo!
- Gracias... ¡Buf! No ha sido nada fácil, ¡estaba nerviosísimo!
- Claro... Felicidades, de verdad ... ¿Pues vamos a celebrarlo al restaurante?...

Diálogo 4:
- ¡Feliz Año, hijo!
- ¡Feliz Año 2003, papá!
- ¡Mamá, Feliz Año Nuevo!
- Gracias, igualmente, hija...

Diálogo 5:
- ¡Feliz Navidad, Gabriel!
- Gracias, igualmente, Teresa, ¡que lo pases bien con tu familia!

A12
- Queridos radiooyentes, mañana es 19 de marzo, Día de San José y el Día del Padre. En nuestro programa queremos saber qué les regalan ustedes a sus padres y maridos, así que hemos organizado un concurso: «El regalo más original para el padre». Los radioyentes pueden votar por teléfono al regalo más original y la persona premiada recibirá un premio: un viaje de una semana para dos personas a la Isla de Tenerife. ¡Ánimo y a participar! Ya tenemos una llamada. ¿Hola? ¿Con quién hablo?
- Hola. Soy Adela, de Segovia.
- Hola, Adela. Mañana es 19 de marzo, Día del Padre. ¿Le ha comprado algo a su marido?
- Pues sí, a mi marido y a mi padre.
- ¡Ah! ¡Estupendo! ¿Y nos puede decir qué les ha comprado?
- Pues... Bueno. A mi marido le he comprado una corbata...
- ¡Ajá! ¡El regalo clásico!
- Sí, sí. No es muy original. Es que le gustan mucho las corbatas, siempre lleva corbata en el trabajo, ¿sabe? Trabaja en un banco.
- ¿Y para su padre?
- Pues mire, a mi padre le he comprado un gato porque está solo y le gustan los animales...
- ¿Un gato, un gato de verdad, uno que dice *miau*?
- Sí, aquí está, escuche.
- ¡Qué bonito! Muchas gracias, Adela.
- Adiós.

- A ver , sí, hay otra llamada. ¡Hola!
- Hola. Soy Emilio.
- Hola, Emilio. ¿Cuántos años tienes?
- Diez.

Lektionsteil

- Emilio, mañana es el Día del padre. ¿Le has comprado algo a tu papá?
▲ Ehhh...Sí. Yo le he comprado un CD.
- ¿De quién?
▲ De los Beatles. Es que le gustan mucho.
- ¡Muy bien! ¿Y le vas a regalar algo más?
▲ Bueno, sí, un dibujo.
- ¡Mmm! ¡Arte! ¿Y qué has dibujado?
▲ Un retrato.
- ¿Un retrato de tu padre?
▲ Sí.
- ¡Qué genial! Me parece una idea maravillosa. Bueno, muchas gracias. Pasamos a la siguiente llamada.
▲ ¡Adiós!
◆ Hola, soy Julián Salesio, de Zamora.
- Hola, Julián. ¿Le vas a regalar algo a tu padre?
◆ Pues sí. Este año le voy a regalar un libro.
- ¿Un libro? ¿Uno especial, o...?
◆ Sí, sí, es muy especial, lo he escrito yo, es un pequeño libro de poesía, recuerdos de la infancia.
- ¡Julián, esto es maravilloso! Pues muchas gracias.
◆ Gracias a ti.

- Y ahora, queridos radiooyentes ya pueden empezar a llamar para votar al regalo más original. El teléfono es 91 21 15 10, repito 91 21 15 10 y la llamada es gratuita, naturalmente. Les recuerdo los regalos: una corbata, un gato, un CD de los Beatles, un retrato del padre, un libro de poesía escrito por el propio hijo... ¡No va a ser fácil a elegir! El premio para el regalo más original es un viaje para dos personas a Tenerife.

Lección 11

A 8 b

- Gabriel, ¿tú sabes qué están haciendo ahí, detrás del Centro Comercial?
- Pues, creo que un aparcamiento...
- ¿Otro?
- Sí, sí , eso creo.
- Es increíble cómo ha cambiado esta ciudad. Cada día que salgo a pasear descubro algo nuevo.
- Sí, ¿te acuerdas de esta avenida? Antes, había muchos árboles, unos bancos... Era una calle muy tranquila. ¿Te acuerdas del pequeño parque que había allí, donde están ahora la videoteca y la boca de metro?
- Sí, me acuerdo, había un parque con muchas rosas, y con naranjos... y no había casas. ...
- Bueno, sí, había dos o tres casitas pequeñas y una pequeña pensión, aquí, detrás de nosotros, donde están ahora estos edificios grandes, el banco y el hotel.
- Ah, sí, es verdad.
- Aquí veníamos a pasear, paras ver a las chicas.
- Sí, aquí conocí a mi Adela.
- No me digas.
- Sí, hombre.
- Yo recuerdo que había una fuente.
- ¿Sí? ¿Y dónde estaba?
- Ahí, en mitad de la avenida.

- Ah, sí, ahora me acuerdo...
- Antes había menos coches.
- Y no había teléfonos móviles... Perdona. – ¿Sí? ¡Hola!, Adela. Sí, estoy aquí con Gabriel, en la Avenida de los Álamos. ¿Qué? ¿Que ya no se llama así? Ah, pues ¿cómo se llama ahora? ... Ah, Avenida de América. ... Sí, dentro de veinte minutos estoy en casa, voy en metro. ... Sí, bueno, adiós. Chao. – Bueno, Gabriel, que ya es la hora de comer. ¿Nos vemos mañana?
- Sí, de acuerdo. Hasta mañana, entonces.
- Adiós , y recuerdos a tu señora...
- Gracias, igualmente. Adiós.

Lección 12

A 4

- Decime, Rosa María, ¿desde cuándo estás aquí?
- Pues desde hace un año, un poquito más de un año.
- Y ¿qué tal? ¿Te gusta o extrañás a tu país?
- Bueno, claro que extraño a mi país, a mi familia y a los amigos, pero me gusta mucho vivir aquí, la verdad. Aunque, cuando me dieron la beca para venir a estudiar aquí pensé: ¡Ay, ay, ay! ¿Me voy a acostumbrar a ese país tan raro? Antes tenía muchos prejuicios, ¿sabes?
- Ah, ¿sí? ¿Y qué pensabas?
- Pues que aquí toda la gente era alta, de ojos azules, que todos eran fríos y distantes...
- Ay, sí, y en Argentina todo el mundo piensa que todos son rubios, yo también pensaba eso...
- Sí, sí, también en el Perú la gente piensa eso. Pero la verdad es que muchos son morenos y hay gente de muchas nacionalidades...
- Y algunos son bajitos... Bueno y también creía que aquí sólo se comía carne de cerdo, chucrut y papas.
- Sí, imagínate, y sin embargo la mayoría come Döner Kebab, comida china, ensaladas, pasta...
- Ay, bueno, también comen muchos fiambres y salchichas...
- Sí, claro, pero no sólo eso, aquí hay muchísimos vegetarianos.
- Es cierto.
- Y ¿sabes lo que pensaba sobre la música? Me imaginaba que todos escuchaban a Beethoven todo el tiempo.
- ¡Y a Mozart!
- Ah, sí, claro, por supuesto. Bueno, y sí es cierto que los escuchan mucho, pero también se escucha música de todo el mundo, a mucha gente joven le encanta la música latinoamericana, la salsa, el tango...
- Ay, sí, sí, está muy de moda. ¿Sabés qué pensaba yo sobre las mujeres del Norte de Europa?
- ¿Qué?
- Pensaba que no se pintaban, que no les interesaba la ropa, que nunca se ponían zapatos elegantes...
- Yo creo que se pintan menos que las latinas en general...
- Sí, en general sí, pero yo conozco a muchas, sobre todo las jóvenes, que se pintan, se perfuman, se compran ropa, tanto como las latinas...
- Claro, aquí hay de todo.
- Ay sí, eso es cierto. Aquí hay de todo, eso sí que es típico.

Übungsteil

Lección 1

E 1

Esta semana se celebra en Santiago de Chile el Primer Congreso de las Lenguas del Mundo en el que los especialistas van a tratar el desarrollo de las grandes y de las pequeñas lenguas del planeta. Según las actas del Congreso, el chino, con más de 1.000 millones de hablantes, es la primera lengua del mundo. Le sigue el inglés, con 450, el español en tercer lugar, con 400 millones, el hindi en cuarto, con 395. El quinto idioma es el árabe, con 215 millones de hablantes.

E 3

1

Yo me llamo Víctor López. Soy médico. Y bueno, vengo de Medellín, de Colombia, y estoy aquí de vacaciones. La playa me gusta mucho, ¿y el ambiente de Cancún? Vea: ¡chévere!

2

Me llamo Alba Rodríguez Cuesta, soy de Logroño y soy cocinera. Trabajo en un restaurante que está aquí, cerca de la playa.

3

Me llamo César Prado Cabeza y soy electricista, pero ya estoy jubilado, tengo 65 años... y estoy aquí, con mi mujer, de vacaciones. Cancún me parece muy, muy bonito.

4

Me llamo Celia Izquierdo, soy ama de casa, tengo cincuenta y cinco años y tres hijos, vivo en Rosario y, qué más, bueno, estamos de vacaciones aquí, en Cancún.

Lección 2

E 3

Diálogo 1:
- Hola, Isabel, ¿qué tal? Oye, ¿vamos a tomar algo?
- Ay no, lo siento, Rafa, pero no puedo. Es que tengo clase de yoga, ¿sabes?
- Ah, bueno, pues nada. Te llamo mañana, ¿vale?
- Vale, muy bien. ¡Hasta luego!
- ¡Hasta luego!

Diálogo 2:
- Oye, Marisa, ¿has visto ya la nueva película de Almodóvar?
- No, todavía no. ¿Vamos juntas?
- Sí, muy bien. La ponen en el Verdi, a las ocho y cuarto o a las diez y media. ¿Qué prefieres? ¿Cómo quedamos?
- Pues... ¿vamos el sábado, a las ocho y cuarto?
- Sí, vale. Nos podemos encontrar a las siete y media en el Bar Rivas, enfrente del cine.
- De acuerdo. Entonces hasta el sábado. Chao, un beso.
- Chao, chao.

E 8 b

A

(teléfono: señal de línea ocupada)

B
- ¿Aló?
- Hola, ¿está Chavela?
- ¿Chavela? No, acá no vive ninguna Chavela. Creo que se ha equivocado de número.
- Ay, disculpe.
- No se preocupe. ¡Adiós!

C
- ¿Diga?
- Buenos días, ¿está Benito?

- Sí, pero está durmiendo la siesta. ¿Puedes llamar más tarde?
- Sí, claro. ¡Hasta luego!
- ¡Adiós!

D

(Suena el teléfono. No contesta.)

E 11
- ¿Dígame?
- Hola Roberto.
- Hola, mamá.
- Oye, ¿me pones con Julio?
- Es que está en el mercado, haciendo la compra.
- Entonces, ponme con Mónica.
- Está en su habitación, durmiendo la siesta.
- ¡Vaya! Y los pequeños, ¿qué están haciendo?
- Pues, Pepín está en la cocina, jugando.
- ¿Y Graciela?
- ¿Graciela? Está aquí, viendo la tele.
- Ya, como siempre... Bueno, Roberto, vuelvo a eso de las ocho, ¿vale?
- Vale, chao, mamá.
- Adiós.

Lección 3

E 3

El tiempo para el fin de semana:
Mañana por la tarde puede entrar por el norte de España un frente de bajas presiones. Hay que contar con cielos nublados, lluvia y viento con temperaturas de 8 a 10 grados, muy bajas para la estación.
Para el domingo, sol y nubes. De nuevo suben las temperaturas, de los 14 hasta los 16 grados en el sur. El lunes se espera tiempo soleado con temperaturas agradables de 18 a 24 grados en toda la Península. Y posiblemente vamos a continuar con buen tiempo para el resto de las vacaciones de Semana Santa.

E 7

1

Señores pasajeros, bienvenidos a bordo del Boeing 747 con destino a Buenos Aires. Les habla el capitán Méndez en nombre de la tripulación. Estamos volando sobre las Islas Azores a 2000 pies de altitud, la temperatura aquí arriba es de 30 grados bajo cero, tenemos vientos favorables y una visibilidad muy buena. La duración estimada de nuestro vuelo es de ocho horas y cincuenta minutos. Nuestro personal va a repartirles el catálogo de productos libres de impuestos. Les deseamos un buen viaje.

2

Tren regional procedente de Barcelona con destino Zaragoza efectuará su entrada por vía 3, andén segundo.

3

Última llamada para los pasajeros del vuelo de Iberia 2387 con destino Londres, por favor a la puerta A 11.

E 9 c
- Buenos días.
- ¿Cuándo quiere viajar?
- ¿Ida y vuelta?
- Bueno. ¿Y qué día y a qué hora quiere volver?
- ¿Fumador o no fumador?
- Muy bien. Son 28 euros.
- Adiós, buen viaje.

Übungsteil

Lección 4

E 8
- ¡Hola, Virgilio!, ¿qué tal?
- Bien, bien, ¿y tú?
- Bien, también. Oye, ¿qué hiciste el fin de semana? No te vi ni el sábado ni el domingo.
- Claro, es que pasé dos días en Segovia.
- ¿Ah, sí? ¿Fuiste solo?
- Sí, fui a visitar a Paco, ¿sabes?
- ¡Ah, bueno!, ¿y cómo fuiste, en tren?
- Pues, no, no, no. Fui en moto. No sabes qué catástrofe... Salí a las diez, pero ya a 50 kilómetros de Madrid se paró la moto.
- ¡Vaya, qué mala suerte! Entonces, ¿qué hiciste?
- Bueno, en un pueblo cerca de allí encontré un taller. El mecánico me ayudó en seguida, pero en total estuve dos horas esperando. Después de esa «aventura» me tomé un aperitivo en la plaza del pueblo y continué el viaje.
- Ah, bueno, menos mal, ¿no? ¿Y cuándo llegaste a Segovia?
- A eso de las dos, justo para comer. Fui directamente a casa de Paco y los dos nos fuimos juntos a comer a un restaurante...
- Ah, ¡muy bien!

Lección 5

E 7
Diálogo 1:
- ¿Te encuentras mal?
- Sí, me duelen las piernas.
- Pues, siéntate y descansa un poco.
- Vale.

Diálogo 2:
- ¿Te pasa algo? ¿Hacemos una pausa?
- No, no. No me pasa nada.
- Ah, bueno...

Diálogo 3:
- ¿Qué tal?
- Fatal.
- Pues, ¿qué te pasa?
- Tengo una tos tremenda.
- ¿Y por qué no dejas de fumar de una vez?
- Ay, Manolo, ya sabes que es muy difícil... No seas pesado...

Diálogo 4:
- Oye, ¿no te encuentras bien?
- Me duele muchísimo la cabeza.
- ¿Quieres una aspirina?
- Sí, gracias.

Lección 6

E 6
Diálogo 1:
- ¿Podrías traer el pan de la cocina?
- Vale.

Diálogo 2:
- ¡Uf...! ¡Cómo llueve! ¿Puedo coger tu paraguas para salir?
- Sí, sí, cógelo.

Diálogo 3:
- ¡Qué ruido! ¿Puedo cerrar la ventana?
- ¡Ay, no! Perdona, pero es que tengo un calor...
- ¡Ah!, bueno, vale...

Diálogo 4:
- Oye, hay un partido de fútbol buenísimo en la tele. ¿Puedo ponerla?
- Sí, claro, ponla, ponla.

Diálogo 5:
- ¿Podrías recogerme de la estación?
- Lo siento, pero es que mi coche está roto.
- ¡Ah! Bueno, pues voy en taxi.

Lección 7

E 6
- Hola, buenos días. He visto en su anuncio que tienen bungalows, caravanas y tiendas familiares para alquilar. ¿Me podría decir en qué se diferencian?
- Pues el Bungalow tiene un dormitorio de matrimonio, dos individuales y una sala de estar con cocina...
- ¿Tiene cocina eléctrica o de gas?
- Tiene una cocina eléctrica. La caravana y la tienda familiar también.
- Aja, muy bien.
- Bueno, el bungalow tiene también lavadora.
- Ah, ¿y la caravana y la tienda no tienen?
- No.
- ¿Y tienen televisor?
- Sí, los tres tienen televisor en color.
- ¿Y cuántos dormitorios tiene la caravana?
- Dos, uno de matrimonio y otro individual. Pero tiene un sofá cama en la sala de estar.
- Mmm, ¿y la tienda familiar?
- Es más grande, tiene un dormitorio de matrimonio y dos individuales y una sala de estar.
- ¿Qué grande, no?
- Sí, sí, es especial para familias grandes.
- Vale. Muy bien. Ya tengo los precios en el anuncio, así que ahora voy a hablar con mi marido antes de decidir qué vamos a hacer, ¿vale? Muchísimas gracias por la información.
- De nada.
- Adiós.
- Adiós, y gracias.

E 9
- Hola, buenos días, soy Manuel Giráldez, de Segovia. Tengo reservada una casa, la Casa Vargas para el mes de julio.
- Ah, sí. Hola, ¿qué tal?
- Bien, bien, gracias. Sólo quería hacerle unas preguntas para ver qué tenemos que llevar.
- Ah, vale, muy bien. ¿Qué le gustaría a saber?
- ¿Para la cocina qué necesitamos? ¿Tenemos que llevar platos, vasos, y esas cosas?
- No, no, nada. En la cocina hay de todo, sólo tienen que traer comida y bebidas, nada más.
- ¿Y para la limpieza?
- Bueno, aquí tienen escobas y esas cosas, pero los productos de limpieza los tienen que traer ustedes.
- ¿Hay cubo de basura?
- Sí, hombre, claro.
- Ah, vale. ¿Y ropa de cama?
- No, no hay. Ustedes tienen que traer la ropa de cama y las toallas.
- Bueno.
- Y también tienen que comprar ustedes el papel higiénico.
- Vale. A ver... qué tengo en la lista... ¿Tijeras?
- No, no, tijeras no hay. Las tiene que traer usted.

Übungsteil

- ¡Qué tontería!, ¿no? Pero es que hay que pensar en todo... mmm... ¿Hay televisor?
- Sí.
- Vale, entonces nada más. Muchas gracias... y nos vemos en julio.
- De acuerdo. ¡Hasta entonces!
- ¡Adiós!

Lección 8

E 11
Diálogo 1:
- ¡Buenos días!
- Hola, ¿qué desea?
- Quería una cazadora para mí.
- ¿De qué color la quiere?
- Pues, azul o marrón...
- Bueno, pruébese ésta azul. A ver qué tal le queda. ... ¿Le queda bien?
- Sí, pero el modelo no me gusta. ¿No tiene otros modelos?
- Lo siento, pero de momento tenemos sólo éste.
- Ah, bueno, pues nada. Adiós.
- Adiós.

Diálogo 2:
- Hola, quería probarme estas zapatillas de deporte.
- ¿Qué número calzas?
- El 39.
- Aquí las tienes. ... ¿Cómo te quedan?
- Me quedan bien, son supercómodas. ¿Cuánto cuestan?
- 75 euros, son de marca.
- ¡Son carísimas! Pero, bueno, me las llevo.

Diálogo 3:
- ¿Qué desean?
- Queríamos una corbata.
- ¿De qué color?
- No sé, algo clásico. Es para mi padre, un señor mayor.
- Mire, aquí tienen algunas de la colección actual de invierno.
- Pues me gusta esa gris. Es muy elegante. ¿Qué dices tú, Manolo?
- Pues, es muy clásica, seguro que le va a gustar a tu padre.
- Bueno, entonces me la llevo. ¿Cuanto cuesta?
- 34 euros con 50.
- Está bien.

Diálogo 4:
- Hola, quería probarme estos zapatos marrones. ¿Me puede traer el otro pie?
- Sí, claro. A ver: es el número 41. Enseguida se lo traigo. ... ¿Cómo le quedan?
- Ay, bastante estrechos.
- Pues, los modelos italianos son así. ¿Quiere probarse el número 42?
- Sí, por favor.
- A ver, ¿qué tal le quedan éstos?
- Son muy grandes. ¡Vaya!, parece que hoy no tengo suerte. Tome, lo siento, muchas gracias.
- De nada, señor, hasta luego.

Lección 9

E 7
Diálogo 1:
- Lucía, tú tienes una empresa propia que se dedica a diseñar páginas web para otras empresas. ¿Desde cuándo te dedicas a esto?

- Desde hace un año y medio. En realidad soy profesora de geografía, pero después de estar tres años sin encontrar trabajo en mi profesión decidí buscar otra cosa... y aquí estoy.
- Sí, pero ¿cómo aprendiste a diseñar páginas web?
- Hice un curso gratuito del Ministerio de Trabajo, pero también soy autodidacta. Me gusta el diseño y me gusta experimentar. Empecé con poco capital y muy pocos clientes, casi todos amigos o conocidos. Ahora tengo más de cien clientes.
- ¿Qué vas a hacer con el dinero del premio?
- Pues... creo que voy a comprar dos programas nuevos de diseño, que son muy caros.
- Bueno, pues mucha suerte con tu empresa, y gracias por contestar a nuestras preguntas.
- De nada, gracias a ti.

Diálogo 2:
- Jorge, ¿desde cuándo realizas este trabajo?
- Desde hace poco, sólo 10 meses.
- ¿Es tu primer trabajo?
- No, no. Mmm, yo estudié economía, pero dejé los estudios para trabajar como administrativo en la empresa de un amigo de mi padre. La empresa cerró y estuve dos años en el paro o trabajando con contratos temporales, horrible. Hace diez meses empecé a trabajar como ayudante de un amigo, que es jardinero y tiene una empresa que cuida y hace jardines. El trabajo me gusta y he aprendido mucho. Ahora, con el dinero de este premio, quiero hacer un curso por las noches, para tener el título de jardinería y así poder ganar más.
- Muy bien, Jorge. Pues mucha suerte con tus estudios y felicidades por el premio.
- Gracias.

R 1
- Buenos días, señor Arratia...
- Buenos días...
- El mes pasado, en el Concurso Mundial de vinos en Santiago, su Cabernet Sauvignon ganó el primer premio, la Medalla de Oro... ¡Lo felicito!
- Gracias.
- Los vinos Arratia tienen ya prestigio internacional. Han recibido varios premios, ¿no es verdad?
- Sí, exacto, sobre todo nuestro vino tinto... Es famoso en todo el mundo, en Europa y en Estados Unidos...
- ¿Y desde cuándo produce vino la familia Arratia?
- ¡Desde generaciones! Empezó mi tatarabuelo, Óscar Arratia, un vasco aventurero que llegó a Chile en el año 1876...
- ¡Desde 1876 trabajan ustedes en el mundo del vino! Y ahora..., ¿quién dirige la empresa: su padre o usted?
- Desde hace dos años soy yo quien dirige la empresa, desde que se jubiló mi papá. Claro que él todavía me ayuda mucho.
- ¿Y ha sido fácil siempre trabajar con la familia?
- La verdad es que no siempre. Cuando era más joven tuve algunos problemas con mi papá. Por eso, a los dieciocho años dejé de trabajar con él y me fui a Santiago, a estudiar...
- Estudió arquitectura, ¿no es verdad?
- Sí, unos años..., pero no terminé la carrera.
- ¿Por qué?
- Por la situación política de Chile en esa época... Tuve que salir del país por unos años, como muchos otros

chilenos... Así es que me fui a Europa. Hice unas prácticas por aquí y por allá, trabajé en viñas de España, Italia, Francia... Aprendí mucho...

● Y al final, volvió otra vez al Maipo, con su padre... ¿Por qué?

● Sí: volví a mi país, a la empresa familiar; el negocio del vino me gusta mucho.

● ¿Y por qué le gusta? ¿Qué tiene el mundo del vino?

● Porque se trabaja mucho con la naturaleza y, además, se conoce a gente de todo el mundo. Viajo mucho para presentar y vender nuestros vinos...

● Y una última pregunta... ¿Dónde viven ustedes, en Santiago o en el Maipo?

● Nuestras oficinas están en la capital, mi hija va al colegio en Santiago y mi esposa trabaja también allí...o sea, que pasamos la mayor parte del tiempo en Santiago. Yo voy dos o tres veces a la semana a las viñas, donde también tenemos una casa y donde todavía viven mis padres.

● Señor Arratia, muchas gracias por esta entrevista. Y un brindis, ¡por los futuros Cabernet Sauvignon! ¡Salud!

● ¡Salud!

Lección 10

E 5 b

◆ Hola, Rosa, ¿qué tal?

● Yo, muy bien. ¿Y tú?

◆ Bien, bien. Oye, ¿ya ha llamado alguien por la fiesta?

● Sí, sí, varios. ¡Esto sí que va a ser una sorpresa para Ana! Primero llamó José, muy temprano por la mañana. Dijo que sí va a venir. Tal vez un poquito tarde, porque el sábado trabaja. Después llamó Julia Martínez, sobre las 11, y dijo que le gustaría mucho venir pero que su hermana cumple años el mismo día. Van a hacer una fiesta en casa y no puede faltar. Pero tiene un regalito para Ana y va a pasar el domingo por casa.

◆ ¡Qué bien! ¿Y alguien más?

● Sí, sí, espérate. Aquí lo he apuntado...: Diego Garzón y su mujer no pueden venir. Se van a Mallorca el viernes por la tarde. Te mandan recuerdos y un beso para Ana. Ah, y acaba de llamar tu prima Lorena... Sí va a venir, y con mucho gusto. Si no te importa, va a venir con su amiga Laura, una chica italiana que está de visita en su casa. Lorena dice que es muy simpática...

◆ Muchísimas gracias, Rosa, eres un tesoro. ¡A ver quién llama esta tarde!

● ¿A cuántos has invitado?

◆ A unos... ochenta.

● ¿Ochenta? ¿Estás loco?

◆ ¡Es una broma! Tranquila, Rosa, ya sabes que no soy millonario...

Lección 11

E 7

● Doña Amelia, ¿los jóvenes de su época eran diferentes a los de hoy?

● Pues mire, sí, la verdad es que sí. Imagínese que cuando yo era chica casi nadie tenía teléfono, en mi pueblo había uno, en la casa del cura, era de la iglesia. Así que si tú querías hablar con tu amiga o quedar con tu amigo, pues tenías que ir a su casa, así, espontáneamente, ¿me comprende? Nos visitábamos mucho, la relación con los amigos era muy familiar...

● ¿Y qué hacía la gente en su tiempo libre?

● Pues antes, en un pueblo, no había mucho tiempo libre, ¿sabe? ... Pero íbamos más a la iglesia, mucho más que los jóvenes de hoy. Y después nos sentábamos en los bancos de la plaza, para charlar, en verano íbamos a las fiestas de los pueblos vecinos...

● ¿Y cree usted que la gente de antes era más feliz?

● Mire, antes muchos niños morían porque la medicina no sabía tanto como ahora, y la gente no vivía tantos años, y había mucha pobreza y ¡nada de libertad!, no había democracia, imagínese. Y las mujeres ...¡en la cocina y se acabó! Había cosas buenas, sí, pero yo creo que ahora vivimos mejor.

● Muchas gracias, doña Amelia.

● De nada, hijo, de nada.

Lección 12

E 7 b

Cultura: El guitarrista Paco de Lucía está preparando una gira por el centro de Europa, donde cuenta con gran número de admiradores. Durante el mes de julio actuará en Alemania y Suiza. Las ciudades donde tendrán lugar los conciertos son: Kiel – Múnich – Leipzig – Dresde – Núremberg – Francfort – Bonn y, por último, Zurich.

Grammatikübersicht

Diese Grammatikübersicht enthält nur die Elemente, die in *El Nuevo Curso 2* behandelt werden.

Inhaltsverzeichnis

1 Der Artikel – El artículo

▶ L 2 **1.1 Der Gebrauch des bestimmten Artikels bei *señor, señora, señorita* und Titeln – El uso del artículo definido con *señor, señora, señorita* y títulos**

Spricht man über jemanden oder fragt man nach jemandem, den man mit **señor/a/ita** oder seinem Titel anspricht, dann gebraucht man den bestimmten Artikel:
¿Está **la** señora López? *Ist Frau López da?*
No conozco **al** doctor Rosales. *Ich kenne Dr. Rosales nicht.*
 ❗ In der direkten Anrede verwendet man den Artikel jedoch nicht:
¿Cómo está, señor Gómez? *Wie geht es Ihnen, Herr Gómez?*
Buenos días, doctora Méndez. *Guten Tag, Frau Doktor Méndez.*

▶ L 12 **1.2 *el / la de* + Nomen – *el / la de* + sustantivo**

El (señor) **de** la chaqueta vaquera es muy gracioso. *Der (Herr) mit der Jeansjacke ist sehr witzig.*
Bei der näheren Bestimmung einer Person oder Sache durch **de** + Nomen kann der bestimmte Artikel auch allein, ohne Nomen, stehen:
La del pelo largo es mi colega Juana. *Die mit den langen Haaren ist meine Kollegin Juana.*

2 Das Adjektiv – El adjetivo

▶ L 8 **2.1 Der Komparativ – El comparativo**

más... que	mehr als
menos... que	weniger als
tan... como	so ... wie

Esta blusa es **más** bonita **que** ésa. *Diese Bluse ist hübscher als die da.*
Este jersey es **tan** caro **como** el vestido negro. *Dieser Pullover ist so teuer wie das schwarze Kleid.*

▶ L 8 **2.2 Der relative Superlativ – El superlativo relativo**

Beim Vergleich von zwei oder mehreren Sachen verwendet man den relativen Superlativ:

el más largo	der längste
la más larga	die längste
los más largos	die längsten, m.
las más largas	die längsten, f.

El Amazonas y el Ebro son ríos muy largos. Pero **el** río **más largo** del mundo es el Nilo. *Der Amazonas und der Ebro sind sehr lange Flüsse. Aber der längste Fluss der Welt ist der Nil.*

▶ L 9 – *lo que más / menos me gusta...*

lo que más me gusta es...	+ Nomen	was mir am meisten gefällt ist ...
lo que menos me gusta es...	+ Nomen	was mir am wenigsten gefällt ist ...
lo que más me gusta es que...	+ Satz	was mir am meisten gefällt ist, dass ...
lo que menos me gusta es que...	+ Satz	was mir am wenigsten gefällt ist, dass ...

Lo que más me gusta de mi trabajo **es** el horario. **Lo que menos me gusta es que** tengo que ir en coche. *Was mir am meisten gefällt an meiner Arbeit ist die Arbeitszeit. Was mir am wenigsten gefällt ist, dass ich mit dem Auto fahren muss.*

▶ L 8 **2.3 Der absolute Superlativ auf *-ísimo* – El superlativo absoluto en *-ísimo***

Den absoluten Superlativ verwendet man zur Beschreibung einer Qualität ohne Bezug auf andere Sachen oder Personen:

barato	baratísimo, -a	sehr billig, superbillig
grande	grandísimo, -a	sehr groß, riesig
fácil	facilísimo, -a	sehr leicht, kinderleicht

Esta chica es **guapísima**. *Dieses Mädchen ist sehr hübsch / bildhübsch.*

 ❗ Zur Bildung dieses Superlativs wird der Endvokal des Adjektivs (**-o, -a, -e**...) ersetzt durch die Endung **-ísimo,-a**, die immer den Akzent trägt.

3 Das Verb – El verbo

3.1 Verben mit Infinitiv – Perífrasis verbales

Verb + Infinitiv				
pensar	vorhaben (zu) ...	**Pienso** leer más.	Ich habe vor, mehr zu lesen.	► L 1
tener que	... müssen	Juan **tiene que** estudiar.	Juan muss lernen.	
querer	... wollen / mögen	**Quieres** ir conmigo a la fiesta?	Möchtest du mit mir auf die Party gehen?	
acabar de	(aufhören zu ...), etwas gerade getan haben	El tren de Sevilla **acaba de** llegar.	Der Zug aus Sevilla ist gerade angekommen.	► L 3
soler	etw. gewöhnlich tun	Los españoles **suelen** pasar las vacaciones en la costa.	Die Spanier verbringen gewöhnlich ihre Ferien an der Küste.	
saber	etw. können (gelernt haben)	Irene ya **sabe** nadar.	Irene kann schon schwimmen.	► L 9
empezar a	anfangen zu	**Empecé a** trabajar en Murcia.	Ich fing in Murcia zu arbeiten an.	
dejar de	aufhören zu	Dejé de estudiar en 1995.	Ich hörte 1995 auf zu studieren.	
terminar de	aufhören zu	Juan **terminó de** trabajar en la SEAT.	Juan hat aufgehört bei SEAT zu arbeiten.	
volver a	wieder anfangen zu	Después **volví a** estudiar Derecho.	Danach habe ich wieder angefangen Jura zu studieren.	
hay que	man muss	**Hay que** hablar mucho para aprender rápido.	Man muss viel sprechen um rasch zu lernen.	► L 10

❗ Mit **acabar de** drückt man aus, dass man etwas gerade getan hat oder dass etwas gerade stattgefunden hat. Das Verb selbst wird im Präsens verwendet.

❗ **Saber de** + **Nomen** bedeutet so viel wie *Kenntnisse haben*: Ella **sabe** mucho **de** ordenadores. *Sie hat gute Computer-Kenntnisse.*

❗ Mit **empezar a, terminar de, dejar de** und **volver a** werden oft Anfang und Ende von Handlungen in der Vergangenheit angegeben. Meist wird dabei das *Indefinido* verwendet.

3.2 Unpersönlich gebrauchte Verben (*se* + 3. Person) – La forma impersonal de los verbos (*se* + 3ª persona)

– Verben, die häufig in der 3. Person gebraucht werden – Verbos que se usan frecuentemente en 3ª persona.   ► L 6, 7

se puede	man kann / man darf
se suele	man pflegt zu tun, man tut
se vende	zu verkaufen
se alquila	zu vermieten

¿**Se puede** fumar aquí? *Kann (darf) man hier rauchen?*
En España **se suele** tomar café después de comer.
In Spanien trinkt man normalerweise nach dem Essen Kaffee.

– Verben, die nur in der 3. Person gebraucht werden – Verbos que se usan sólo en 3ª persona.   ► L 3

hay niebla	es ist neblig
llueve	es regnet
nieva	es schneit

❗ Zur Wetterangabe benutzt man auch häufig das Verb **hacer** in der 3. Person: **hace** sol, **hace** buen / mal tiempo, *es ist sonnig, es ist (wir haben) schönes / schlechtes Wetter.*

❗ Auch das Verb **doler** wird nur in der 3. Person verwendet. Je nach dem folgenden Subjekt steht das Verb im Singular oder Plural: **Me duele** la cabeza. *Mir tut der Kopf weh.* **Me duelen** los pies. *Mir tun die Füße weh.*

Grammatikübersicht

3.3 Das Gerundium – El gerundio

▶ L 2   3.3.1 Regelmäßige Formen – Formas regulares

estar	+ Gerundium
estoy	
estás	
está	hablando
estamos	aprendiendo
estáis	escribiendo
están	

ar	>	ando
er	>	iendo
ir	>	iendo

- ¿Qué haces? *Was machst du?*
- ◆ **Estoy haciendo** la comida.
  Ich bereite (gerade) das Essen zu.

Das Gerundium (die „Verlaufsform") wird verwendet für Handlungen, die gerade stattfinden.

3.3.2 Unregelmäßige Formen – Formas irregulares

decir	>	diciendo
leer	>	leyendo
ir	>	yendo
dormir	>	durmiendo

- ¿Qué **estáis haciendo**? *Was macht ihr (gerade)?*
- ◆ **Estamos leyendo** el periódico. *Wir lesen (gerade) die Zeitung.*

▶ Weitere unregelmäßige Formen s. Verbtabelle, S. 205.

▶ L 5   3.4 Der bejahte Imperativ (Singular) – El imperativo afirmativo (singular)

3.4.1 Regelmäßige Formen – Formas regulares

	mirar	comer	abrir
(tú)	mira	come	abre
(usted)	mire	coma	abra

María, **abre** la puerta, por favor.
María, öffne bitte die Tür!
Pase, pase. *Kommen Sie herein!*

! Der Imperativ für die 2. und 3. Person Singular hat dieselben Änderungen im Verbstamm wie das Verb im Präsens:

	cerrar	contar
(tú)	cierra	cuenta
(usted)	cierre	cuente

Cierra la ventana, por favor. *Mach bitte das Fenster zu!*
Cuente, cuente. *Erzählen Sie!*

▶ L 5   3.4.2 Reflexive Verben – Verbos reflexivos

	sentarse	tomarse
(tú)	siéntate	tómate
(usted)	siéntese	tómese

Tómate una aspirina y **acuéstate**.
Nimm ein Aspirin und leg dich hin!

! Bei den reflexiven Verben wird das Pronomen direkt an die bejahte Imperativform des Verbs angehängt. Das Verb erhält dabei einen Akzent, damit dieselbe Wortsilbe auch nach Anhängen des Reflexivpronomens betont bleibt.

▶ L 5, L 6   3.4.3 Unregelmäßige Formen – Formas irregulares

	hacer	ir	decir	poner	venir
(tú)	haz	ve	di	pon	ven
(usted)	haga	vaya	diga	ponga	venga

Haga una pausa y **vaya** al médico. *Machen Sie eine Pause und gehen Sie zum Arzt!*

▶ Weitere unregelmäßige Formen s. Verbtabelle, S. 205.

Die Pluralformen und die verneinten Formen des Imperativs werden Sie in *El Nuevo Curso 3* kennen lernen.

3.4.4 Der bejahte Imperativ mit dem direkten Objektpronomen – El imperativo afirmativo con el pronombre de objeto directo

► L 6

Die direkten Objektpronomen (**lo, la, los, las**) werden an den bejahten Imperativ angehängt:

	tomar	comer	poner	hacer
(tú)	tóma**lo**	cóme**la**	pon**los**	haz**las**
(usted)	tóme**lo**	cóma**la**	pónga**los**	hága**las**

- ¿Puedo abrir la ventana?
- *Kann ich das Fenster aufmachen?*
- ◆ Sí, sí, **ábrela**.
- ◆ *Ja, ja, mach's auf!*

❗ Das Verb erhält einen Akzent, damit die im Imperativ betonte Silbe auch nach Anhängen des Objektpronomens betont bleibt. Das geschieht immer, wenn das Verb mehr als eine Silbe hat.

3.5 Das Indefinido – El indefinido

► L 4

3.5.1 Regelmäßige Formen – Formas regulares

	hablar	aprender	abrir
(yo)	habl**é**	aprend**í**	abr**í**
(tú)	habl**aste**	aprend**iste**	abr**iste**
(él, ella, usted)	habl**ó**	aprend**ió**	abr**ió**
(nosotros, -as)	habl**amos**	aprend**imos**	abr**imos**
(vosotros, -as)	habl**asteis**	aprend**isteis**	abr**isteis**
(ellos, -as, ustedes)	habl**aron**	aprend**ieron**	abr**ieron**

Ayer **hablé** con Carmen. *Gestern sprach ich mit Carmen.* El semestre pasado **aprendimos** mucho. *Letztes Semester haben wir viel gelernt.*

3.5.2 Unregelmäßige Formen – Formas irregulares

► L 4

	estar	hacer	ir / ser	venir	decir
(yo)	**estuve**	**hice**	**fui**	**vine**	**dije**
(tú)	**estuviste**	**hiciste**	**fuiste**	**viniste**	**dijiste**
(él, ella, usted)	**estuvo**	**hizo**	**fue**	**vino**	**dijo**
(nosotros, -as)	**estuvimos**	**hicimos**	**fuimos**	**vinimos**	**dijimos**
(vosotros, -as)	**estuvisteis**	**hicisteis**	**fuisteis**	**vinisteis**	**dijisteis**
(ellos, -as, ustedes)	**estuvieron**	**hicieron**	**fueron**	**vinieron**	**dijeron**

❗ Im **Indefinido** sind die Formen von **ser** und **ir** identisch.

❗ Die unregelmäßigen Verben werden in der 1. und 3. Person Singular auf dem Verbstamm betont, nicht auf der Endung: **vine, vino, hizo**…

► L 11

	poder	tener	morir
(yo)	**pude**	**tuve**	**morí**
(tú)	**pudiste**	**tuviste**	**moriste**
(él, ella, usted)	**pudo**	**tuvo**	**murió**
(nosotros, -as)	**pudimos**	**tuvimos**	**morimos**
(vosotros, -as)	**pudisteis**	**tuvisteis**	**moristeis**
(ellos, -as, ustedes)	**pudieron**	**tuvieron**	**murieron**

► Weitere unregelmäßige Formen s. Verbtabelle, S. 205.

3.5.3 Der Gebrauch des Indefinido – El uso del indefinido

► L 4

– Um über Handlungen oder Geschehnisse zu sprechen, die zu einem bestimmten Zeitpunkt in der Vergangenheit stattgefunden haben:
Hace tres años **estuvimos** en México. Allí **conocimos** a Raúl. *Vor drei Jahren waren wir in Mexiko. Dort lernten wir Raúl kennen.*

– Um vergangene Ereignisse zu bewerten:
El viaje a Costa Rica **fue** fantástico. *Die Reise nach Costa Rica war fantastisch.*
Las últimas semanas **fueron** muy duras. *Die letzten Wochen waren sehr hart.*

Das **Indefinido** wird zusammen mit Zeitangaben, die auf einen abgeschlossenen Zeitpunkt oder Zeitraum in der Vergangenheit hinweisen, verwendet: **anoche** *gestern Abend*, **ayer** *gestern*, **anteayer** *vorgestern*, **el otro día** *neulich*, **hace una semana** *vor einer Woche*, **el mes pasado** *letzten Monat*, **en 1995** *1995* etc.:
La semana pasada fui a Menorca. *Letzte Woche bin ich nach Menorca gefahren.*
El otro día conocí al hermano de Marisa. *Neulich lernte ich Marisas Bruder kennen.*

3.6 Das Imperfekt – El imperfecto

▶ L 11   ### 3.6.1 Regelmäßige Formen – Formas regulares

	hablar	tener	vivir
(yo)	hablaba	tenía	vivía
(tú)	hablabas	tenías	vivías
(él, ella, usted)	hablaba	tenía	vivía
(nosotros, -as)	hablábamos	teníamos	vivíamos
(vosotros, -as)	hablabais	teníais	vivíais
(ellos, -as, ustedes)	hablaban	tenían	vivían

Antes **vivía** en el pueblo con mis padres. **Teníamos** una casa muy bonita. *Früher lebte ich mit meinen Eltern in einem Dorf. Wir hatten ein sehr schönes Haus.*

3.6.2 Unregelmäßige Formen – Formas irregulares

	ser	ir
(yo)	era	iba
(tú)	eras	ibas
(él, ella, usted)	era	iba
(nosotros, -as)	éramos	íbamos
(vosotros, -as)	erais	ibais
(ellos, -as, ustedes)	eran	iban

Los domingos **íbamos** siempre al cine. *Sonntags gingen wir immer ins Kino.*

▶ Weitere unregelmäßige Formen s. Verbtabelle, S. 205.

3.6.3 Der Gebrauch des Imperfekts – El uso del imperfecto

– Beschreibung von Personen (Aussehen, Charakter, Alter …), Dingen oder Zuständen in der Vergangenheit:
Frida **era** una mujer bella que siempre **llevaba** ropa indígena. *Frida war eine schöne Frau, die immer indianische Kleider trug.*

– Um über Gewohnheiten oder Geschehnisse und Handlungen, die sich in der Vergangenheit wiederholt bzw. regelmäßig stattgefunden haben, zu sprechen:
Todos los días **nos levantábamos** temprano. **Íbamos** a pie a la escuela porque no **teníamos** bicicletas. *Jeden Tag standen wir früh auf. Wir gingen zu Fuß zur Schule, weil wir keine Fahrräder hatten.*

Folgende Zeitangaben stehen häufig mit dem Imperfekt:
antes *früher*, **todos los días** *jeden Tag*, **siempre** *immer*, **en aquella época** *damals*, **los fines de semana** *jedes Wochenende* etc.:
Antes me gustaba mucho ir a conciertos. Iba **todos los fines de semana.** *Früher ging ich gern zu Konzerten. Ich ging jedes Wochenende.*

▶ L 6   ## 3.7 Das Konditional – El condicional

Das Konditional wird in *El Nuevo Curso 2* mit dem Verb **poder** + Infinitiv als besonders höfliche Form, um Erlaubnis oder einen Gefallen zu bitten eingeführt:

	poder
(yo)	podría
(tú)	podrías
(él, ella, usted)	podría
(nosotros, -as)	podríamos
(vosotros, -as)	podríais
(ellos, -as, ustedes)	podrían

¿Me **podrías** llevar al aeropuerto? *Könntest du mich zum Flughafen fahren?*
¿**Podría** usted ayudarme, por favor? *Könnten Sie mir bitte helfen?*

! Auch die Konditionalformen **me gustaría** und **me encantaría** *es würde mir gefallen*, haben Sie in *El Nuevo Curso 2* **kennen gelernt**: Me gustaría mucho ir a tu fiesta, pero el viernes no puedo. *Ich würde gern auf deine Party gehen, aber am Freitag kann ich nicht.*
Me encantaría viajar a Latinoamérica, pero de momento me falta el dinero. *Ich würde gern nach Lateinamerika reisen, aber im Moment fehlt mir das Geld dazu.*
In *El Nuevo Curso 3* werden Sie weitere Verwendungsmöglichkeiten des Konditionals kennen lernen.

3.8 Das Futur – El futuro ► L 10

3.8.1 Regelmäßige Formen – Formas regulares

	hablar	aprender	abrir
(yo)	hablaré	aprenderé	abriré
(tú)	hablarás	aprenderás	abrirás
(él, ella, usted)	hablará	aprenderá	abrirá
(nosotros, -as)	hablaremos	aprenderemos	abriremos
(vosotros, -as)	hablaréis	aprenderéis	abriréis
(ellos, -as, ustedes)	hablarán	aprenderán	abrirán

Die Endungen des Futurs werden an die Infinitiv-Form des Verbs angehängt. Sie sind für alle drei Verbkonjugationen gleich.

3.8.2 Unregelmäßige Formen – Formas irregulares

	tener
(yo)	tendré
(tú)	tendrás
(él, ella, usted)	tendrá
(nosotros, -as)	tendremos
(vosotros, -as)	tendréis
(ellos, -as, ustedes)	tendrán

► Weitere unregelmäßige Formen s. Verbtabelle, S. 205.

3.8.3 Der Gebrauch des Futurs – El uso del futuro ► L 10

– Bei schriftlichen, formellen Ankündigungen oder Einladungen:
La misa **empezará** a las 10:00 de la mañana. La fiesta **tendrá** lugar en el Restaurante del Hotel Palace. *Die Messe beginnt um 10 Uhr morgens. Die Feier wird im Restaurant des Hotels Palace stattfinden.*

– Bei Unsicherheit oder Zweifel in Bezug auf die Zukunft:
No sé si **iré** a la fiesta. No me siento muy bien. *Ich weiß nicht, ob ich auf das Fest gehen werde. Ich fühle mich nicht sehr wohl.*

3.9 Der Subjuntivo – El subjuntivo

3.9.1 Regelmäßige Formen – Formas regulares ► L 12

	hablar	aprender	abrir
(yo)	hable	aprenda	abra
(tú)	hables	aprendas	abras
(él, ella, usted)	hable	aprenda	abra
(nosotros, -as)	hablemos	aprendamos	abramos
(vosotros, -as)	habléis	aprendáis	abráis
(ellos, -as, ustedes)	hablen	aprendan	abran

Im Subjuntivo werden die Präsens-Endungen der Verben auf **-ar** (**-o, -as, -a, -amos, -áis, -an**) an die Verben auf **-er** / **-ir** angehängt und die Präsens-Endungen der Verben auf **-er** (**-o, -es, -e, -emos, -éis, -en**) an die Verben auf **-ar**.

3.9.2 Unregelmäßige Formen – Formas irregulares

	ser	tener
(yo)	**sea**	**tenga**
(tú)	**seas**	**tengas**
(él, ella, usted)	**sea**	**tenga**
(nosotros, -as)	**seamos**	**tengamos**
(vosotros, -as)	**seáis**	**tengáis**
(ellos, -as, ustedes)	**sean**	**tengan**

▶ Weitere unregelmäßige Formen s. Verbtabelle, S. 205.

3.9.3 Der Gebrauch des Subjuntivo – El uso del subjuntivo

In dass-Sätzen nach Verben und Ausdrücken des Zweifels oder Nichtglaubens wird der Subjuntivo verwendet:
No creo que los españoles **sean** menos trabajadores que los alemanes. *Ich glaube nicht, dass die Spanier weniger fleißig sind als die Deutschen.*
Dudo que María **tenga** mucho tiempo hoy. *Ich bezweifle, dass Maria heute viel Zeit hat.*
No es verdad que en Alemania **llueva** siempre. *Es ist nicht wahr, dass es in Deutschland immer regnet.*

In *El Nuevo Curso 3* werden Sie weitere Verwendungsmöglichkeiten des Subjuntivo kennen lernen.

4 Die Pronomen – Los pronombres

▶ L 10   ### 4.1 Die betonten Personalpronomen – Los pronombres personales tónicos

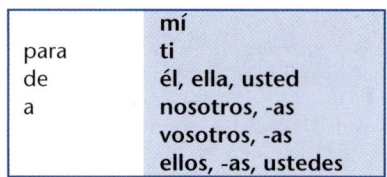

para de a	**mí** **ti** **él, ella, usted** **nosotros, -as** **vosotros, -as** **ellos, -as, ustedes**

Mira, esto es para **ti**. *Schau, das ist für dich.*
¿Estáis hablando de **mí**? *Sprecht ihr von mir?*
A **mí** no me gusta el café. *Ich mag keinen Kaffee.*

Die betonten Objektpronomen stehen immer nach Präpositionen (**para, de, a…**).

▶ L 2   **!** Die Präposition **con** bildet in der 1. und 2. Person Singular des Pronomens die Sonderformen **conmigo, contigo**:
¿Quieres venir al cine **conmigo**? *Magst du mit mir ins Kino gehen?*

▶ L 10   ### 4.2 Die indirekten Objektpronomen – Los pronombres de objeto indirecto

A mi hermana **le** regalo un perfume. *Meiner Schwester schenke ich ein Parfüm.*
A mis padres **les** regalo un libro. *Meinen Eltern schenke ich ein Buch.*

! Es ist eine Besonderheit des Spanischen, dass das indirekte Objekt *(wem?)* durch ein Objektpronomen wiederholt bzw. verdoppelt werden muss.

4.3 Die Indefinitpronomen – Los pronombres indefinidos

▶ L 3

alguno/-a	*irgendeine/r*
ninguno/-a	*kein/e*

! **Alguno, -a** und **ninguno, -a** können mit oder ohne Nomen stehen. Bei der männlichen Form entfällt vor einem Nomen die Endung **-o**:
◆ ¿Hay alg**ún** autobús a Ronda a mediodía? *Gibt es mittags einen Bus nach Ronda?*
● No, no hay ningun**o**. *Nein, es gibt keinen.*
▶ Sí, hay algun**o** a las dos. *Ja, es gibt einen um zwei (Uhr).*

– generalisierende und nuancierende Indefinitpronomen und andere Ausdrücke – pronombres indefinidos y otras expresiones generalizadores y diferenciadores

generalisierend	
todo el mundo	*jeder, alle*
todos	*alle*
nadie	*niemand*
nuancierend	
mucha gente	*viele Leute*
muchos, -as	*viele*
la mayoría	*die meisten, die Mehrzahl*
gran parte de	*eine großer Teil (von)*
algunos, -as	*einige*
pocos, -as	*wenige*
poca gente	*wenige Leute*
casi nadie	*fast niemand, fast keiner*

► L 12

Todo el mundo piensa que los alemanes comen mucha carne. *Alle denken, dass die Deutschen viel Fleisch essen.* **Muchos** comen carne y embutidos, pero hay también **algunos** que son vegetarianos. *Viele essen Fleisch und Wurst, aber es gibt auch einige, die Vegetarier sind.*

5   Die Präpositionen und präpositionalen Ausdrücke – Las preposiciones y expresiones preposicionales

a

direktes Objekt (bei Personen)	¿Conoces **a** Roberto? *Kennst du Roberto?* No conozco **al** novio de Ana. *Ich kenne Anas Freund nicht.* Te presento **a** la señora Ruiz. *Ich stelle dir Frau Ruiz vor.*	► L 1 ► L 10
indirektes Objekt	**A** María le regalamos bombones. *Maria schenken wir Pralinen.*	► L 10
zur Angabe des (Stoff-)Musters	¿Qué te gusta más, la blusa **a** rayas o **a** cuadros? *Was gefällt dir besser, die gestreifte oder die karierte Bluse?*	► L 8

antes de

vor (zeitlich)	Tómese estos comprimidos tres veces al día, **antes de** las comidas. *Nehmen Sie diese Tabletten dreimal täglich vor den Mahlzeiten.*	► L 5

de

zur Angabe des Materials	La mesa es **de** cristal. *Der Tisch ist aus Glas.* ¿Quiere el jersey **de** lana o **de** algodón? *Möchten Sie den Pullover aus Wolle oder Baumwolle?*	► L 7, L 8

desde

seit + Zeitpunkt	¿**Desde** cuándo vives en Málaga? *Seit wann lebst du in Málaga?* **Desde** 1999. *Seit 1999.*	► L 1

desde hace

seit + Zeitraum	Estudio español **desde hace** tres años. *Ich lerne seit drei Jahren Spanisch.*	► L 1

después de

nach (zeitlich)	Tóme una infusión de manzanilla **después de** la cena. *Trinken Sie nach dem Abendessen einen Kamillentee.*	► L 5

hace

vor (zeitlich)	El tren a Madrid ha salido **hace** 5 minutos. *Der Zug nach Madrid ist vor 5 Minuten abgefahren.*	► L 3

▶ L 7 **5.1 Die Ortspräpositionen – Preposiciones de lugar**

delante de	vor
detrás de	hinter
debajo de	unter
encima de	auf
a la derecha de	rechts von
a la izquierda de	links von
al lado de	neben
junto a	neben
en	in, an, auf
sobre	auf
entre	zwischen

- ¿Dónde está el libro? ◆ **Debajo del** sofá.
- Wo ist das Buch? ◆ Unter dem Sofa.

El banco está **junto a** la farmacia. *Die Bank ist neben der Apotheke.*
Ponlo **encima de** la mesa. *Stell es auf den Tisch.*

6 Die Adverbien – Los adverbios

▶ L 1 **6.1 Die regelmäßigen Adverbien auf -*mente* – Los adverbios regulares en -*mente***

Zur regelmäßigen Bildung der Adverbien wird an die weibliche Form des Adjektivs die Endung -**mente** angehängt:

activo	activa**mente**	aktiv
diario	diaria**mente**	täglich
frecuente	frecuente**mente**	häufig
regular	regular**mente**	regelmäßig
puntual	puntual**mente**	pünktlich

Voy a participar **activamente** en clase. *Ich werde aktiv am Unterricht teilnehmen.*
Estudio **regularmente**. *Ich lerne regelmäßig.*

6.2 Adverbien zur Angabe der Häufigkeit – Adverbios de frecuencia

▶ L 1

una / alguna vez	einmal
dos veces	zweimal
varias veces	öfters, mehrmals
nunca	nie

¿Has estado **alguna vez** en Ecuador? *Bist du schon einmal in Ecuador gewesen?*
No, **no** he estado **nunca**, pero me gustaría ir. *Nein, ich bin nie dort gewesen, aber ich würde gerne hinfahren.*

▶ L 5

... veces al día	... mal am Tag
cada... horas	alle ... Stunden

Tómese este antibiótico **cada tres horas**. *Nehmen Sie dieses Antibiotikum alle drei Stunden.*

▶ L 11 **6.3 Zeitangaben zur Erzählung eines Lebenslaufes – Marcadores temporales para contar una biografía**

a los... años	mit ... Jahren
al año siguiente	im Jahr darauf
... años más tarde	... Jahre später

A los 6 años empezó a pintar. **5 años más tarde** hizo su primera exposición. *Mit 6 Jahren fing sie an zu malen. 5 Jahre später hatte sie ihre erste Ausstellung.*

Diese Zeitangaben werden häufig zusammen mit dem *Indefinido* verwendet.

▶ L 11 **6.4 Zeitangaben, um über Gewohnheiten in der Vergangenheit zu sprechen – Marcadores temporales para hablar sobre costumbres en el pasado**

antes	früher
todos los días	jeden Tag
siempre	immer
en aquella época	damals
los fines de semana	jedes Wochenende

Cuando era niña pasábamos **los fines de semana** en el campo. *Als ich ein Kind war verbrachten wir jedes Wochenende auf dem Land.*

Diese Zeitangaben werden in der Regel zusammen mit dem **Imperfekt** verwendet.

6.5 ya, todavía no

▶ L 3

Beide Adverbien können vor oder nach dem Verb stehen. Sie werden meist zusammen mit dem Perfekt verwendet:
- ● ¿Has estado **ya** en Latinoamérica? *Bist du schon in Lateinamerika gewesen?*
- ◆ No, **todavía no**. *Nein, noch nicht.*

6.6 Adverbien, die eine Erzählung strukturieren – Adverbios útiles para estructurar un relato

▶ L 4

primero	zuerst
después	danach
al final	schließlich
total	alles in allem

En Alicante fuimos **primero** a la playa. **Después** tomamos unas tapas en un bar y volvimos a la playa. **Total**, que fue un día maravilloso. *In Alicante gingen wir zuerst an den Strand. Dann aßen wir Tapas in einer Kneipe und gingen zurück zum Strand. Alles in allem war es ein wunderbarer Tag.*

6.7 muy, mucho

▶ L 9

muy	sehr	steht vor Adjektiven oder Adverbien
mucho	sehr	steht bei Verben

Habla **muy** bien español. *Er spricht sehr gut Spanisch.*
Mi trabajo me gusta **mucho**. *Meine Arbeit gefällt mir sehr.*

! **mucho** kann auch als Adjektiv *(viel)* verwendet werden (**mucho/-a/-os/-as**). Dann wird es an das begleitende Nomen angeglichen: **mucha gente** *viele Leute*, **muchos libros** *viele Bücher.*

7 Die Konjunktionen – Las conjunciones

que	dass	Creo **que** es importante aprender en grupo. *Ich glaube, es ist wichtig (dass es wichtig ist) in der Gruppe zu lernen.*

▶ L 1

! **Creer** *glauben*, **opinar** *meinen*, **pensar** *denken*, stehen im Spanischen meist mit der Konjunktion **que**:
- ● ¿Crees **que** viene? *Glaubst du, er kommt (dass er kommt)?*
- ◆ Creo **que** sí. *Ich glaube schon.*

por un lado...	einerseits
por otro (lado)...	andererseits
además	außerdem
en cambio	dagegen
sino	sondern
pero	aber

▶ L 8

Por un lado, Madrid es una ciudad interesante, **por otro**, tiene mucho tráfico y es muy ruidosa. **Además**, la vida en la capital es carísima. *Einerseits ist Madrid eine interessante Stadt, andererseits gibt es dort viel Verkehr und Lärm. Außerdem ist das Leben in der Hauptstadt sehr teuer.*

! Diese Konjunktionen, sie heißen auch Konnektoren, dienen dazu, die Informationen in einem Text zu verknüpfen und den Gesamttext zu strukturieren.

8 Die Partikeln – Las partículas discursivas

▶ L 2

pues	also, nun
bueno	also, also gut
entonces	dann

- ◆ ¿A qué hora quedamos? *Wann treffen wir uns?*
- ● **Pues**, no sé. ¿Qué tal a las cinco? *Also, ich weiß nicht. Wie wär's um fünf?*
- ◆ Vale. **Bueno, entonces** a las cinco en mi casa. *Okay. Also dann um fünf bei mir.*

! Die genannten Partikeln gehören unterschiedlichen Wortarten an (Konjunktion, Adjektiv, Adverb), sind als Partikeln aber immer unveränderlich. Sie üben in der Kommunikation die Funktion von Füllwörtern oder Brückenwörtern aus.

9 Der Satz – La oración

► L 1 ### 9.1 Die doppelte Verneinung mit *nunca* – La doble negación con *nunca*

Steht **nunca** nach dem Verb, so ist eine doppelte Verneinung mit **no** erforderlich:
No he estado **nunca** en Andalucía. *Ich bin noch nie in Andalusien gewesen.*

► L 12 ### 9.2 Zeitenfolge in der indirekten Rede – Correlación de los tiempos en el estilo indirecto

Steht im Hauptsatz Präsens, so steht das Verb im Nebensatz ebenfalls im Präsens:
En Perú todo el mundo **piensa** que los alemanes **son** rubios. *In Peru denken alle, dass die Deutschen blond sind.*

Steht im Hauptsatz Imperfekt, wird auch das Verb des Nebensatzes ins Imperfekt gesetzt:
Antes yo **creía que** los alemanes **eran** todos altos, rubios y de ojos azules. *Früher dachte ich, die Deutschen wären alle groß, blond und blauäugig.*

! Anders als im Deutschen – wo man im obigen Beispiel auch sagen könnte: *Ich dachte, die Deutschen seien alle groß, blond und blauäugig.* oder *Ich dachte, die Deutschen sind alle groß, blond und blauäugig.* – ist die Zeitenfolge im Spanischen genau festgelegt.

10 Verbtabelle – Tabla de verbos

Diese Tabelle enthält die wichtigsten Verben aus *El Nuevo Curso* Band 1 und 2, auch wenn sich deren Vorkommen auf nur eine Form beschränkt. Die unregelmäßigen Formen sind in Fettdruck hervorgehoben.

Infinitiv		Präsens	Indefinido	Imperfekt	Imperativ	Futur	Gerundium	Subjuntivo
hablar *sprechen*	(yo)	hablo	hablé	hablaba		hablaré	hablando	hable
	(tú)	hablas	hablaste	hablabas	habla	hablarás		hables
	(él, ella, usted)	habla	habló	hablaba	hable	hablará	**Partizip**	hable
	(nosotros, -as)	hablamos	hablamos	hablábamos		hablaremos	hablado	hablemos
	(vosotros, -as)	habláis	hablasteis	hablabais		hablaréis		habléis
	(ellos, -as, ustedes)	hablan	hablaron	hablaban		hablarán		hablen
vender *verkaufen*	(yo)	vendo	vendí	vendía		venderé	vendiendo	venda
	(tú)	vendes	vendiste	vendías	vende	venderás		vendas
	(él, ella, usted)	vende	vendió	vendía	venda	venderá	**Partizip**	venda
	(nosotros, -as)	vendemos	vendimos	vendíamos		venderemos	vendido	vendamos
	(vosotros, -as)	vendéis	vendisteis	vendíais		venderéis		vendáis
	(ellos, -as, ustedes)	venden	vendieron	vendían		venderán		vendan
vivir *leben*	(yo)	vivo	viví	vivía		viviré	viviendo	viva
	(tú)	vives	viviste	vivías	vive	vivirás		vivas
	(él, ella, usted)	vive	vivió	vivía	viva	vivirá	**Partizip**	viva
	(nosotros, -as)	vivimos	vivimos	vivíamos		viviremos	vivido	vivamos
	(vosotros, -as)	vivís	vivisteis	vivíais		viviréis		viváis
	(ellos, -as, ustedes)	viven	vivieron	vivían		vivirán		vivan

Unregelmäßige Verben

Infinitiv		Präsens	Indefinido	Imperfekt	Imperativ	Futur	Gerundium	Subjuntivo
abrir	(yo)	abro	abrí	abría		abriré	abriendo	abra
	(tú)	abres	abriste	abrías	abre	abrirás		abras
	(él, ella, usted)	abre	abrió	abría	abra	abrirá	**Partizip**	abra
	(nosotros, -as)	abrimos	abrimos	abríamos		abriremos	**abierto**	abramos
	(vosotros, -as)	abrís	abristeis	abríais		abriréis		abráis
	(ellos, -as, ustedes)	abren	abrieron	abrían		abrirán		abran
cerrar *schließen*	(yo)	**cierro**	cerré	cerraba		cerraré	cerrando	**cierre**
	(tú)	**cierras**	cerraste	cerrabas	**cierra**	cerrarás		**cierres**
	(él, ella, usted)	**cierra**	cerró	cerraba	**cierre**	cerrará	**Partizip**	**cierre**
	(nosotros, -as)	cerramos	cerramos	cerrábamos		cerraremos	cerrado	cerremos
	(vosotros, -as)	cerráis	cerrasteis	cerrabais		cerraréis		cerréis
	(ellos, -as, ustedes)	**cierran**	cerraron	cerraban		cerrarán		**cierren**

Infinitiv		Präsens	Indefinido	Imperfekt	Imperativ	Futur	Gerundium	Subjuntivo
creer *glauben*	(yo)	creo	creí	creía		creeré	**creyendo**	crea
	(tú)	crees	creíste	creías	cree	creerás	**Partizip**	creas
	(él, ella, usted)	cree	**creyó**	creía	crea	creerá	creído	crea
	(nosotros, -as)	creemos	creímos	creíamos		creeremos		creamos
	(vosotros, -as)	creéis	creísteis	creíais		creeréis		creáis
	(ellos, -as, ustedes)	creen	**creyeron**	creían		creerán		crean
dar *geben*	(yo)	**doy**	**di**	daba		daré	dando	**dé**
	(tú)	das	**diste**	dabas	da	darás	**Partizip**	des
	(él, ella, usted)	da	**dió**	daba	**dé**	dará	dado	**dé**
	(nosotros, -as)	damos	**dimos**	dábamos		daremos		demos
	(vosotros, -as)	dais	**disteis**	dabais		daréis		deis
	(ellos, -as, ustedes)	dan	**dieron**	daban		darán		den
decir *sagen*	(yo)	**digo**	**dije**	decía		**diré**	diciendo	diga
	(tú)	**dices**	**dijiste**	decías	**di**	**dirás**	**Partizip**	digas
	(él, ella, usted)	**dice**	**dijo**	decía	**diga**	**dirá**	dicho	diga
	(nosotros, -as)	decimos	**dijimos**	decíamos		**diremos**		digamos
	(vosotros, -as)	decís	**dijisteis**	decíais		**diréis**		digáis
	(ellos, -as, ustedes)	**dicen**	**dijeron**	decían		**dirán**		digan
dormir *schlafen*	(yo)	**duermo**	dormí	dormía		dormiré	**durmiendo**	**duerma**
	(tú)	**duermes**	dormiste	dormías		dormirás	**Partizip**	**duermas**
	(él, ella, usted)	**duerme**	**durmió**	dormía	**duerme**	dormirá	dormido	**duerma**
	(nosotros, -as)	dormimos	dormimos	dormíamos	**duerma**	dormiremos		dormamos
	(vosotros, -as)	dormís	dormisteis	dormíais		dormiréis		dormáis
	(ellos, -as, ustedes)	**duermen**	**durmieron**	dormían		dormirán		**duerman**
estar *sein*	(yo)	**estoy**	estuve	estaba		estaré	estando	**esté**
	(tú)	**estás**	estuviste	estabas	**está**	estarás	**Partizip**	**estés**
	(él, ella, usted)	**está**	estuvo	estaba	**esté**	estará	estado	**esté**
	(nosotros, -as)	estamos	estuvimos	estábamos		estaremos		estemos
	(vosotros, -as)	estáis	estuvisteis	estabais		estaréis		estéis
	(ellos, -as, ustedes)	**están**	estuvieron	estaban		estarán		**estén**
hacer *machen*	(yo)	**hago**	hice	hacía		**haré**	haciendo	haga
	(tú)	haces	hiciste	hacías	**haz**	**harás**	**Partizip**	hagas
	(él, ella, usted)	hace	**hizo**	hacía	**haga**	**hará**	hecho	haga
	(nosotros, -as)	hacemos	hicimos	hacíamos		**haremos**		hagamos
	(vosotros, -as)	hacéis	hicisteis	hacíais		**haréis**		hagáis
	(ellos, -as, ustedes)	hacen	hicieron	hacían		**harán**		hagan

Infinitiv		Präsens	Indefinido	Imperfekt	Imperativ	Futur	Gerundium	Subjuntivo
ir *gehen,* *fahren*	(yo) (tú) (él, ella, usted) (nosotros, -as) (vosotros, -as) (ellos, -as, ustedes)	**voy** **vas** **va** **vamos** **vais** **van**	**fui** **fuiste** **fue** **fuimos** **fuisteis** **fueron**	iba ibas iba íbamos ibais iban	 ve vaya	iré irás irá iremos iréis irán	yendo **Partizip** ido	vaya vayas vaya vayamos vayáis vayan
oír *hören*	(yo) (tú) (él, ella, usted) (nosotros, -as) (vosotros, -as) (ellos, -as, ustedes)	**oigo** **oyes** **oye** oímos oís **oyen**	oí oíste **oyó** oímos oísteis **oyeron**	oía oías oía oíamos oíais oían	 oye oiga	oiré oirás oirá oiremos oiréis oirán	**oyendo** **Partizip** oído	oiga oigas oiga oigamos oigáis oigan
pedir *bitten*	(yo) (tú) (él, ella, usted) (nosotros, -as) (vosotros, -as) (ellos, -as, ustedes)	**pido** **pides** **pides** pedimos pedís **piden**	pedí pediste **pidió** pedimos pedisteis **pidieron**	pedía pedías pedía pedíamos pedíais pedían	 **pide** **pida**	pediré pedirás pedirá pediremos pediréis pedirán	**pidiendo** **Partizip** pedido	pida pidas pida pidamos pidáis pidan
pensar *denken*	(yo) (tú) (él, ella, usted) (nosotros, -as) (vosotros, -as) (ellos, -as, ustedes)	**pienso** **piensas** **piensa** pensamos pensáis **piensan**	pensé pensaste pensó pensamos pensasteis pensaron	pensaba pensabas pensaba pensábamos pensabais pensaban	 **piensa** **piense**	pensaré pensarás pensará pensaremos pensaréis pensarán	pensando **Partizip** pensado	**piense** **pienses** **piense** pensemos penséis **piensen**
poder *können*	(yo) (tú) (él, ella, usted) (nosotros, -as) (vosotros, -as) (ellos, -as, ustedes)	**puedo** **puedes** **puede** podemos podéis **pueden**	**pude** **pudiste** **pudo** **pudimos** **pudisteis** **pudieron**	podía podías podía podíamos podíais podían	 **puede** **pueda**	**podré** **podrás** **podrá** **podremos** **podréis** **podrán**	**pudiendo** **Partizip** podido	**pueda** **puedas** **pueda** podamos podáis **puedan**
poner *setzen,* *stellen,* *legen*	(yo) (tú) (él, ella, usted) (nosotros, -as) (vosotros, -as) (ellos, -as, ustedes)	**pongo** pones pone ponemos ponéis ponen	**puse** **pusiste** **puso** **pusimos** **pusisteis** **pusieron**	ponía ponías ponía poníamos poníais ponían	 **pon** **ponga**	**pondré** **pondrás** **pondrá** **pondremos** **pondréis** **pondrán**	poniendo **Partizip** **puesto**	ponga pongas ponga pongamos pongáis pongan

Infinitiv		Präsens	Indefinido	Imperfekt	Imperativ	Futur	Gerundium	Subjuntivo
querer	(yo)	quiero	quise	quería		querré	queriendo	quiera
mögen,	(tú)	quieres	quisiste	querías	quiere	querrás		quieras
wollen	(él, ella, usted)	quiere	quiso	quería	quiera	querrá	**Partizip**	quiera
	(nosotros, -as)	queremos	quisimos	queríamos		querremos	querido	queramos
	(vosotros, -as)	queréis	quisisteis	queríais		querréis		queráis
	(ellos, -as, ustedes)	quieren	quisieron	querían		querrán		quieran
saber	(yo)	sé	supe	sabía		sabré	sabiendo	sepa
wissen,	(tú)	sabes	supiste	sabías	sabe	sabrás		sepas
können	(él, ella, usted)	sabe	supo	sabía	sepa	sabrá	**Partizip**	sepa
	(nosotros, -as)	sabemos	supimos	sabíamos		sabremos	sabido	sepamos
	(vosotros, -as)	sabéis	supisteis	sabíais		sabréis		sepáis
	(ellos, -as, ustedes)	saben	supieron	sabían		sabrán		sepan
salir	(yo)	salgo	salí	salía		saldré	saliendo	salga
weggehen,	(tú)	sales	saliste	salías	sal	saldrás		salgas
ausgehen	(él, ella, usted)	sale	salió	salía	salga	saldrá	**Partizip**	salga
	(nosotros, -as)	salimos	salimos	salíamos		saldremos	salido	salgamos
	(vosotros, -as)	salís	salisteis	salíais		saldréis		salgáis
	(ellos, -as, ustedes)	salen	salieron	salían		saldrán		salgan
sentir	(yo)	siento	sentí	sentía		sentiré	sintiendo	sienta
fühlen	(tú)	sientes	sentiste	sentías	siente	sentirás		sientas
	(él, ella, usted)	siente	sintió	sentía	sienta	sentirá	**Partizip**	sienta
	(nosotros, -as)	sentimos	sentimos	sentíamos		sentiremos	sentido	sintamos
	(vosotros, -as)	sentís	sentisteis	sentíais		sentiréis		sintáis
	(ellos, -as, ustedes)	sienten	sintieron	sentían		sentirán		sientan
ser	(yo)	soy	fui	era		seré	siendo	sea
sein	(tú)	eres	fuiste	eras	sé	serás		seas
	(él, ella, usted)	es	fue	era	sea	será	**Partizip**	sea
	(nosotros, -as)	somos	fuimos	éramos		seremos	sido	seamos
	(vosotros, -as)	sois	fuisteis	erais		seréis		seáis
	(ellos, -as, ustedes)	son	fueron	eran		serán		sean
tener	(yo)	tengo	tuve	tenía		tendré	teniendo	tenga
haben	(tú)	tienes	tuviste	tenías	ten	tendrás		tengas
	(él, ella, usted)	tiene	tuvo	tenía	tenga	tendrá	**Partizip**	tenga
	(nosotros, -as)	tenemos	tuvimos	teníamos		tendremos	tenido	tengamos
	(vosotros, -as)	tenéis	tuvisteis	teníais		tendréis		tengáis
	(ellos, -as, ustedes)	tienen	tuvieron	tenían		tendrán		tengan

Infinitiv		Präsens	Indefinido	Imperfekt	Imperativ	Futur	Gerundium	Subjuntivo
venir	(yo)	vengo	vine	venía		vendré	viniendo	venga
kommen	(tú)	vienes	viniste	venías	ven	vendrás	**Partizip**	vengas
	(él, ella, usted)	viene	vino	venía	venga	vendrá	venido	venga
	(nosotros, -as)	venimos	vinimos	veníamos		vendremos		vengamos
	(vosotros, -as)	venís	vinisteis	veníais		vendréis		vengáis
	(ellos, -as, ustedes)	vienen	vinieron	venían		vendrán		vengan
ver	(yo)	veo	vi	veía		veré	viendo	vea
sehen	(tú)	ves	viste	veías	ve	verás	**Partizip**	veas
	(él, ella, usted)	ve	vio	veía	vea	verá	visto	vea
	(nosotros, -as)	vemos	vimos	veíamos		veremos		veamos
	(vosotros, -as)	veis	visteis	veíais		veréis		veáis
	(ellos, -as, ustedes)	ven	vieron	veían		verán		vean

Wortschatz nach Lektionen

- Alle **neuen Wörter** der Lektionen und *Repasos* werden in chronologischer Reihenfolge und mit ihrer deutschen Übersetzung im jeweiligen Zusammenhang angegeben.
- Keine Angst vor dem neuen Vokabular! Sie müssen nicht alle Wörter lernen! Die mager gedruckten Wörter kommen nur in den Abschnitten *En vivo* und den *Repasos* vor und werden in den nachfolgenden Lektionen nicht als bekannt vorausgesetzt.
- Grammatische Fachausdrücke und Zahlen werden nicht aufgeführt.

- Folgende **Abkürzungen** werden verwendet:

Abk.	Abkürzung	*LA*	Lateinamerika
Adj	Adjektiv	*m*	männlich
Adv	Adverb	*Nom*	Nomen, Substantiv
Art.	Artikel	*Part*	Partizip
Gen	Genitiv	*Pers*	Person
Ger	Gerundium	*PersPron*	Personalpronomen
Imp	Imperativ (Befehlsform)	*Pl*	Plural
Imperf	Imperfecto	*Präp*	Präposition
Indef	Indefinido	*Relat*	Relativpronomen
Inf	Infinitiv	*Sg*	Singular
jd	jemand	*Superl*	Superlativ
jdn	jemanden	*ugs*	umgangssprachlich
jdm	jemandem	*unregl*	unregelmäßig
Komp	Komparativ	*v.*	von
Kond	Konditional	*w*	weiblich
Konj	Konjunktion		

1 400 millones

1a
el continente	Kontinent

1b
la fuerza	Kraft
el chino mandarín	chinesisch (Mandarin)
la lengua oficial	offizielle Sprache, Amtssprache
hispano/-a	hispanoamerikanisch, Hispano-amerikaner/in *(aus dem spanischsprachigen Lateinamerika)*

3b
el sentido	*hier:* Sinn
tan... como...	so ... wie ...
la norma	Norm
general	allgemein
perfectamente	perfekt, problemlos
gracias (a)	dank (+ *Gen*)
la industria editorial	Verlagswesen
la industria	Industrie
editorial *(Adj)*	aus dem Verlagswesen
actuar	agieren
el vocabulario	Wortschatz
la ortografía	Rechtschreibung
a diferencia de	im Unterschied zu
ocurrir	passieren
por ejemplo (por ej.; p.e.)	zum Beispiel (z. B.)
el uso	Gebrauch
predominar	überwiegen, höher sein
característico/-a	charakteristisch, typisch, bezeichnend

universalmente	im Allgemeinen
estar en minoría	in der Minderheit sein
la minoría	Minderheit
total	Gesamtheit, Gesamtsumme
ser originario/-a (de)	kommen aus / stammen aus
en muchos sentidos	in vielerlei Hinsicht

4a
reírse	lachen
usarse	gebräuchlich sein
hispanoamericano/-a	hispanoamerikanisch, Hispano-amerikaner/in *(aus dem spanischsprachigen Lateinamerika)*
el chiste	Witz

4b
la guagua *(LA)*	städt. Bus *(Kanaren, Antillen)*; Reisebus *(Kuba, Puerto Rico)*
el colectivo *(LA)*	Bus *(Argentinien, Paraguay)*

5b
desde hace	seit
¿desde cuándo?	seit wann?
alguna vez	jemals, schon einmal, irgendwann
muchas veces	sehr oft, häufig
varias veces	mehrere Male
varios/-as	mehrere

6a
nicaragüense	nicaraguanisch, Nicaraguaner/in
sudamericano/-a	südamerikanisch, Südamerikaner/in

la mochila	Rucksack
la carta de amor	Liebesbrief
el amor	Liebe
averiguar	in Erfahrung bringen, ergründen

7a

la motivación	Motivation
comunicar(se)	kommunizieren
la fonética	Phonetik
el aprendizaje	Lernen, Lernprozess
aprender a aprender	das Lernen lernen
aceptar	akzeptieren
aprender descubriendo	Lernen durch Selbstentdecken

7b

el motor	Motor
¿para qué?	wofür?, wozu?
Yo opino que...	Ich bin der Meinung, dass ...
opinar	meinen
A mí me parece que...	Ich denke, dass ...

8a

la sugerencia	Anregung, Vorschlag
el orden de importancia	Rangfolge
participar	teilnehmen
activamente	aktiv
regularmente	regelmäßig
puntualmente	pünktlich
pasarlo bien	Spaß haben

8b

Yo pienso aprender...	Ich habe vor, ... zu lernen
pensar *(+ Inf)*	vorhaben

9b

el festival	Festival, Musikfest
la música latina	lateinamerikanische Musik

9c

el son	*hier:* kubanische Liedform afrikanischen Ursprungs
la cuna	Wiege
el género musical	Musikart
la mezcla	Mischung
esclavo/-a	Sklave/in
africano/-a	afrikanisch, Afrikaner/in
a través de	durch
la tristeza	Traurigkeit

10a

el corazón	Herz
el espectáculo	Veranstaltung, Darbietung
el sabor	Geschmack
multicultural	multikulturell
llenar	füllen
fotógrafo/-a	Fotograf/in
el actor	Schauspieler
la actriz	Schauspielerin
director/a de cine	Film-Regisseur/in
el Atlántico	Atlantik
separar	trennen
macrofestival	Makrofestival

iberoamericano/-a	iberoamerikanisch, Iberoamerikaner/in *(spanisch- und portugiesischsprachiges Lateinamerika)*
celebrarse	*hier:* stattfinden
último/-a	letzte/r
protagonista	Hauptfigur, Protagonist/in
peruano/-a	peruanisch, Peruaner/in
el premio	Preis, Auszeichnung
«lo latino»	*hier:* „das Lateinamerikanische"
magnífico/-a	toll, wunderbar
el privilegio	Privileg
por desgracia	leider
algo más que...	etwas mehr als ...
el seminario	Seminar, Fortbildung
la conferencia	Konferenz
el ciclo de cine	Filmreihe
el concierto	Konzert
la exposición	Ausstellung
la solidaridad	Solidarität

En vivo
a

la contraportada	*hier:* Umschlaginnenseite des Lehrbuchs
el pasaporte	Reisepass
mundial	weltweit, Welt-
el disco	*hier:* Schallplatte
impresionar	beeindrucken
Guinea Ecuatorial	Äquatorialguinea
África Negra	Schwarzafrika
la pieza	Musikstück
el bubi	*autochthone Sprache auf der afrikanischen Insel Bioko, Äquatorialguinea*
autóctono/-a	autochthon, Ureinwohner/in
el lugar de origen	Herkunftsort
cantante	Sänger/in
autor/a	Autor/in
saharaui	*Sprache und Angehörige(r) der arabisch-berber. Mischbevölkerung im ehemals spanischen Westsahara*
el hasania	*mit dem Arabischen verwandte Sprache (gesprochen in der Westsahara und in Marokko)*
vertiente	*hier:* „Ableger" einer anderen Sprache
árabe	arabisch, Araber/in
la identidad	Identität
la esperanza	Hoffnung
la declaración de independencia	Unabhängigkeitserklärung
la declaración	*hier:* (offizielle) Erklärung
la independencia	Unabhängigkeit
la colonia	*hier:* Kolonie
a finales de / del + *Nom*	Ende + *Gen (Zeitangabe)*
el siglo	Jahrhundert
redactar	*hier:* abfassen, redigieren
el tagalo	*Sprache der Malaien auf den Philippinen*
el nombre propio	Vorname
propio/-a	eigen

directamente — direkt
tomar — *hier:* übernehmen
filipino/-a — philippinisch, Filipino/-a
exportar — exportieren
a principios de / del — Anfang + *Gen (Zeitangabe)*
se ha impuesto *(v. «imponer»)* — *hier:* er / sie hat sich durchgesetzt
Filipinas — Philippinen
evitar — vermeiden

b
la desaparición — Verschwinden

2 ¿Como quedamos?

1a
¿Qué película ponen...? — Welcher Film läuft ...?
la película — *hier:* Kinofilm, Spielfilm
poner — *hier:* laufen, zeigen
la galería — Kunstgalerie

2b
¿Cómo quedamos? — Wie (wo, wann) treffen wir uns?
quedar — *hier:* sich verabreden
conmigo, contigo — mit mir, mit dir

3a
¿Qué tal si...? — *hier:* Wie wäre es, wenn ...?
un día — *hier:* einmal, irgendwann
claro que sí — natürlich, selbstverständlich
en la puerta — vor der Tür
en — *hier:* vor
verse — *hier:* sich sehen, sich treffen
¡Cuánto tiempo (sin verte)! — *hier:* Lange nicht mehr gesehen!
No me va bien. — *hier:* Das passt mir nicht so gut.
tan pronto — so früh
tan — so
pronto — *hier:* früh
perfecto — *hier:* prima, o.k., einverstanden

4a
tomar una copa — etwas trinken gehen
la copa — Glas, *hier:* alkoholisches Getränk
dar una vuelta — *hier:* mit Freunden ausgehen, durch Kneipen ziehen
la vuelta — *hier:* Runde
la ópera — Oper
la obra de teatro — Theaterstück
jugar al tenis — Tennis spielen

4c
Pongan una excusa. — Entschuldigen Sie sich (dafür).

5a
¿De parte de quién, por favor? — Wer ist bitte am Apparat?
No, no está. — *hier:* Nein, er / sie ist momentan nicht da.
Ahora se pone. — *hier:* Er / Sie kommt gleich ans Telefon.

ponerse — *hier:* ans Telefon gehen
En este momento no puede ponerse. — Momentan kann er / sie nicht ans Telefon kommen.
en este momento — momentan
¿Diga? / ¿Dígame? — *So nimmt man in Spanien einen Anruf entgegen.*
¿Bueno? — *So nimmt man in Mexiko einen Anruf entgegen.*
¿Hola? — *So nimmt man in Argentinien einen Anruf entgegen.*
¿Aló? — *So nimmt man in Peru, Chile und Zentralamerika einen Anruf entgegen.*
Sr. / Sra. *(Abk. v. Señor / Señora)* — Herr ... / Frau ...

5c
Pónganse de espaldas. — Setzen Sie sich mit dem Rücken zueinander.
de espaldas — Rücken an Rücken

6a
Comunica. — *hier:* Belegt. *(Telefon)*
No contesta. — *hier:* Es geht niemand ans Telefon.
el contestador automático — Anrufbeantworter
automático/-a — automatisch
Se ha equivocado. — Sie haben sich verwählt.
equivocarse — sich irren, *hier:* sich verwählen

7
afirmativamente — bejahend
ahora mismo — jetzt gleich
más tarde — später
pedir perdón — sich entschuldigen
dar las gracias — sich bedanken

8a
sueco/-a — schwedisch, Schwede / Schwedin
europeo/-a — europäisch, Europäer/in
dedicar — widmen
diferenciar — unterscheiden
claramente — deutlich
transcurrir — *hier:* vergehen (Zeit)
la suma total — Gesamtsumme
la necesidad — Notwendigkeit
continuamente — ständig
tanto tiempo — *hier:* so viel Zeit
tanto/-a — so viel
cercano/-a — nah
la barra — *hier:* Bartheke
sentarse — sich hinsetzen
la máquina de café — Kaffeemaschine
hacer ruido — Geräusche / Krach, Lärm machen
el ruido — Geräusche, Krach
infernal — höllisch
en el fondo — *hier:* im Hintergrund
sustituir — ersetzen
el olor — Geruch
los calamares fritos — frittierte Kalmare *(Art Tintenfisch)*
el calamar — Tintenfisch
frito/-a *(v. «freír»)* — frittiert
el aroma — Aroma, Duft, Geruch

la caña (de cerveza)	*hier:* kleines Bier vom Fass
el bocadillo	belegtes Brötchen
el vaso	Glas
la aceituna	Olive
silencioso/-a	leise, schweigsam, ruhig
pensionista	Rentner/in, Pensionär/in
el aguardiente	Branntwein, Schnaps
el coñac	Kognak
fumar	rauchen
el puro	Zigarre
la broma	Scherz, Spaß
las risas	Gelächter
a causa de / del	aufgrund (von)
acercarse	sich nähern

8b

la marcha	*hier:* von Kneipe zu Kneipe ziehen
el aperitivo	Aperitif, appetitanregende (Vor-)Speise

8c

estar + *Ger*	gerade etwas tun
estoy bailando	ich tanze gerade

9

¿Qué está haciendo?	Was macht er / sie gerade?
Ya sé.	Ich weiß schon.

En vivo
a

practicar deporte	Sport treiben
en cuanto a	in Bezug auf
el costumbre	Gewohnheit
de bar en bar	von einer Kneipe in die andere
el malecón	Kai, Mole
la cantina *(LA)*	*hier:* Taverne, Kneipe
es cuestión de…	es ist eine Frage + *Gen (Art.)*
la plata *(LA)*	*hier:* Geld
la farra *(LA)*	*hier:* lärmendes Vergnügen, Rummel
nocturno/-a	nächtlich
habitual	gewöhnlich, tagtäglich
espontáneo/-a	spontan
sin nada que hacer	ohne etwas zu tun
el refresco	Erfrischungsgetränk
la pachanga *(LA)*	*hier:* Party (oft improvisiert) zu Hause
el club	*hier:* Sportzentrum, Sportverein
el centro deportivo	Sportzentrum
acomodado/-a	*hier:* wohlhabend
el fútbol	Fußball
cualquier, cualquiera	irgendein/e/er
muchacho/-a	Junge, Mädchen
distinguir	unterscheiden
Sí, cierto.	Ja, (das) stimmt.
cierto/-a	wahr, richtig
el béisbol	Baseball *(amerikanische Sportart, in Zentralamerika sehr beliebt)*
Lo que más nos gusta…	Was uns am besten gefällt …

3 ¡Buen viaje!

1a

hace calor	es ist warm
el calor	Wärme, Hitze
hace frío	es ist kalt
el frío	Kälte
hace sol	es ist sonnig, die Sonne scheint
hace viento	es ist windig
el viento	Wind
hace buen tiempo	das Wetter ist schön / es ist schönes Wetter
el tiempo	*hier:* Wetter
hace mal tiempo	das Wetter ist schlecht
llover	regnen
nevar	schneien
está nublado	es ist bewölkt
hay niebla	es ist neblig
la niebla	Nebel

1b

el otoño	Herbst

3b

el mapa meteorológico	Wetterkarte
meteorológico/-a	Wetter-, meteorologisch

4

despejado/-a	wolkenlos, hell
soleado/-a	sonnig
la nubosidad variable	aufgelockerte Bewölkung
variable	wechselhaft, unbeständig
inestable	unbeständig, wechselhaft
la lluvia	Regen
la temperatura	Temperatur
máximo/-a	maximal
mínimo/-a	minimal
la tormenta	Sturm
leve	leicht
moderado/-a	*hier:* mäßig

6a

¿Qué le ha pasado?	Was ist ihr / ihm / Ihnen passiert?
salir	*hier:* wegfahren, abfahren

6b

el Regional (tren)	*hier:* Regionalzug
¡Qué mala suerte!	Was für ein Pech!
mala suerte	Pech (wörtlich schlechtes Glück)
Acaba de salir.	Er ist gerade abgefahren.
acabar de + *Inf*	gerade etwas getan haben
hace (v. «hacer») + *Zeitangabe*	vor + *Zeitangabe*
algún otro, alguna otra	irgendein anderer / irgendeine andere
Déme un billete para….	Geben Sie mir eine Fahrkarte nach …
¿Fumador o no fumador?	Raucher oder Nichtraucher?
fumador/a	Raucher/in

7

el TALGO	*spanischer Zugtyp*
preferente	*hier:* 1. Klasse

8a

¿Dónde suele pasar sus vacaciones?	Wo verbringen Sie normalerweise Ihren Urlaub?
pasar las vacaciones	den Urlaub verbringen
soler + *Inf*	etwas zu tun pflegen
el viaje itinerante	Rundreise
descansar	sich ausruhen
por cuenta propia	auf eigene Faust
el autocar	Reise-, Überlandbus
alquilado/-a	gemietet
salir de vacaciones	in Urlaub fahren
No, todavía no.	Nein, noch nicht.
todavía	noch
una vez	einmal
la vez	Mal

9a

fijo/-a	fest, fix, sicher
el parador	*in Spanien: Luxushotel, oft in historischen Gebäuden*
el hostal	(kleineres) Hotel
la organización	Organisation
la compañía	*hier:* Begleitung
tomarse vacaciones	sich Urlaub nehmen
«a la española»	auf spanische Art
la oferta	Angebot
aumentar	steigen, sich erhöhen
crecer	wachsen
revelar	zeigen
la estadística	Statistik
disfrutar (de)	genießen
preferiblemente	vorzugsweise
la fórmula	Formel
el veraneo	Sommerurlaub
preocupar	Sorgen machen

10b

hacer las maletas	Koffer packen
la maleta	Koffer
la tirita	Pflaster
el perro	Hund
la residencia canina	Hundepension
la residencia	Residenz, Wohnheim
recoger	abholen
sacar dinero	Geld abheben
el carrete	Film (für Kamera)
la llave	Schlüssel

11a

publicitario/-a	Werbe-
agregar	hinzufügen
escalar	klettern, bergsteigen
navegar	zur See fahren, segeln
el lago	See
pescar	angeln
sacar fotos	fotografieren
bucear	tauchen
hacer submarinismo	tauchen

el submarinismo	Unterwassersport
la reserva natural	Naturschutzgebiet
natural	natürlich
en libertad	frei, in Freiheit

En vivo
b

la consecuencia	Folge
el fenómeno	Phänomen
el clima	Klima
mundial	weltweit, Welt-
terrible	fürchterlich, schrecklich, schlimm
la inundación	Überschwemmung
grave	schwer
la pobreza	Armut
el hambre *w (Art.)*	Hunger
la epidemia	Epidemie
Centroamérica	Zentralamerika
el huracán	Orkan
oriental	östlich
el cambio de temperatura	Temperaturwechsel
desaparecer	verschwinden
el nutriente	Nährstoff
la pesca	Fischfang
morir	sterben
la sequía	Dürre, Trockenperiode
la pérdida	Verlust
la interacción	Interaktion
la atmósfera	Atmosphäre
el océano	Ozean
afectar	beeinflussen
el sistema climático	Klimasystem
climático/-a	klimatisch, Klima-
la manifestación	Erscheinung
visible	sichtbar
el aumento	Erhöhung
la superficie	Oberfläche
ecuatorial	äquatorial, Äquator-
usar	benutzen
pescador/a	Fischer
referirse a	sich beziehen auf
el calentamiento	Erwärmung
ocurrir	stattfinden
alrededor de	rund um
de ahí	*hier:* deswegen, daher
el Niño Jesús	Jesuskind
costero/-a	an der Küste
disminuir	*hier:* sinken
temporalmente	vorübergehend
la duración	Zeitdauer
aproximado/-a	ungefähr
por razones desconocidas	aus unbekannten Gründen
desconocido/-a	unbekannt
destructivo/-a	destruktiv
producirse	sich ergeben, entstehen
intenso/-a	stark, intensiv
el episodio	Episode
prever	vorhersehen
la exactitud	Genauigkeit
la intensidad	Intensität, Stärke

4 ¡Fue una odisea!

1a

hace un mes	vor einem Monat
larguísimo/-a (v. «largo»)	sehr lang
lo primero	hier: als Erstes, zunächst einmal
la hospitalidad	Gastfreundlichkeit
la alegría de vivir	Lebensfreude
fui (v. «ir»)	ich ging, fuhr
la laguna	Lagune
el mate de coca (LA)	Koka-Tee (Getränk aus Koka-Blättern, im Andenraum, gutes Mittel gegen Höhenkrankheit)
el soroche (LA)	Höhenkrankheit
por cierto	übrigens
¿Qué tal marcha...?	Wie läuft ...?
marchar	hier: laufen, funktionieren
el club	hier: Jugendzentrum, Kulturzentrum
Un abrazo	hier: Ich umarme dich (herzlicher Abschiedsgruß in persönl. Briefen)
Apreciado/-a... (LA)	Liebe/r ... (Anrede in persönl. Briefen)
el viaje de regreso	Rückreise
el regreso	Rückkehr
conductor/a	Fahrer/in
el ómnibus (LA)	Reisebus (in Peru)
anteayer	vorgestern
muchacho/-a	Junge, Mädchen
hicieron (v. «hacer»)	sie machten
hace unos días	vor ein paar Tagen
estuvimos (v. «estar»)	wir waren
¡Qué bueno que viniste! (LA)	Wie schön, dass du gekommen bist!
viniste (v. «venir»)	du kamst
el compadre (LA)	Freund
Saludos a...	Grüße an ...
Cooperación Internacional	spanische nichtstaatliche Organisation

1b

el bus (LA)	Bus
interregional	überregional
el mal de altura	Höhenkrankheit
el mal	hier: Krankheit
conversar	sich unterhalten

2

ayer	gestern
el otro día	neulich
la semana pasada	letzte Woche
el mes pasado	letzten Monat, im letzten Monat
pasado/-a	vergangene/r, letzte/r
anoche	gestern Abend, gestern Nacht

3b

estuve (v. „estar»)	ich war
hice (v. «hacer»)	ich machte
vine (v. «venir»)	ich kam

4a

gozar	genießen
conocer	kennen, kennen lernen
presentarse	sich vorstellen
besar	küssen
sonreír	lächeln
enamorarse	sich verlieben
la cabeza	Kopf

7a

la ONG, «Organización no Gubernamental»	Nichtregierungsorganisation

7b

el boletín	Bulletin, Informationsblatt
la odisea	Odyssee
el Altiplano (LA)	Hochebene (Andenraum)
la jornada	hier: Tagung
la igualdad de derechos	Gleichberechtigung
la igualdad	Gleichheit
el derecho	hier: Recht, Berechtigung
Oeste	Westen
verdadero/-a	wahr, wirklich
la globalización	Globalisierung
dijo (v. «decir»)	er / sie sagte
experto/-a	Experte/-in, Fachmann / Fachfrau
la cooperación al desarrollo	Entwicklungshilfe
la cooperación	Zusammenarbeit, Kooperation
el desarrollo	Entwicklung
la experiencia	Erfahrung
el intercambio	Austausch
hacia	in Richtung ..., nach
fue una odisea	es war eine Odyssee
fue (v. «ser»)	es war
a nivel del mar	auf Höhe des Meeresspiegels
el nivel	hier: Höhe, Niveau
el quechua (LA)	Ketschua (indian. Sprache, Andenraum)
el ídolo	Idol
la piedra	Stein
campesino/-a	Bauer / Bäuerin
el minero	Bergmann
descendiente	Nachkomme
el inca (LA)	Inka
Luchan por sobrevivir.	Sie kämpfen ums Überleben.
luchar (por)	(um etwas) kämpfen
sobrevivir	überleben
día a día	Tag um Tag, täglich
la crisis	Krise
el desastre natural	Naturkatastrophe
la violencia	Gewalt
terrorista	terroristisch, Terrorist/in
lejano/-a	fern
despertar	wecken
alumno/-a	Schüler/in
el sueño	Traum
pintar	hier: streichen
todo tipo de...	jede Art von ...
alegre	froh, fröhlich
enriquecedor/a	bereichernd
valorar	wertschätzen

Wortschatz nach Lektionen

8b

¿Qué pasó	Was ist passiert?
¿Cómo fue?	Wie war es?
horrible	schrecklich
ciudadano/-a	Bürger/in
estar asociado/-a	Mitglied sein
colaborar	mitarbeiten

9

intercambiar	austauschen

10a

A ver…	Mal sehen …
Cuenta…, Cuéntame… (tú)	Erzähl …, Erzähl mir …
al final	am Ende
total, que…	also …
lindo/-a (LA)	schön
la comadre (LA)	Freundin
¡Qué sorpresa!	Was für eine Überraschung!
Hace mucho que…	Es ist lange her, dass …
Imagínate que…	Stell dir vor …
curiosísimo/-a	sehr interessant, sehr merkwürdig
resulta que…	also …, demnach …, folglich …
bañarse	baden
¡No puede ser!	Das kann doch nicht wahr sein! Das gibt's doch nicht!
¿De veras?	Wirklich?
sorprenderse	überrascht sein
por suerte	glücklicherweise
un buen rato	hier: eine ganze Weile
el rato	Weile
¡Qué alegría! (LA)	Wie nett, lustig!

11a

servir (para)	(dazu) dienen

En vivo

a

el congreso	Kongress
perder	hier: verlieren
hacer una presentación	einen Vortrag halten
la presentación	Vortrag, Präsentation
el material audiovisual	audiovisuelles Material
audiovisual	audiovisuell
hacer una reclamación	reklamieren
la reclamación	Reklamation
recuperar	zurückerhalten

b

en busca de	auf der Suche nach
la valija (LA)	Koffer (Argentinien)
tener miedo (de)	(vor etwas) Angst haben
el miedo	Angst
acostumbrado/-a (a)	gewöhnt (an)
asegurar	behaupten, versichern
tan + adj + que	so + Adj + dass
jamás	niemals
el equipaje	Gepäck
la escala	hier: Zwischenlandung
el micro (LA)	kleiner interregionaler Bus (Argentinien u. a.)
al llegar	bei der Ankunft

entregar	abgeben, einreichen
el ticket (LA)	hier: Fahrschein
sin éxito	ohne Erfolg, vergeblich
el disquete	Diskette
dar una conferencia	einen Vortrag halten
científico/-a	wissenschaftlich, Wissenschaftler/in
el Mercosur	lateinamerikanische Handelsorganisation
la ocasión	hier: Gelegenheit
el pantalón de jean (LA)	Jeans
la remera (LA)	Jacke (Argentinien)
peor (v. «malo/-a»)	schlechter, schlimmer
la compañía	hier: (Bus-)Gesellschaft
el reclamo (LA)	Reklamation
recibir una llamada	einen Anruf erhalten
la llamada	Anruf
denunciar	anzeigen
similar	ähnlich

Repaso 1

1b

nuevamente (= de nuevo)	noch einmal
pedir hablar con alguien	jdn sprechen wollen (am Telefon)
alguien	jemand(en)
Quisiera (Quería) hablar con…	Ich hätte gern (gesprochen) …
¿Podría hablar con…?	Könnte ich mit … sprechen?
¿Me pone con el Sr. / la Sra. …? / ¿Podría ponerme con…?	Könnten Sie mich mit Herrn … / Frau… verbinden?
poner	hier: verbinden
Está reunido/-a.	Er / Sie ist in einer Besprechung.
reunido/-a	hier: in einer Besprechung
el mensaje	Nachricht
¿Quiere dejar un mensaje?	Möchten Sie eine Nachricht hinterlassen?
¿Puedo dejar un mensaje?	Kann ich eine Nachricht hinterlassen?
¿Puede decirle que he llamado?	Können Sie ihm sagen, dass ich angerufen habe?
A la atención de…	z. Hd. von (bei formellen Briefen)
durante su ausencia	während Ihrer Abwesenheit
la ausencia	Abwesenheit
telefonear (LA)	anrufen, telefonieren
urgente	eilig
Recibido/-a por…	Angenommen (von) …

2a

el departamento de ventas	Verkauf (Abteilung)
la venta	Verkauf
la turbina	Turbine
lanzar al mercado	auf dem Markt werfen (Marketing)
llamar a alguien por teléfono	jemanden anrufen
por teléfono	telefonisch

4a

la frecuencia de vuelo	hier: Flüge
la observación	hier: Bemerkung

5

Estimado/-a …:	Sehr geehrter / Sehr geehrte … *(Briefkopf)*
Quería decirte que…	Ich wollte dir sagen, dass …

5 Salud, dinero y amor

1a

la pierna	Bein
la boca	Mund
el pecho	Brust
el brazo	Arm
el pie	Fuß

1b

el cuerpo	Körper
caramelo	*hier:* hellbraun, karamell-farben
la nariz	Nase
gracioso/-a	*hier:* graziös, anmutig
la sonrisa	Lächeln
la piel	Haut
recorrer	durch … laufen
acunar	(Kind) wiegen
el bebé	Baby
acompañar	begleiten
el minué	Menuett
bello/-a	schön
la cintura	Taille
estrecho/-a	*hier:* schmal
la cadera	Hüfte
¡Olé!	*spanischer Ausruf, hier etwa:* bravo!
el laberinto	Labyrinth
el cielo	Himmel
caminar	*hier:* Gang

1d

contento/-a	froh, zufrieden
enamorado/-a	verliebt
deprimido/-a	deprimiert

3a

el estómago	Magen
el dedo	Finger
la mano *(Art.!)*	Hand
la espalda	Rücken
el cuello	Hals
las nalgas	Gesäß
el hombro	Schulter

4a

¡Ojo!	Vorsicht!
la frase hecha	Redewendung
«Estoy con el agua al cuello.»	„Das Wasser steht mir bis zum Hals."
«Es un hombre de pelo en pecho.»	„Er ist ein ganzer, ein gestandener Mann."
«Se me hace la boca agua»	„Das Wasser läuft mir im Mund zusammen."
«Estar hasta las narices.»	„Es satt haben."

«Eso cuesto un ojo de la cara.»	„Das kostet ein Vermögen."
la cara	Gesicht

4b

masculino/-a	männlich
¡Atención!	Vorsicht! Achtung!
¡Cuidado!	Vorsicht!
estar cansado/-a (de)	*hier:* einer Sache überdrüssig sein
cansado/-a	müde, erschöpft

4c

el proverbio	Sprichwort

5

pedir hora	um einen Termin (z. B. beim Arzt) bitten
paciente	Patient/in
la gripe	Grippe

6a

Le duele.	Es tut ihm / ihr / Ihnen weh.
doler	wehtun, schmerzen
la muela	Backenzahn
la fiebre	Fieber
resfriado/-a	erkältet

6b

la mímica	Mimik

6c

Queda anotado.	Es ist eingetragen, notiert.
anotado/-a	eingetragen, notiert
la tos	Husten
dolor(es) de cabeza	Kopfschmerzen
el dolor	Schmerz
enfermo/-a	krank
Me encuentro bien / mal.	Ich fühle mich gut / schlecht.
encontrarse	*hier:* sich fühlen
Me siento bien / mal.	Ich fühle mich gut / schlecht.

7a

la consulta	*hier:* (Arzt-)Praxis
Pase, pase… (usted) (v. «pasar»)	Kommen Sie herein.
pasar	*hier:* hereinkommen
Siéntese (usted) (v. «sentarse»)	Setzen Sie sich.
¿Qué le pasa?	Was fehlt Ihnen?
Mire… (usted)	Schauen Sie mal …
doctor/a	Doktor/in, Arzt / Ärztin,
últimamente	in letzter Zeit
sin ganas de nada	vollkommen lustlos
las ganas	Lust
tener apetito	Hunger, Appetit haben
el apetito	Appetit
¡Esto no es vida!	Das ist doch kein Leben!
Ya…	*hier:* Verstehe …
concreto/-a	konkret
Vamos a ver.	Mal sehen.
Abra… (usted) (v. «abrir»)	Machen Sie … auf.
quitarse	*hier:* (sich) etwas ausziehen

la camisa	Hemd
tumbarse	sich hinlegen
respirar	atmen
raro/-a	*hier:* komisch, ungewöhnlich
¿Qué vida lleva usted?	Was für ein Leben führen Sie?
llevar	*hier:* führen
jubilado/-a	in Rente, pensioniert
probablemente	wahrscheinlich
la disciplina	Disziplin
en un par de...	in ein paar ... *(+ Zeitangabe)*
un par de días	ein paar Tage
Tiene usted razón.	Sie haben Recht.
tener razón	Recht haben
la razón	*hier:* Recht
la regularidad	Regelmäßigeit
la receta	Rezept
la vitamina	Vitamin
los minerales	Mineralien
dentro de un mes	in einem Monat
dentro de...	*hier:* innerhalb von ... *(+ Zeitangabe)*
¡Que se mejore!	Gute Besserung!
mejorarse	sich erholen (gesundheitlich)

8

relajante	erholsam, entspannend

9a

el remedio	(Heil-)Mittel
la aspirina	Aspirin
el analgésico	Analgetikum, Schmerzmittel
el antibiótico	Antibiotikum
el jarabe	Hustensaft, Sirup
la infusión de manzanilla	Kamillentee
la infusión	*hier:* Kräutertee
la manzanilla	Kamille
darse un masaje	sich massieren lassen
quedarse en casa	zu Hause bleiben

10

la recomendación	Empfehlung
haz (tú) *(v. «hacer»)*	mach!
ve (tú) *(v. «ir»)*	geh!

11c

al día	am Tag

12b

la felicidad	Glück, Glücklichsein
la encuesta	Umfrage
cerca de	*hier:* rund, fast
satisfecho/-a	zufrieden
la pasión	Leidenschaft
el equilibrio	Gleichgewicht
emocional	emotional
sufrir	leiden
el valor	Wert
la sociedad	Gesellschaft
la salud	Gesundheit
seguir	*hier:* (darauf) folgen
de cerca	*hier:* dicht
las amistades	*hier:* Freunde, Bekanntenkreis
ganar dinero	Geld verdienen

por último	zuletzt, schließlich
la religión	Religion
es decir, ...	das heißt, ...
valioso/-a	wertvoll
privado/-a	privat
en segundo lugar	an zweiter Stelle
institucional	institutionell
social	sozial
público/-a	öffentlich
en relación a	in Bezug auf
la producción	Herstellung, Produktion
No son prioridad absoluta.	Sie haben keinen deutlichen Vorrang.
la prioridad	Priorität, Vorrang
absoluto/-a	absolut
identificarse con	sich identifizieren mit
realmente	wirklich
estable	stabil

12c

coincidir (con)	übereinstimmen (mit)

En vivo
a

curandero/-a	Heiler/in
el aparato	Apparat, Gerät
la radiografía	Röntgenaufnahme
recetar	verschreiben
sin embargo	trotzdem
curar	heilen
la medicina natural	Natur-Medizin
humanista	humanistisch
la alta tecnología	High Tech
el ambulatorio	Ambulanz
la Seguridad Social	staatliche Krankenkasse *(Spanien)*
algo así como...	so etwas wie ...
psicoterapeuta	Psychotherapeut/in
la psicología	Psychologie
familiar	*hier:* familiär
la intuición	Intuition
la fe	Glaube
el alcoholismo	Alkoholismus
la depresión	Depression
el insomnio	Schlaflosigkeit
colocar	*hier:* einrenken
el hueso	Knochen
la articulación	*hier:* Gelenk
confiar (en)	vertrauen (auf)
ortopedista	Orthopäde / Orthopädin
esperar turno	warten, bis man an der Reihe ist
futuro/-a	zukünftig
el centímetro	Zentimeter
masajear	massieren
la precisión	Präzision
vitalista	vital
pasar (por)	durch ... gehen
el don	Gabe
Dios	Gott
la gracia	*hier:* Gabe, Gnade
enseñar	zeigen, lehren
nacer	geboren werden
los pies planos	Plattfüße

plano/-a	flach, platt
la solución	Lösung
duradero/-a	dauerhaft
la rehabilitación	Rehabilitation
recuperarse	sich erholen (von einer Krankheit)
religioso/-a	religiös
místico/-a	mystisch, Mystiker/in
pragmático/-a	pragmatisch
efectivo/-a	effektiv

b

indispensable	unentbehrlich
rural	ländlich
aislado/-a	isoliert
pobre	arm
consultar	zu Rate ziehen
paralelamente	hier: gleichzeitig
la tarifa	Tarif
pagar «la voluntad»	nach Gutdünken zahlen
el tratamiento	Behandlung

6 Otro país, otra cultura

1b

en público	in der Öffentlichkeit
compartir	teilen
hacer gestos	gestikulieren
el gesto	Geste
tocar	anfassen, berühren
entre plato y plato	zwischen zwei Gängen (Mahlzeiten)

2a

costar trabajo	Mühe kosten, mühsam sein
el ritual	Ritual
insistir (en)	auf etwas bestehen
herir	verletzen
el orgullo	Stolz
la palabra vulgar	hier: Schimpfwort
vulgar	vulgär
formal	formell
chocar	hier: schockieren
generalizado/-a	verbreitet
la palabrota	Schimpfwort
el nivel social	soziale Schicht
acostumbrarse (a)	sich an etwas gewöhnen
el tuteo	Du-Form, Duzen
en todas partes	überall
la falta de respeto	Missachtung, mangelnder Respekt
el respeto	Respekt, Achtung
en cambio	hingegen
¡Ni hablar!	Ausgeschlossen! Von wegen!
¡De ninguna manera!	Auf gar keinen Fall!
el más + Adj	der ...-ste
convincente	überzeugend
pelear	streiten
Me toca a mí.	Ich bin dran.
tocar	hier: dran sein
discretamente	diskret, vorsichtig

mío, mía	meins, meine/r
un día...	eines Tages
¿Me podrías...?	Könntest du mir ...?
podrías (v. «poder»)	du könntest (etwas machen)
el rollo	Film(-rolle) (Fotoapparat)
¡Cómo no!	Selbstverständlich!
por cortesía	aus Höflichkeit
la cortesía	Höflichkeit
los días siguientes	an den folgenden Tagen
cortés, cortesa	höflich
seco/-a	hier: kurz angebunden, einsilbig

4a

pedir permiso	um Erlaubnis bitten
el permiso	Erlaubnis
¿Puedo pasar?	Darf ich hereinkommen?
el ambiente	hier: Luft
cargado/-a	hier: dick, schlecht (Luft)

5

bajar	hier: leiser stellen
el volumen	hier: Lautstärke
el lápiz	Bleistift
el armario	Schrank
la luz	Licht
pon (tú) (v. «poner»)	hier: Stell ...!
ven (tú) (v. «venir»)	Komm!
di (tú) (v. «decir»)	Sag!

7b

hacer escala	eine Zwischenlandung machen
es que ya sabes...	du weißt doch, ...
al día siguiente	am nächsten Tag
con mucho gusto	mit großem Vergnügen
el encanto	hier: Schatz
¡No hay problema!	Kein Problem!
¡Cómo me alegro!	Das freut mich aber!
¿Podría pedirte un favor?	Könnte ich dich um einen Gefallen bitten?
pedir un favor	um einen Gefallen bitten
el favor	Bitte, Gefallen

8

pariente	Verwandte/r
prestar	(ver-)leihen
llevar a pasear	ausführen, spazieren führen

10

dar de comer	füttern
la confianza	Vertrauen
sacar a pasear	ausführen (Hund)
regar	gießen
la planta	hier: Pflanze
vaciar	entleeren
el buzón	Briefkasten
dar permiso	Erlaubnis erteilen
hacer una barbacoa	grillen, ein Grillfest veranstalten
la barbacoa	Gartengrill

11a

enfadado/-a	verärgert
expresivo/-a	ausdrucksvoll, herzlich

En vivo
a

la valoración	Bewertung
castellano/-a	spanisch, kastilisch (aus Kastilien, Zentralspanien)
de mediana edad	mittleren Alters
mediano/-a	mittlere/r
desesperado/-a	verzweifelt
la soledad	Einsamkeit
la caravana	Karawane
con la intención de + Inf	mit der Absicht, …
formar	bilden
la procedencia	Herkunft
desigual	ungleich
dominicano/-a	aus der Dominikanischen Republik
introvertido/-a	introvertiert
industrial	industriell
exuberante	hier: exotisch, hübsch, üppig
el hecho real	Tatsache
el hecho	Tat
real	wirklich
sin pelos en la lengua	ohne Umschweife (span. Redewendung)
la inmigración	Immigration, Einwanderung
la tolerancia	Toleranz
la dificultad	Schwierigkeit
el pueblecito de montaña	kleines Bergdorf
la montaña	Berg
la ganadería	Viehzucht
a pesar de	trotz
las condiciones climáticas	Wetter, klimatische Bedingungen
típico/-a	typisch
Pirineo Occidental	Westpyrenäen
occidental	westlich
la aventura	Abenteuer
ir al encuentro de	jdm entgegenkommen
el encuentro	hier: Begegnung
pionero/-a	Pioniers-, Pionier/in
poblar	bevölkern
salvaje	wild
imitar	nachmachen, imitieren
la bienvenida	Willkommen
revivir	aufleben
desde entonces	seitdem

7 Hogar, dulce hogar

Hogar, dulce hogar…	Span. Sprichwort, etwa: „Zu Hause ist es am schönsten" („Home, sweet home")
el hogar	Zuhause, Heim

1a

el molino	Mühle
restaurado/-a	restauriert
restaurar	restaurieren
el siglo	Jahrhundert
valenciano/-a	hier: aus Valencia (Spanien)

mediterráneo/-a	aus dem Mittelmeerraum
idílico/-a	idyllisch
el naranjo	Orangenbaum
luminoso/-a	hell
confortable	komfortabel, gemütlich
la sala de estar	Wohnzimmer
decorado/-a	dekoriert
decorar	dekorieren
al estilo…	im … Stil
señorial	herrschaftlich
la chimenea	Kamin
el mármol	Marmor
elegante	elegant
cálido/-a	warm
la lámpara	Lampe
el cristal	Kristall, Glas
el modelo	Modell
el dormitorio	Schlafzimmer
la decoración	Dekoration, Ausstattung
sencillo/-a	einfach
ligero/-a	leicht
Da a la piscina.	hier: Es geht (führt) zum Schwimmbad hinaus.
dar (a)	hier: zum … hinausgehen
el mueble	Möbel
el metal	Metall
fabricado/-a (en)	hergestellt (in)
el comedor	Esszimmer
mágico/-a	magisch
gastronómico/-a	gastronomisch
la alfombra	Teppich
persa	persisch; Perser/in
el cuarto de baño	Badezimmer
el material	Material, Stoff
noble	hier: edel
la cerámica	Keramik
la madera	Holz
el ambiente	hier: Ambiente, Atmosphäre
íntimo/-a	intim, gemütlich
amplio/-a	breit, groß
conservar	hier: erhalten
la atmósfera	Atmosphäre
rústico/-a	rustikal
la fabricación	Herstellung
artesanal	handwerklich
oscuro/-a	dunkel
entrar	hereinkommen
el jazmín	Jasmin
el patio interior	Innenhof
el patio	Hof
interior	innere/r/s

3a

dueño/-a de la casa	Hausherr/in
recibir visita	Besuch bekommen
la visita	Besuch
el trayecto	Weg

3b

¡Qué va!	Überhaupt nicht!
precioso/-a	wunderschön
anfitrión / anfitriona	Gastgeber/in

3c

mostrar	zeigen
la vivienda	Wohnung
la novedad	Neuheit
invitado/-a	*hier:* Gast
elogiar	loben
por su parte	*hier:* ihrerseits
simplemente	einfach
sino que	sondern
tratar (de) + *Inf*	versuchen (etwas zu tun)
quitar importancia (a algo)	*hier:* eine Sache herunterspielen
el elogio	Lob

4a

Se vende.	Zu verkaufen.
la zona céntrica	zentrale Lage
la zona	Lage, Viertel
céntrico/-a	zentral
todo exterior	zur Straße hin
completo/-a	*hier:* vollständig
el parqué	Parkett
amueblado/-a	möbliert
la calefacción central	Zentralheizung
el trastero	Abstellkammer
la planta	*hier:* Geschoss, Etage
el portero físico	Pförtner, Hausmeister

4b

reformado/-a	renoviert

6a

el metro cuadrado	Quadratmeter
el acceso (a)	Zutritt (zu)
el transporte público	öffentliches Verkehrsmittel

6b

escoger	auswählen
Se alquila.	Zu vermieten.
alquilar	vermieten / mieten
el ático	Dachwohnung
superluminoso/-a	sehr hell
ideal	ideal, sehr gut geeignet
el estudio	*hier:* Studio
totalmente	*hier:* vollständig, völlig
el sanitario	*hier:* Toilette
los gastos de comunidad	Gemeinschaftskosten
la comunidad	*hier:* Hausgemeinschaft
aparte	*hier:* separat, extra
la oportunidad	*hier:* Gelegenheit, Schnäppchen
el contrato de trabajo fijo	feste Stelle, Festanstellung
el gas natural	Erdgas
el suelo	Boden
el portero automático	Gegensprechanlage
el ambulatorio	Ambulanz
la urbanización	Wohnsiedlung
la zona ajardinada	Gartenanlage
el parque infantil	Spielplatz
comunitario/-a	Gemeinschafts-
la nómina	Arbeitsvertrag
a partir de	ab
la comunidad	(Interessen-)Gemeinschaft

el chalé adosado	Reihenhaus
el chalé	Villa, Haus
adosado/-a	angelehnt
el aseo	kleines Bad
la buhardilla	Dachkammer
la pista de tenis	Tennisplatz
el garaje	Garage

7a

Llamo por…	Ich rufe wegen … an.
Quería saber…	Ich hätte gern gewusst, …
¿Qué piso es?	Welches Stockwerk ist es?

9a

la lámpara de pie	Stehlampe
la estantería	Regal
el sillón	Sessel
el equipo de música	Stereoanlage
el escritorio	Schreibtisch
la lavadora	Waschmaschine
la cocina eléctrica	Elektroherd
eléctrico/-a	elektrisch
la cómoda	Kommode

10a

¡Qué desorden!	Was für ein Chaos!
el desorden	Unordnung, Chaos

10b

el papel higiénico	Toilettenpapier
el cubo de basura	Mülleimer
el cubo	Eimer
la basura	Müll
las tijeras	Schere
el cajón	Schublade
delante de	vor *(örtl.)*
al lado de	neben
detrás de	hinter
el cactus	Kaktus

12a

vertical	senkrecht
mini-	Mini-, ganz kleine/r/s
funcional	funktionell, praktisch
cada vez más pequeños	*hier:* immer kleinere
cada vez	von Mal zu Mal, jedes Mal
el porcentaje	Prozentsatz
en general	im Allgemeinen
habitar	wohnen
moderno/-a	modern
distinto/-a	*hier:* verschieden
la comida rápida	schnelle Küche, Fastfood
limpio/-a	sauber
ordenado/-a	aufgeräumt
la asistenta	*hier:* Putzfrau
entre semana	unter der Woche
la mitad	Hälfte
dividirse	*hier:* sich aufteilen
unido/-a	verbunden
el escalón	Treppenstufe
o sea, que…	also …

bajar	*hier:* heruntergehen
la escalera	Treppe
la solución	Lösung
la nevera	Kühlschrank
la escoba	Besen
popular	*hier:* verbreitet, populär, beliebt
el punto medio	Mittelpunkt

13

arrendar *(LA)*	vermieten / mieten
el departamento *(LA)*	*hier:* Wohnung
el cuarto	Raum
la pieza *(LA)*	Raum
el elevador *(LA)*	Aufzug
la computadora *(LA)*	Computer
la refrigeradora *(LA)*	Kühlschrank

En vivo
a

casarse	heiraten
discreto/-a	*hier:* bescheiden, diskret
la ceremonia	Zeremonie
regresar (de)	zurückkommen (von)
la luna de miel	Flitterwochen
la miel	Honig
la flor	Blume
la fuente	*hier:* Schüssel, Platte
por primera vez	zum ersten Mal
levantar	*hier:* hochheben
en brazos	in den Armen
conducir	*hier:* führen
Miró a su alrededor.	*hier:* Sie schaute sich um.
la pared	Wand
tapizado/-a	tapeziert
tapizar	tapezieren
la seda	Seide
la cortina	Vorhang
la gasa	Gaze
el velero	Segelschiff
la muerte	Tod
por completo	völlig
la esquina	Ecke
el espíritu	Geist
morir	sterben
acordarse	sich erinnern
el gato	Katze
calladamente	still
tal como	so wie
convertirse (en)	sich verwandeln (in)
volver a + *Inf*	etwas wieder tun
el salón	Salon, Wohnzimmer
poco a poco	nach und nach
desprenderse (de)	sich lösen (von)
colgar	hängen
transformarse (en)	sich verwandeln (in)
el cadáver	Leiche
cubrirse (de)	bedeckt werden (mit), überzogen werden (von)
la grasa	Fett
llenarse (de)	sich füllen (mit)
el tarro	Topf
vacío/-a	leer

dejar de + *Inf*	aufhören, etwas zu tun
producir	produzieren
la leche asada *(LA)*	*typische lateinamerikanische Nachspeise (wie Pudding)*
asado/-a	gegrillt, gebraten
perfumado/-a	*hier:* aromatisch, duftend
permanecer	bleiben
intacto/-a	unberührt, intakt
quedar(se)	bleiben
rubio/-a	*hier:* hell
el algodón	Baumwolle
la jaula	Käfig
el canario	Kanarienvogel
la pata	*hier:* (Tisch-)Bein
el cuaderno	Heft
anotar	notieren
durante	während

8 ¿Qué me pongo?

¿Qué me pongo?	Was ziehe ich an?

1a

ponerse	*hier:* sich anziehen
de calle	*hier:* sportlich, leger (gekleidet)
de uniforme	in Uniform
el uniforme	*hier:* Schuluniform
la prenda de vestir	Kleidungsstück
el abrigo	Mantel
la blusa	Bluse
el gorro	Mütze
azul marino	dunkelblau
marino/-a	*hier:* dunkel
los pantalones vaqueros	Jeans
vaquero/-a	Jeans-, Jeans
la bufanda	Schal
a cuadros	kariert
cuadro	*hier:* Karo *(Stoffmuster)*
la chaqueta	Jackett, Sakko
la zapatilla de deporte	Turnschuh
el calcetín	Socke
el jersey	Pullover
la falda	Rock
a rayas	gestreift
raya	Streifen, Strich

2a

la palabra clave	Schlüsselwort
la clave	Schlüssel *(fig.)*
la competencia	*hier:* Konkurrenz
la obsesión (por)	Versessenheit (auf), Besessenheit
la marca	Marke
la tradición	Tradition

2b

por un lado	einerseits, auf der einen Seite
por otro (lado)	andererseits, auf der anderen Seite
sino	sondern

2c

el cole (= colegio)	Schule (Sekundarstufe)
la discusión	Diskussion
a favor	für, zugunsten von
en contra	(da)gegen
el colegio privado	Privatschule
el colegio público	öffentliche Schule
el marquismo	Markenversessenheit
chaval/-a	Kind, Jugendliche/r
la camiseta	Hemd, T-Shirt
de última moda	topmodisch
último/-a	*hier:* top, super
estándar	Standard-
de corte clásico	mit klassischem Schnitt
el corte	*hier:* Schnitt
vestir	*hier:* tragen
particular	*hier:* eigen
la señal de identidad	Identitäts-Merkmal
la identidad	Identität
encantado/-a	*hier:* begeistert
ahorrarse	sich etwas sparen
la inversión	Investition
el año escolar	Schuljahr
Merece la pena.	Es lohnt sich.
se introdujo	es wurde eingeführt
introdujo (*v. «introducir»*)	er / sie führte ein
la manera	Art und Weise
evitar	vermeiden
competir	konkurrieren
el patio	*hier:* Schulhof
igualar	gleichstellen, gleichmachen
rebelar	*hier:* rebellisch machen
polarizar	polarisieren
la personalidad	Persönlichkeit
crear	schaffen, kreieren
el individuo	Individuum, Person
rebelde	rebellisch
introvertido/-a	introvertiert
motivar	motivieren
desarrollar	entwickeln
la vía	*hier:* Weg
el aspecto físico	Aussehen
físico/-a	physisch, körperlich

4a

las bragas	Damenslip
el sujetador	Büstenhalter
el bañador	Badehose, Badeanzug
el bikini	Bikini
las medias	Strumpfhose
el pijama	Pyjama, Schlafanzug
el traje de chaqueta	Anzug, Kostüm
el vestido	Kleid
la corbata	Krawatte

5a

la lana	Wolle
el algodón	Baumwolle
la piel	*hier:* feines Leder
el lino	Leinen
la viscosa	Viskose
la seda	Seide

7b

el pulóver (*LA*)	Pullover (*Argentinien*)
la chompa (*LA*)	Pullover (*Peru*)
el suéter (*LA*)	Pullover (*Venezuela*)
el chaleco (*LA*)	Pullover (*Chile*)

8b

rosado/-a	rosa
menos + *adj* + que	weniger + *Adj* + als

9a

ancho/-a	weit, breit
estrecho/-a	eng
feo/-a	hässlich
incómodo/-a	unbequem

11a

¿Qué talla tiene (usted)?	Welche Größe haben Sie?
la talla	Größe
Necesito una talla más grande.	Ich brauche eine Nummer größer.
¿Qué número calza (usted)?	Welche Schuhgröße tragen Sie?
el número	*hier:* Schuhgröße
calzar	tragen (Schuhe)
el pie	*hier:* Schuh

11c

¿Qué desea (usted)?	Sie wünschen? Womit kann ich dienen?
¿De qué color lo quiere?	Welche Farbe hätten Sie gern?
¿Lo tiene en otros colores?	*hier:* Haben Sie ihn in anderen Farben?
beige	beige
¿Puedo probármelo?	Kann ich es (Kleidungsstück) mal anprobieren?
probarse	anprobieren (Kleidung)
por supuesto	selbstverständlich
el probador	Ankleidekabine
al fondo	da hinten
¿Qué tal le queda?	*hier:* Wie passt / steht er Ihnen?
quedar	*hier:* stehen, passen (Kleidung)
Pruébese éste (usted). (*v. «probar»*)	Probieren Sie diesen hier.
monísimo/-a	sehr schön, wunderschön
Da igual.	Das ist egal.
Pase (usted) por caja.	Zahlen Sie bitte an der Kasse.
la caja	*hier:* Kasse

13a

la fiesta de gala	Gala (Fest)
la gala	Festkleidung

14a

La ropa sucia se lava en casa.	*wörtl.:* „Die schmutzige Wäsche wird zu Hause gewaschen."; d. h.: *Private Schwierigkeiten soll man nicht nach außen tragen.* (*span. Sprichwort*)
sucio/-a	schmutzig
lavar	waschen

Aunque la mona se vista de seda, mona se queda.	wörtl.: „Auch wenn die Äffin sich in Seide kleidet, bleibt sie doch eine Äffin.", etwa: *Die Kleidung verändert eine Person nicht grundlegend* (span. Sprichwort).
aunque	auch wenn, obwohl
mono/-a	Affe / Äffin
Meterse en camisa de once varas.	wörtl.: „Sich ein (übergroßes) Hemd von 11 Ellen Länge anziehen.", d. h.: *Sich übernehmen, sich zu viel vornehmen* (span. Sprichwort).
la vara	Stab, Stange, *hier:* Elle

14b

negativo/-a	negativ
ocultar	verstecken

En vivo
a

Era… (v. «ser»)	Es war …
la voz	Stimme
esta vez	diesmal
Hubo suerte. (v. «haber suerte»)	Glück gehabt.
«(tener) un nudo en la garganta»	etwa: „einen Kloß im Hals (haben)"
el nudo	Knoten
la garganta	Hals, Kehle
la consulta	*hier:* Beratung
la ropa interior	Unterwäsche
el rótulo	Etikett
la sección	*hier:* Abteilung
poner	*hier:* schreiben
catalán / catalana	katalanisch, Katalane / Katalanin
la asociación	Verein
el descuento	Abzug, Skonto, Ermäßigung
encargar	bestellen, beauftragen
humilde	*hier:* bescheiden
a mano	per Hand
solamente (= sólo)	nur
traducir	übersetzen
Dese prisa (usted). (v. «darse»)	Beeilen Sie sich.
darse prisa	sich beeilen
el cinturón	Gürtel
¡Coño! (ugs)	Scheiße! Verdammt! (span. Schimpfwort; vulgär)
¡Qué raro suena!	Das klingt aber komisch!
sonar	klingen
perder el tiempo	Zeit verlieren
tonto/-a	blöd, dumm
el sostén	*hier:* Büstenhalter
nombrar	nennen
como si…	(so) als ob …
tomar nota	notieren
la nota	*hier:* Notiz
en realidad	eigentlich
adorado/-a	angebetet, verehrt
la especie	Art
el éxtasis	Ekstase
suavemente	leise, weich

el albornoz	Bademantel
el insulto	Schimpfwort, Beleidigung
suspirar	seufzen
y bien…	nun gut
¿Ha terminado?	Sind Sie fertig?
terminar	fertig werden, zu Ende bringen
Su mente se quedó en blanco.	*hier:* Sein Kopf war plötzlich leer.
la mente	Geist, Sinn, Verstand
quedarse en blanco	plötzlich leer sein (span. Redewendung)
Vaya…	Na so etwas!
No sabe usted cuánto le agradezco…	Sie können sich nicht vorstellen, wie dankbar ich Ihnen bin (für) …
agradecer	jdm dankbar sein
Hala… (ugs)	Also dann …
¡Que usted lo pase bien!	Alles Gute!
Mil gracias.	Tausend Dank.

Repaso 2

1

el teclado	Tastatur (Computer)
la impresora	Drucker (Computer)
el ratón	Maus (Computer)
el disquete	Diskette
la calculadora	Taschenrechner
el aparato de fax	Faxgerät
la papelera	Papierkorb
la grapadora	Heftmaschine (Büro)
el bolígrafo	Kugelschreiber
el archivador	Ordner (Büro)
el bloc de notas	Notizblock, Heft

2a

ordenar	aufräumen, ordnen

2b

sirve para…	es dient dazu, … / wird benutzt für …

4

principales productos	Hauptprodukte
principal	Haupt-
el viaje de negocios	Geschäftsreise

5a

empleado/-a	Angestellte/r

9 Ganarse la vida

ganarse la vida	seinen Lebensunterhalt verdienen

2b

¡Cómo no!	*hier:* Natürlich!
ganarse el pan de cada día	sich sein täglich Brot verdienen
salir del paro	die Arbeitslosigkeit überwinden
el paro	Arbeitslosigkeit
el deber	Pflicht
realizar	*hier:* verwirklichen

independiente	unabhängig
los contactos	*hier:* persönl. Beziehungen, Kontakte
soñar (con)	(von etwas) träumen
el placer	Genuss
consumir	konsumieren
hacer carrera	Karriere machen
la carrera	*hier:* Karriere
el prestigio	Prestige
contradicción	Widerspruch
si bien	während
estar en (el) paro	arbeitslos sein
permanente	ständig, fortwährend

2c

el desempleo	Arbeitslosigkeit
estar desocupado/-a *(LA)*	*hier:* arbeitslos sein

3b

la hipótesis	Hypothese, Annahme

3c

el departamento	*hier:* Abteilung
la fábrica	Fabrik
el producto lácteo	Milchprodukt
lácteo/-a	Milch-, milchig
responsable (de)	verantwortlich (für)
la publicidad	Werbung
la verdad es que…	die Wahrheit ist, dass …
ocupado/-a	beschäftigt
mismo/-a	*hier:* selbst
parar	halten
ni un momento	keine Minute
por muchas razones	aus vielen Gründen
la razón	*hier:* Grund
el crédito	Kredit
la responsabilidad	Verantwortung
¡Vaya pregunta!	Was für eine Frage!
¡Vaya…!	Was für ein/e …!
Lo malo es que…	Das Schlimmmste ist, dass … / Das Problem ist, dass …

5

calificar	bewerten
policía	Polizist/in
cirujano/-a	Chirurg/in
artístico/-a	künstlerisch
abogado/-a	Rechtsanwalt/-anwältin
administrativo/-a	Verwaltungs-, Verwaltungskraft, Sachbearbeiter/in
albañil	Maurer/in
vendedor/-a	Verkäufer/in
Está bien pagado/-a.	Er / Sie / Es ist gut bezahlt.
Está mal pagado/-a.	Er / Sie / Es ist schlecht bezahlt.
pagado/-a	bezahlt
emocionante	aufregend
duro/-a	hart

6a

escribir a máquina	Schreibmaschine schreiben
la máquina de escribir	*hier:* Schreibmaschine
Sé…	*hier:* Ich kann …
Sé de…	Ich habe … Kenntnisse.

6b

solicitar	*hier:* sich bewerben um
la confección	Anfertigung
seleccionar	auswählen
diseñador/a de moda	Modedesigner/in
Se requiere	*hier:* Anforderungsprofil
el equipo	Team
la iniciativa propia	Eigeninitiative
el conocimiento	Kenntnis
el diseño	Design
habitual	gebräuchlich, üblich
la empresa en expansión	expandierendes Unternehmen
la expansión	Expansion
posibilidad	Möglichkeit, Chance
Sueldo a negociar.	Gehalt verhandelbar.
negociar	verhandeln
interesado/-a	interessiert; Interessent/in
enviar	zuschicken, zusenden
reciente	*hier:* aktuell
diverso/-a	verschieden
la campaña	*hier:* Werbeaktion, Kampagne
teleoperador/a	Angestellte/r in einem Call-Center
se ofrece	*hier:* wir bieten
estudios medios	Schulabschluss
estudios superiores	Universitätsabschluss
superior	*hier:* Hochschul-
a nivel usuario	Grundkenntnisse
a nivel…	auf … -Niveau
usuario/-a	Benutzer/in
conveniente	ratsam, empfehlenswert
telefónico/-a	telefonisch
la incorporación	Einstieg
inmediato/-a	sofortig
continuado/-a	fortgesetzt
el contrato laboral	Arbeitsvertrag
el contrato	Vertrag
la formación	Fortbildung, Ausbildung
específico/-a	spezifisch
por parte de…	seitens, durch …
urgentemente	dringend

8a

arreglar	reparieren
el aparato	Gerät
cuidar niños	babysitten
dar consejos	Ratschläge geben
limpiar	putzen
atender (a)	betreuen, bedienen
ordenar	*hier:* ordnen
el documento	Dokument

9a

el valle	Tal
vinatero/-a	Wein-
la época	*hier:* (Jahres-)Zeit
la recolección	Ernte
la uva	Weintraube
enólogo/-a	Weinfachmann / -fachfrau
productor/a	Hersteller
la viña	Weinberg
en sí	in sich
combinar	kombinieren

la venta	Verkauf
llevar (a)	*hier:* dazu führen
la cosecha	Ernte
imprevisible	unvorhersehbar
la tensión	Spannung
dejar de	mit etwas aufhören
la carrera	*hier:* Studium
la arquitectura	Architektur
hacer prácticas	ein Praktikum machen
familiar	familiär, Familien-
por fin	endlich

10a
profesional	*hier:* beruflich

10b
marcado/-a	*hier:* geprägt

13b
relajado/-a	entspannt
breve	kurz
excelente	ausgezeichnet
justo/-a	*hier:* gerecht
costar	*hier:* schwer fallen
inmediatamente	sofort

En vivo
a
hacer el agosto	viel verdienen, sich eine goldene Nase verdienen *(span. Redewendung)*
auxiliar administrativo	etwa: Verwaltungsassistent/in
hamaquero/-a	Liegestuhl-Verleiher/in
ni un día	nicht einmal einen Tag
primo/-a	Cousin/e
colocar	stellen
la hamaca	Liegestuhl, Hängematte
barrer	kehren, fegen
asegurado/-a	versichert
sacarse	*hier:* herauskriegen, bekommen
dinerito	*(Verkleinerungsform von* dinero); etwas Geld
tomar el sol	sich sonnen
médico de familia	Hausarzt
durante	während
el centro de salud y urgencias	Ambulanz und Notfallzentrum
urgencias	Notaufnahme
parar	*hier:* Pause machen
la jornada	Arbeitszeit
No me importa que…	Es macht mir nichts aus, dass…
importar	*hier:* ausmachen
alrededor de	*hier:* ungefähr, circa
Médicos sin Fronteras	Ärzte ohne Grenzen

10 ¡Felicidades!

¡Felicidades!	Herzlichen Glückwunsch!, Alles Gute!

1a
en gran parte de América Latina	in weiten Teilen von Lateinamerika
el acontecimiento	Ereignis
la posibilidad	*hier:* Mittel
la misa	Messe, Gottesdienst
la invitación	Einladung
por escrito	schriftlich
escrito/-a (v. «escribir»)	geschrieben, schriftlich
decena	etwa zehn
el banquete	Festessen, Bankett
abrir	*hier:* beginnen, eröffnen
la quinceañera *(LA)*	*Mädchen, das seinen 15. Geburtstag feiert (lateinamerik. Tradition)*
el zapato alto	Schuh mit hohem Absatz
el baile	Tanz, *hier:* Festball
la celebración	Feier
procedente (de)	(her)stammend (aus)
el rito	Ritus, Ritual
oficialmente	offiziell

1b
tener el honor (de)	die Ehre haben
el honor	Ehre
florido/-a	blühend
a continuación	anschließend
la continuación	Folge
tener lugar	stattfinden
fiesta danzante	Tanzfest
naval	See-; Schiffs-, Marine-
el traje largo	Abendkleid

3b
agradecer	sich bedanken für
la casa de campo	Landhaus
¿Te gustaría venir?	Würdest du gern kommen?
¡Encantado/-a!	*hier:* Sehr gern!
¡Qué bien!	Toll!
genial	genial, super
gracias por…	danke für …

5
pasarlo bomba *(ugs)*	sich blendend unterhalten, amüsieren
la bomba	Bombe
familiar	Verwandte/r
Es mi cumpleaños.	Ich habe Geburtstag.
Estáis todos invitados.	Ihr seid alle eingeladen.
¿Os animáis?	Habt ihr Lust?
animarse	Lust bekommen, sich aufraffen
explosivo/-a	explosiv
¡Os espero!	Ich erwarte euch!
¡Me alegro mucho de verte!	Ich freue mich sehr, dich zu sehen!
alegrarse (de)	sich über etwas freuen

9a
la ocasión	Gelegenheit, *hier:* Anlass
la felicitación	Glückwunsch
la reacción	Reaktion
¡Feliz cumpleaños!	Alles Gute zum Geburtstag!, Herzlichen Glückwunsch zum Geburtstag!

¡Feliz Año Nuevo!	Gutes neues Jahr!
¡Feliz Navidad!	Frohe Weihnachten!
¡Gracias, igualmente!	Danke, gleichfalls!
igualmente	*hier:* gleichfalls

10a

animar	*hier:* aufmuntern, auffordern
entregar	überreichen
desarrollarse	*hier:* sich abspielen, ablaufen
los pasteles	*hier:* Kuchenteile, Törtchen
el bombón	Praline

10c

Pasa, pasa (tú).	Komm rein!
Toma, esto es para ti.	Nimm, das ist für dich.
¿Quieres tomar algo?	Möchtest du etwas trinken?
Prueba (tú).	Koste, probier mal.
probar	*hier:* kosten (Essen), probieren
Te presento a…	Ich stelle dir … vor.
¿No quieres un poco más de tarta?	Noch etwas mehr Kuchen?
No puedo más.	Ich kann nicht mehr, ich bin satt.
Le presento a…	Ich stelle Ihnen …. vor.

14a

el cava	Sekt

14b

hay que + *Inf*	man muss + *Inf*

En vivo
a

la ilusión	*hier*: Traum, Illusion
infantil	Kinder-
con gran cuidado	sehr sorgfältig
el cuidado	*hier:* Sorgfalt
contratar	jdn anstellen, einstellen
animador/a	Unterhalter/in
la piñata	*Figur aus Pappe oder Ton, häufig in Tierform, gefüllt mit Süßigkeiten und kleinen Überraschungen (span. und lateinamerikan. Tradition bei Kindergeburtstagen)*
antiquísimo/-a *(v. «antiguo»)*	uralt
el barro	Ton
el cartón	Pappe, Karton
multicolor	bunt
por dentro	innen
la sorpresa	Überraschung
el dulce	Süßigkeit
el juguete	Spielzeug
tapado/-a	*hier:* verbunden
tapar	*hier:* verbinden (Augen)
el palo	Stock
romper	kaputtmachen
lanzarse (a)	sich stürzen (auf)
la golosina	Süßigkeit

c

cantar	singen
el rey	König
mi bien	mein/e Liebste/r
la luna	Mond
con gusto y placer	mit großem Vergnügen
nacer	geboren werden

11 Toda una vida

1

el retrato	Bildnis
el autorretrato	Selbstbildnis
la figura clave	Schlüsselfigur
el feminismo	Feminismus
la artista	Künstler/in
singular	einzigartig
la pintura	Malerei
mundial	weltweit
convertirse (en)	sich verwandeln (in)
en los últimos años	in den letzten Jahren
el objeto de culto	Kultobjekt
el objeto	Objekt
la creación	Schöpfung
inspirar	inspirieren
la danza	Tanz
filmar	(ver)filmen
de gran éxito	sehr erfolgreich
basado/-a (en)	basierend (auf)
la biografía	Biografie
*nacer	geboren werden
a los… años	im Alter von …
enfermar (de)	(an …) erkranken
la poliomielitis	Kinderlähmung (Poliomyelitis)
cojo/-a	lahm, hinkend
la educación básica	Grundschule
ingresar	*hier:* eintreten
la escuela preparatoria *(LA)*	auf die Universität vorbereitende Schuleinrichtung
preparatorio/-a	vorbereitend
sufrir un accidente	einen Unfall erleiden
sufrir	*hier:* erleiden
el accidente de tráfico	Verkehrsunfall
el tráfico	Verkehr
cuyo/-a	deren, dessen
la consecuencia	Konsequenz, Folge
la operación	*hier:* Operation *(chirurg.)*
innumerable	unzählig
la columna vertebral	Wirbelsäule
la imposibilidad	Unmöglichkeit
muralista	Wandmaler/in
casarse	heiraten
al año siguiente	im folgenden Jahr
separarse	sich trennen
instalarse (en)	sich niederlassen (in)
paterno/-a	väterlich/e/er
afiliarse (a)	eintreten (in)
el Partido Comunista	Kommunistische Partei
el partido	*hier:* Partei
comunista	kommunistisch, Kommunist/in

dar clase(s)	Unterricht geben, unterrichten
la Academia de Arte	Kunstakademie
volver a + Inf	etwas wieder tun
el estado de salud	gesundheitlicher Zustand
la acción	Aktion
político/-a	politisch
morir	sterben

3

divorciarse	sich scheiden lassen

5a

conocido/-a	berühmt, bekannt
judío/-a	jüdisch, Jude / Jüdin
de pura cepa	waschecht
la cepa	Weinstock
impetuoso/-a	ungestüm
apasionado/-a	leidenschaftlich
raro/-a	*hier:* selten, rar
la belleza	Schönheit
la ceja	Augenbraue
el ala *w (Art.)*	Flügel
enmarcar	umrahmen
futuro/-a	zukünftig, -e, -er, -es
dos veces más	doppel so viel
pesar	wiegen
el mujeriego	Frauenheld
incorregible	unverbesserlich
en aquella época	damals
indígena	einheimisch, indianisch
el peinado	Frisur
la trenza	Zopf
el collar	(Hals-)Kette
el hueso	Knochen
el pendiente	*hier:* Ohrring
la descripción	Beschreibung

9a

la fantasía	Fantasie
amante	Geliebte/r
la nostalgia	Sehnsucht, Nostalgie

11a

el pueblo de montaña	Bergdorf
la dificultad	Schwierigkeit
enseñar (a)	*hier:* etwas beibringen
tocar el piano	Klavier spielen
tocar	*hier:* ein Instrument spielen
dejar	*hier:* hinterlassen
la suma	Summe
embarcarse	an Bord gehen

En vivo
b

trovador/a	Troubadour, Bänkelsänger/in
nacido/-a (en)	geboren (in)
la mirada	Blick
la compostura	Bescheidenheit, Zurückhaltung
el mito	Mythos
la leyenda	Legende
viviente	lebendig
iniciarse	seinen Anfang nehmen
renacer	wiedergeboren werden

la trova	Trova *(kubanische Liedform)*
la estridencia	Schrillheit
atrás	zurück
en busca de	auf der Suche nach
lograrse	schaffen, erreichen
el bombardeo	Bombenangriff, Bombardierung
saltar a la fama	schlagartig berühmt werden
la fama	Ruf, Ruhm
medio mundo	die halbe Welt
el escenario	Bühne
exigente	anspruchsvoll
el príncipe	Prinz
sencillo/-a	*hier:* bescheiden, einfach
principiante	Anfänger/in
en tiempo de juventud	in der Jugendzeit
la juventud	Jugend
minero/-a	bergmännisch
pobre	arm
romántico/-a	romantisch
saludar	begrüßen
corresponder	*hier:* erwidern
pisar	*hier:* auf etwas treten
el ala (del sombrero) *w (Art.)*	*hier:* (Hut-)Krempe
transmitir	vermitteln
percibir	wahrnehmen
la filosofía	Philosophie
mejor *(v. «bueno»)*	besser
estudioso/-a	lerneifrig, wissbegierig, Wissbegierige/r
analizar	analysieren
detenidamente	gründlich
el rincón	Ecke
perseguir	folgen, verfolgen
el secreto	Geheimnis
tener medida	Maß halten
la medida	Maß
el trago	Schluck
enseñado/-a (por)	gezeigt, gelehrt (von)
grabar	aufnehmen

12 Así somos, ¿somos así?

1a

vago/-a	faul
amable	freundlich
soñador/a	träumerisch, verträumt
trabajador/a	fleißig
juerguista	nachtschwärmerisch, Nachtschwärmer/in
ordenado/-a	ordentlich
tacaño/-a	geizig
cariñoso/-a	zärtlich, liebevoll
disciplinado/-a	diszipliniert
generoso/-a	großzügig
romántico/-a	romantisch
caótico/-a	chaotisch
orgulloso/-a	stolz
el de... / la de...	der mit ... / die mit ...

1b

el rasgo de carácter	Charakterzug
el rasgo	Merkmal, Zug

3a

buena gente	nette, gute Leute
hospitalario/-a	gastfreundlich
emprendedor/a	unternehmungslustig
responsable	*hier:* verantwortungsvoll

4c

mucha gente	viele Leute
tener prejuicios	Vorurteile haben
el prejuicio	Vorurteil
distante	*hier:* abweisend, „zugeknöpft"
el cerdo	Schwein
el chucrut	Sauerkraut
la papa *(LA)*	Kartoffel
chino/-a	chinesisch, Chinese / Chinesin
la pasta	*hier:* Pasta, Nudeln
el fiambre	Aufschnitt
la salchicha	(Brat-, Bock- etc.) Wurst
vegetariano/-a	vegetarisch, Vegetarier/in
todo el tiempo	die ganze Zeit

4d

yo creía que…	ich dachte …
yo pensaba que…	ich dachte …

5a

el cliché	Klischee
la generalización	Verallgemeinerung
el estereotipo	Stereotyp
gran parte de	ein großer Teil von

6a

la particularidad	Besonderheit
la caricatura	Karikatur

6c

dudar	(be)zweifeln

7a

promocionar	fördern, werben
la realidad	Wirklichkeit
la mentira	Lüge
de siempre	ewig
Reyes (Los)	die Heiligen Drei Könige
listo/-a	klug, listig
la cuenta corriente	Girokonto
negro/-a	schwarz, Schwarze/r
la raza	Rasse
inferior	minderwertig
gitano/-a	Zigeuner/in
delincuente	delinquent, Verbrecher/in
madrileño/-a	madrilenisch, Madrilene / Madrilenin
chulo/-a	arrogant, angeberisch; Angeber/in

8

a lo mejor…	vielleicht …
solicitar	*hier:* beantragen
el gobierno	Regierung

9

fomentar	fördern

En vivo

a

sabroso/-a	lecker, schmackhaft
bendito/-a *(v. «bendecir»)*	gesegnet, gelobt
sincero/-a	ehrlich
engañar	betrügen
la caña	(Zucker-)Rohr

b

el sistema de valores	Wertesystem, Prinzipien
el sistema	System
el valor	Wert, *hier:* moralisches Prinzip
la estructura gramatical	grammatikalische Struktur
gramatical	grammatikalisch
progresivamente	nach und nach
la perspectiva	Perspektive
extraño/-a	fremd, Fremde/r
el encuentro	Treffen
autor/a	Autor/in

Repaso 3

1a

la universidad	Universität
antipático/-a	unsympathisch

2a

remitente	Absender/in
destinatario/-a	Empfänger/in
el saludo	Gruß
la despedida	Abschied
realizar prácticas	ein Praktikum machen
la biología	Biologie
el cultivo	Anbau
la banana *(LA)*	Banane
en contacto con	in Verbindung mit
atraer	anziehen, anlocken
por estos motivos	aus diesen Gründen
flexible	flexibel
adjuntar	beifügen
el currículum	Lebenslauf
detallado/-a	detailliert
En espera de sus noticias…	*etwa:* In Erwartung Ihrer Antwort …
les saludo (les saluda) atentamente	mit freundlichen Grüßen *(Brief-Abschiedsformel)*
atentamente	*hier:* freundlich

2b

el inicio	Anfang

Alphabetischer Wortschatz

● Dieses Vokabular soll kein spanisch-deutsches Lexikon ersetzen, sondern das Lehrbuch als Hilfsmittel begleiten. Daher sind die Wörter größtenteils nur mit der deutschen Bedeutung angegeben, die sie im jeweiligen Zusammenhang besitzen.
● Die Wörter, die **mit einem Stern (*) gekennzeichnet** sind, sind besonders wichtig und stehen in der Wortliste des Europäischen Sprachenzertifikats. Wir haben diese Kennzeichnung nur für den obligatorischen Lernwortschatz vorgenommen, nicht für den Wortschatz der *En vivo*-Seiten und *Repasos*.
● Grammatische Fachausdrücke, geographische Namen und Zahlen werden nicht aufgeführt.
● **Ziffern und Buchstaben** verweisen auf die Stelle, an der das Wort innerhalb der Lektion vorkommt. Die Angabe 8, 12b bedeutet, dass das Wort in Lektion 8, Aufgabe 12 b) zu finden ist. R verweist auf ein *Repaso*, Ev bedeutet *En vivo*.

● Erläuterung der verwendeten **Abkürzungen** s. S. 210.

A

* **abogado/-a** – Rechtsanwalt/-anwältin 9, 5
* **Un abrazo** – hier: Ich umarme dich (herzlicher Abschiedsgruß in persönl. Briefen) 4, 1a
  abrigo *m* – Mantel 8, 1a
* **abrir** – hier: beginnen, eröffnen 10, 1a
* **absoluto/-a** *Adj* – absolut 5, 12b
* **acabar de** + *Inf* – gerade etwas getan haben 3, 6b
  Academia de Arte *w* – Kunstakademie 11, 1
  acceso (a) *m* – Zutritt (zu) 7, 6a
  accidente de tráfico *m* – Verkehrsunfall 11, 1
* **acción** *w* – Aktion 11, 1
  aceituna *w* – Olive 2, 8a
* **aceptar** – akzeptieren 1, 7a
* **acercarse** – sich nähern 2, 8a
  acomodado/-a *Adj Part* – hier: wohlhabend 2, Ev a
* **acompañar** – begleiten 5, 1b
* **acontecimiento** *m* – Ereignis 10, 1a
* **acordarse** – sich erinnern 7, Ev a
  acostumbrado/-a (a) *Adj Part* – gewöhnt (an) 4, Ev b; 9, Ev b
* **acostumbrarse (a)** – sich an etwas gewöhnen 6, 2a
* **activamente** *Adv* – aktiv 1, 8a
  actor – Schauspieler 1, 10a
  actriz – Schauspielerin 1, 10a
  actuar – agieren 3, 1b
  acunar – (ein Kind) wiegen 5, 1b
  adjuntar – beifügen R3, 2a
  administrativo/-a *Adj; Nom* – Verwaltungs-, Verwaltungskraft, Sachbearbeiter/in 9, 5
  adorado/-a *Adj Part* – angebetet, verehrt 8, Ev a
  afectar – beeinflussen 3, Ev b
  afiliarse (a) – eintreten (in) 11, 1
  afirmativamente *Adv* – bejahend 2, 7
  África Negra *w* – Schwarzafrika 1, Ev a
  africano/-a *Adj; Nom* – afrikanisch, Afrikaner/in 1, 9c
* **agradecer** – sich bedanken für 8, Ev b; 10, 3b
  agregar – hinzufügen 3, 11a
  aguardiente *m* – Branntwein, Schnaps 2, 8a
  ahora mismo – jetzt gleich 2, 7
  ahorrarse – sich etwas sparen 8, 2c
  aislado/-a *Adj Part* – isoliert 5, Ev b
  ala *w (Art.)* – Flügel 11, 5a
  ala (del sombrero) *w (Art.)* – hier: (Hut-)Krempe 11, Ev b

  albañil *m/w* – Maurer/in 9, 5
  albornoz *m* – Bademantel 8, Ev a
  alcoholismo *m* – Alkoholismus 5, Ev a
* **alegrarse (de)** – sich über etwas freuen 10, 5
* **alegre** *Adj m/w* – froh, fröhlich 4, 7b
  alegría de vivir *w* – Lebensfreude 4, 1a
* **¡Qué alegría!** *LA* – Wie nett, lustig! 4, 10a
  alfombra *w* – Teppich 7, 1a
  algo así como... – so etwas wie ... 5, Ev a
* **algodón** *m* – Baumwolle 7, Ev a; 8, 5a
  alguien *Pron* – jemand(en) R1, 1b
  algún otro, alguna otra *Adj* – irgendein anderer / irgendeine andere 3, 6b
  alguna vez – jemals, schon einmal, irgendwann 1, 5b
  ¿Aló? *LA* – Hallo? (am Telefon; Peru und Zentralamerika) 2, 5a
  alquilado/-a *Adj Part* – gemietet 3, 8a
* **alquilar** – vermieten / mieten 7, 6b
  alrededor de – rund um 3, Ev b; hier: ungefähr, circa 9, Ev a
  alta tecnología *w* – High Tech 5, Ev a
  Altiplano *m LA* – Hochebene (Andenraum) 4, 7b
* **alumno/-a** – Schüler/in 4, 7b
* **amable** *Adj m/w* – freundlich 12, 1a
  amante *m/w* – Geliebte/r 11, 9a
* **ambiente** *m* – hier: Luft 6, 4 a; hier: Ambiente, Atmosphäre 7, 1a
  ambulatorio *m* – Ambulanz 7, 4a, 7, 6b
  América Latina – Lateinamerika 10, 1a
* **amistades** *wPl* – hier: Freunde, Bekanntenkreis 5, 12b
* **amor** *m* – Liebe 1, 6a
* **amplio/-a** *Adj* – breit, groß 7, 1a
* **amueblado/-a** *Adj Part* – möbliert 7, 4a
  analgésico *m* – Analgetikum, Schmerzmittel 5, 9a
  analizar – analysieren 11, Ev b
* **ancho/-a** *Adj* – weit, breit 8, 9a
  anfitrión / anfitriona – Gastgeber/in 7, 3b
  animador/a – Unterhalter/in 10, Ev a
  animar – hier: aufmuntern, auffordern 10, 10a
  animarse – Lust bekommen, sich aufraffen 10, 5
  año escolar *m* – Schuljahr 8, 2c
  a los... años – im Alter von ... 11, 1
* **anoche** *Adv* – gestern Abend, gestern Nacht 4, 2
  anotado/-a *Adj Part* – eingetragen, notiert 5, 6c
  anotar – notieren 7, Ev a

* **anteayer** *Adv* – vorgestern 4, 1a
  antibiótico *m* – Antibiotikum 5, 9a
  antipático/-a *Adj* – unsympathisch R3, 1a
  antiquísimo/-a *(v. «antiguo»)* *Adj Superl* – uralt 10, Ev a
* **aparato** *m* – Gerät 5, Ev a; 9, 8a
* **aparte** *Adv* – hier: separat, extra 7, 6b
  apasionado/-a *Adj Part* – leidenschaftlich 11, 5a
  aperitivo *m* – Aperitif, appetitanregende (Vor-)Speise 2, 8b
* **apetito** *m* – Appetit 5, 7a
  Apreciado/-a... *LA* – Liebe/r ... (Anrede in persönl. Briefen) 4, 1a
  aprender a aprender – das Lernen lernen 1, 7a
  aprender descubriendo – Lernen durch Selbstentdecken 1, 7a
  aprendizaje *m* – Lernen, Lernprozess 1, 7a
  aproximado/-a *Adj* – ungefähr 3, Ev b
  árabe *Adj; Nom m/w* – arabisch, Araber/in 1, Ev a
  archivador *m* – Ordner *(Büro)* R2, 1
* **armario** *m* – Schrank 6, 5
  aroma *m* – Aroma, Duft, Geruch 2, 8a
  arquitectura *w* – Architektur 9, 9a
* **arreglar** – reparieren 9, 8a
  arrendar *LA* – vermieten / mieten 7, 13
  artesanal *Adj m/w* – handwerklich 7, 1a
  articulación *w* – hier: Gelenk 5, Ev a
* **artista** *m/w* – Künstler/in 11, 1
* **artístico/-a** *Adj* – künstlerisch 9, 5
  asado/-a *Adj Part* – gegrillt, gebraten 7, Ev a
  asegurado/-a *Adj Part* – versichert 9, Ev a
  asegurar – behaupten, versichern 4, Ev b
  aseo *m* – kleines Bad 7, 6b
  asistenta *w* – hier: Putzfrau 7, 12a
  asociación *w* – Verein 8, Ev a
  aspecto físico *m* – Aussehen 8, 2c
  aspirina *w* – Aspirin 5, 9a
* **¡Atención!** – Vorsicht! Achtung! 5, 4b
  A la atención de... – z. Hd. von ... (bei formellen Briefen) R1, 1b
  atender (a) – betreuen, bedienen 9, 8a
  atentamente *Adv* – hier: freundlich R3, 2a
  ático *m* – Dachwohnung 7, 6b
  Atlántico *m* – Atlantik 1, 10a
  atmósfera *w* – Atmosphäre 3 Ev b; 7, 1a
  atraer – anziehen, anlocken R3, 2a
  atrás *Adv* – zurück 11, Ev b
  audiovisual *Adj m/w* – audiovisuell 4, Ev a
* **aumentar** – steigen, sich erhöhen 3, 9a
* **aumento** *m* – Erhöhung 3, Ev b

* **aunque** – auch wenn, obwohl 8, 14a
ausencia w – Abwesenheit R1, 1b
autocar m – Reise-, Überlandbus 3, 8a
autóctono/-a Adj; Nom – autochthon, Ureinwohner/in 1, Ev a
* **automático/-a** Adj – automatisch 2, 6a
autor/a – Autor/in 1, Ev a; 12, Ev b
autorretrato m – Selbstbildnis 11, 1
auxiliar administrativo m/w – etwa: Verwaltungsassistent/in 9, Ev a
aventura w – Abenteuer 6, Ev a
averiguar – in Erfahrung bringen, ergründen 1, 6b
* **ayer** Adv – gestern 4, 2
azul marino Adj – dunkelblau 8, 1a

B

* **baile** m – Tanz, hier: Festball 10, 1a
* **bajar** – hier: leiser stellen 6, 5; hier: heruntergehen 7, 12a
bañador m – Badehose, Badeanzug 8, 4a
banana w LA – Banane R3, 2a
* **bañarse** – baden 4, 10a
banquete m – Festessen, Bankett 10, 1a
barbacoa w – Gartengrill 6, 10
de bar en bar – von einer Kneipe in die andere 2, Ev a
barra w – hier: Bartheke 2, 8a
barrer – kehren, fegen 9, Ev a
barro m – Ton 10, Ev a
basado/-a (en) Adj Part – basierend (auf) 11, 1
* **basura** w – Müll 7, 10b
bebé m – Baby 5, 1b
beige Adj m/f – beige 8, 11c
béisbol m – Baseball 2, Ev a
* **belleza** w – Schönheit 11, 5a
bello/-a Adj – schön 5, 1b
bendito/-a (v. «bendecir») Adj Part unregl – gesegnet, gelobt 12, Ev a
besar – küssen 4, 4a
bienvenida w – Willkommen 6, Ev a
bikini m – Bikini 8, 4a
biografía w – Biografie 11, 1
biología w – Biologie R3, 2a
bloc de notas m – Notizblock, Heft R2, 1
* **blusa** w – Bluse 8, 1a
* **boca** w – Mund 5, 1a
* **bocadillo** m – belegtes Brötchen 2, 8a
boletín m – Bulletin, Informationsblatt 4, 7b
bolígrafo m – Kugelschreiber R2, 1
* **bomba** w – Bombe 10, 5
bombardeo m – Bombenangriff, Bombardierung 11, Ev b
bombón m – Praline 10, 10a
bragas wPl – Damenslip 8, 4a
* **brazo** m – Arm 5, 1a
en brazos – in den Armen 7, Ev a
* **breve** Adj m/w – kurz 9, 13b
* **broma** w – Scherz, Spaß 2, 8a
bubi m – autochthone Sprache, Bioko, Äquatorialguinea 1, Ev a
bucear – tauchen 3, 11a
* **buena gente** w – nette, gute Leute 12, 3a
¿Bueno? LA – Hallo? (am Telefon, Mexiko) 2, 5a
bufanda w – Schal 8, 1a
buhardilla w – Dachkammer 7, 6b
bus m LA – Bus 4, 1b
en busca de – auf der Suche nach 4, Ev b; 11, Ev b
* **buzón** m – Briefkasten 6, 10

C

* **cabeza** w – Kopf 4, 4a
cactus m – Kaktus 7, 10b
cada vez – von Mal zu Mal, jedes Mal 7, 12a
cada vez más pequeños – hier: immer kleinere 7, 12a
cadáver m – Leiche 7, Ev a
cadera w – Hüfte 5, 1b
* **caja** w – hier: Kasse 8, 11c
cajón m – Schublade 7, 10b
calamar m – Tintenfisch 2, 8a
calcetín m – Socke 8, 1a
calculadora w – Taschenrechner R2, 1
* **calefacción central** w – Zentralheizung 7, 4a
calentamiento m – Erwärmung 3, Ev b
cálido/-a Adj – warm 7, 1a
calificar – bewerten 9, 5
calladamente Adv – still 7, Ev a
de calle – hier: sportlich, leger (gekleidet) 8, 1a
* **calor** m – Wärme, Hitze 3, 1a
calzar – tragen (Schuhe) 8, 11a
en cambio – hingegen 6, 2a
caminar m Inf – hier: Gang 5, 1b
* **camisa** w – Hemd 5, 7a
camiseta w – Hemd, T-Shirt 8, 2c
campaña w – hier: Werbeaktion, Kampagne 9, 6b
* **campesino/-a** – Bauer / Bäuerin 4, 7b
caña w – (Zucker-)Rohr 12, Ev a
caña (de cerveza) w – hier: kleines Bier vom Fass 2, 8a
canario m – Kanarienvogel 7, Ev a
* **cansado/-a** Adj Part – müde, erschöpft, einer Sache überdrüssig 5, 4b
cantante m/w – Sänger/in 1, Ev a
cantar – singen 10, Ev c
cantina w LA – hier: Taverne, Kneipe 2, Ev a
caótico/-a Adj – chaotisch 12, 1a
* **cara** w – Gesicht 5, 4a
característico/-a Adj – charakteristisch, typisch, bezeichnend 1, 3b
caramelo Adj m/w – hier: hellbraun, karamellfarben 5, 1b
caravana w – Karawane 6, Ev a
cargado/-a Adj Part – hier: dick, schlecht (Luft) 6, 4a
caricatura w – Karikatur 12, 6a
* **cariñoso/-a** Adj – zärtlich, liebevoll 12, 1a
carrera w – hier: Karriere 9, 2 b; hier: Studium 9, 9a
* **carrete** m – Film (für Kamera) 3, 10b
carta de amor w – Liebesbrief 1, 6a
cartón m – Pappe, Karton 10, Ev a
casa de campo w – Landhaus 10, 3b
* **casarse** – heiraten 7, Ev a; 11, 1
castellano/-a Adj – spanisch, kastilisch (aus Kastilien, Zentralspanien) 6, Ev a
catalán / catalana Adj; Nom – katalanisch, Katalane / Katalanin 8, Ev a
* **a causa de / del** – aufgrund (von) 2, 8a
cava m – Sekt 10, 14a
ceja w – Augenbraue 11, 5a
celebración w – Feier 10, 1a
celebrarse – hier: stattfinden 1, 10a
centímetro m – Zentimeter 5, Ev a
céntrico/-a Adj – zentral 7, 4a
centro de salud y urgencias m – Ambulanz und Notfallzentrum 9, Ev a
centro deportivo m – Sportzentrum 2, Ev a

Centroamérica w – Zentralamerika 3, Ev b
cepa w – Weinstock 11, 5a
de pura cepa – waschecht 11, 5a
cerámica w – Keramik 7, 1a
* **cerca de** – hier: rund, fast 5, 12b
de cerca – hier: dicht 5, 12b
cercano/-a Adj – nah 2, 8a
* **cerdo** m – Schwein 12, 4c
ceremonia w – Zeremonie 7, Ev a
* **chalé** m – Villa, Haus 7, 6b
chalé adosado m – Reihenhaus 7, 6b
chaleco m LA – Pullover (Chile) 8, 7b
* **chaqueta** w – Jackett, Sakko 8, 1a
chaval/a – Kind, Jugendliche/r 8, 2c
chimenea w – Kamin 7, 1a
chino mandarín Adj – chinesisch (Mandarin) 1, 1b
chino/-a Adj; Nom – chinesisch, Chinese / Chinesin 12, 4c
chiste m – Witz 1, 4a
chocar – hier: schockieren 6, 2a
chompa w LA – Pullover (Peru) 8, 7b
chucrut m – Sauerkraut 12, 4c
chulo/-a Adj; Nom – arrogant, angeberisch; Angeber/in 12, 7a
ciclo de cine m – Filmreihe 1, 10a
* **cielo** m – Himmel 5, 1b
científico/-a Adj; Nom – wissenschaftlich, Wissenschaftler/in 4, Ev b
cierto/-a Adj – wahr, richtig 2, Ev a
cintura w – Taille 5, 1b
cinturón m – Gürtel 8, Ev a
cirujano/-a – Chirurg/in 9, 5
ciudadano/-a – Bürger/in 4, 8 (Tipp)
* **claramente** Adv – deutlich 2, 8a
* **claro que sí** – natürlich, selbstverständlich 2, 3a
clave w – Schlüssel (fig.) 8, 2a
cliché m – Klischee 12, 5a
clima m (!) – Klima 3, Ev b
climático/-a Adj – klimatisch, Klima- 3, Ev b
* **club** m – hier: Sportzentrum, Sportverein 2, Ev a; hier: Jugendzentrum, Kulturzentrum 4, 1a
* **cocina eléctrica** w – Elektroherd 7, 9a
coincidir (con) – übereinstimmen (mit) 5, 12c
cojo/-a Adj – lahm, hinkend 11, 1
colaborar – mitarbeiten 4, 8
cole (= colegio) m – Schule 8, 2c
colectivo m LA – Bus (Argentinien, Paraguay) 1, 4b
* **colegio privado** m – Privatschule 8, 2c
* **colegio público** m – öffentliche Schule 8, 2c
colgar – hängen 7, Ev a
collar m – (Hals-)Kette 11, 5a
colocar – hier: einrenken 5, Ev a; stellen 9, Ev a
colonia w – hier: Kolonie 1, Ev b
columna vertebral w – Wirbelsäule 11, 1
comadre w LA – Freundin 4, 10a
* **combinar** – kombinieren 9, 9a
comedor m – Esszimmer 7, 1a
comida rápida w – schnelle Küche, Fastfood 7, 12a
¡Cómo me alegro! – Das freut mich aber! 6, 7b
¡Cómo no! – Selbstverständlich! Natürlich! 6, 2a
como si ... – (so) als ob ... 8, Ev a
¿Cómo quedamos? – Wie (wo, wann) treffen wir uns? 2, 2b

cómoda *w* – Kommode 7, 9a
compadre *m LA* – Freund 4, 1a
* **compañía** *w* – *hier:* Begleitung 3, 9;
hier: (Bus-)Gesellschaft 4, Ev b
compartir – teilen 6, 1b
* **competencia** *w* – *hier:* Konkurrenz 8, 2a
competir – konkurrieren 8, 2c
* **completo/-a** *Adj* – *hier:* vollständig 7, 4a
compostura *w* – Bescheidenheit, Zurück-
haltung 11, Ev b
computadora *w LA* – Computer 7, 13
Comunica. – *hier:* Belegt. (Telefon) 2, 6a
* **comunicar(se)** – kommunizieren 1, 7a
* **comunidad** *w* – *hier:* Hausgemeinschaft
7, 6 b; (Interessen-)Gemeinschaft 7, 6b
* **comunista** *Adj; Nom m/w* – kommunistisch,
Kommunist/in 11, 1
comunitario/-a *Adj* – Gemeinschafts- 7, 6b
* **concierto** *m* – Konzert 1, 10a
concreto/-a *Adj* – konkret 5, 7a
condiciones climáticas *w Pl* – Wetter,
klimatische Bedingungen 6, Ev a
conducir – *hier:* führen 7, Ev a
* **conductor/a** *m* – Fahrer/in 4, 1a
confección *w* – Anfertigung 9, 6b
* **conferencia** *w* – Konferenz 1, 10a
* **confianza** *w* – Vertrauen 6, 10
confiar (en) – vertrauen (auf) 5, Ev a
* **confortable** *Adj m/w* – komfortabel,
gemütlich 7, 1a
congreso *m* – Kongress 4, Ev a
* **conmigo, contigo** – mit mir, mit dir 2, 2b
* **conocer** – kennen, kennen lernen 4, 4a
* **conocido/-a** *Adj Part* – berühmt, bekannt
11, 5a
conocimiento *m* – Kenntnis 9, 6b
* **consecuencia** *w* – Konsequenz, Folge
3, Ev b; 11, 1
* **conservar** – *hier:* erhalten 7, 1a
consulta *w* – *hier:* (Arzt-)Praxis 5, 7 a;
hier: Beratung 8, Ev a
consultar – zu Rate ziehen 5, Ev b
* **consumir** – konsumieren 9, 2b
* **contactos** *mPl* – *hier:* persönl. Beziehungen,
Kontakte 9, 2b
* **contar** – erzählen 4, 10a
* **contento/-a** *Adj* – froh, zufrieden 5, 1d
contestador automático *m* – Anrufbeantworter 2, 6a
continente *m* – Kontinent 1, 1a
* **continuación** *w* – Folge 10, 1b
* **a continuación** – anschließend 10, 1b
continuado/-a *Adj Part* – fortgesetzt 9, 6b
continuamente *Adv* – ständig 2, 8a
* **en contra** – (da)gegen 8, 2c
contradicción *w* – Widerspruch 9, 2b
contraportada *w* – *hier:* Umschlaginnenseite
des Lehrbuchs 1, Ev a
contratar – jdn. anstellen, einstellen 10, Ev a
* **contrato** *m* – Vertrag 9, 6b
contrato de trabajo fijo *m* – feste Stelle,
Festanstellung 7, 6b
contrato laboral *m* – Arbeitsvertrag 9, 6b
* **conveniente** *Adj m/w* – ratsam, empfehlens-
wert 9, 6b
* **conversar** – sich unterhalten 4, 1b
* **convertirse (en)** – sich verwandeln (in)
7, Ev a; 11, 1
convincente *Adj m/w* – überzeugend 6, 2a
coñac *m* – Kognak 2, 8a
¡Coño! *ugs* – Scheiße! Verdammt! *(vulgär)*
8, Ev a

cooperación *w* – Zusammenarbeit,
Kooperation 4, 7b
cooperación al desarrollo *w* – Entwicklungs-
hilfe 4, 7b
Cooperación Internacional – *spanische
nichtstaatliche Organisation* 4, 1a
* **copa** *w* – Glas, *hier:* alkoholisches Getränk
2, 4a
* **corazón** *m* – Herz 1, 10a
corbata *w* – Krawatte 8, 4a
* **corresponder** – *hier:* erwidern 11, Ev b
corte *m* – *hier:* Schnitt 8, 2c
de corte clásico – mit klassischem Schnitt
8, 2c
cortés, cortesa *Adj* – höflich 6, 2a
cortesía *w* – Höflichkeit 6, 2a
cortina *w* – Vorhang 7, Ev a
cosecha *w* – Ernte 9, 9a
costar – *hier:* schwer fallen 9, 13b
costar trabajo – Mühe kosten, mühsam sein
6, 2a
costero/-a *Adj* – an der Küste 3, Ev b
costumbre *w* – Gewohnheit 2, Ev a
creación *w* – Schöpfung 11, 1
crear – schaffen, kreieren 8, 2c
* **crecer** – wachsen 3, 9a
* **crédito** *m* – Kredit 9, 3c
* **crisis** *w* – Krise 4, 7b
* **cristal** *m* – Kristall, Glas 7, 1a
cuaderno *m* – Heft 7, Ev a
cuadro *m* – *hier:* Karo *(Stoffmuster)* 8, 1a
a cuadros – kariert 8, 1a
cualquier, cualquiera *Adj* – irgendein/e/er
2, Ev a
en cuanto a – in Bezug auf 2, Ev a
* **cuarto** *m* – *hier:* Raum 7, 13
* **cuarto de baño** *m* – Badezimmer 7, 1a
cubo *m* – Eimer 7, 10b
cubo de basura *m* – Mülleimer 7, 10b
cubrirse (de) – bedeckt werden (mit),
überzogen werden (von) 7, Ev a
cuello *m* – Hals 5, 3a
cuenta corriente *w* – Girokonto 12, 7a
* **cuerpo** *m* – Körper 5, 1b
es cuestión de… – es ist eine Frage + *Gen.
(Art.)* 2, Ev a
cuidado *m* – *hier:* Sorgfalt 10, Ev a
* **¡Cuidado!** – Vorsicht! 5, 4b
con gran cuidado – sehr sorgfältig 10, Ev a
* **cuidar niños** – babysitten 9, 8a
cultivo *m* – Anbau R3, 2a
cuna *w* – Wiege 1, 9c
curandero/-a – Heiler/in 5, Ev a
curar – heilen 5, Ev a
* **curioso** *Adj* – *hier:* interessant, merkwürdig
4, 10a
currículum *m* – Lebenslauf R3, 2a
* **cuyo/-a** *Adj Relat* – deren, dessen 11, 1

D

Da igual. – Das ist egal. 8, 11c
danza *w* – Tanz 11, 1
dar (a) – *hier:* zu … hinausgehen 7, 1a
dar clase(s) – Unterricht geben, unterrichten
11, 1
dar de comer – füttern 6, 10
dar las gracias – sich bedanken 2, 7
dar permiso – Erlaubnis erteilen 6, 10
dar una conferencia – einen Vortrag halten
4, Ev b
dar una vuelta – *hier:* mit Freunden
ausgehen, durch Kneipen ziehen 2, 4a

darse prisa – sich beeilen 8, Ev a
darse un masaje – sich massieren lassen
5, 9a
de ahí – *hier:* deswegen, daher 3, Ev b
deber *m* – Pflicht 9, 2b
decena *w* – etwa zehn 10, 1a
declaración *w* – *hier:* (offizielle) Erklärung
1, Ev
declaración de independencia *w* –
Unabhängigkeitserklärung 1, Ev a
decoración *w* – Dekoration, Ausstattung
7, 1a
decorado/-a *Adj Part* – dekoriert 7, 1a
decorar – dekorieren 7, 1a
* **dedicar** – widmen 2, 8a
dedo *m* – Finger 5, 3a
* **dejar** – *hier:* hinterlassen 11, 11a
* **dejar de + *Inf*** – aufhören etwas zu tun
7, Ev a; 9, 9a
dejar un mensaje – eine Nachricht
hinterlassen R1, 1b
* **delante de** – vor *(örtl.)* 7, 10b
delincuente *Adj; Nom* – delinquent,
Verbrecher/in 12, 7a
* **dentro de…** – *hier:* innerhalb von …
(+ Zeitangabe) 5, 7a
denunciar – anzeigen 4, Ev b
departamento *m LA* – *hier:* Wohnung 7, 13;
hier: Abteilung 9, 3c
departamento de ventas *m* – Verkauf
(Abteilung) R1, 2a
depresión *w* – Depression 5, Ev a
deprimido/-a *Adj Part* – deprimiert 5, 1d
derecho *m* – *hier:* Recht, Berechtigung 4, 7b
desaparecer – verschwinden 1, Ev b
desaparición *w* – Verschwinden 1, Ev b
* **desarrollar** – entwickeln 8, 2c
desarrollarse – *hier:* sich abspielen, ablaufen
10, 10a
* **desarrollo** *m* – Entwicklung 4, 7b
desastre natural *m* – Naturkatastrophe
4, 7b
* **descansar** – sich ausruhen 3, 8a
descendiente *m/w* – Nachkomme 4, 7b
desconocido/-a *Adj Part* – unbekannt 3, Ev b
descripción *w* – Beschreibung 11, 5a
descuento *m* – Abzug, Skonto, Ermäßigung
8, Ev a
¿desde cuándo? – seit wann? 1, 5b
desde entonces – seitdem 5, Ev a
* **desde hace** – seit *(Zeitraum)* 1, 5b
* **¿Qué desea (usted)?** – Sie wünschen?,
Womit kann ich dienen? 8, 11c
desempleo *m* – Arbeitslosigkeit 9, 2c
desesperado/-a *Adj Part* – verzweifelt 6, Ev a
desigual *Adj m/w* – ungleich 6, Ev a
desocupado/-a *Adj Part LA* – arbeitslos 9, 2c
desorden *m* – Unordnung, Chaos 7, 10a
despedida *w* – Abschied R3, 2a
despejado/-a *Adj* – wolkenlos, hell 3, 4
* **despertar** – wecken 4, 7b
desprenderse (de) – sich lösen (von) 7, Ev a
destinatario/-a – Empfänger/in R3, 2a
destructivo/-a *Adj* – destruktiv, zerstörerisch
3, Ev b
detallado/-a *Adj Part* – detailliert R3, 2a
detenidamente *Adv* – gründlich 11, Ev b
* **detrás de** – hinter 7, 10b
* **di (tú)** *(v. «decir»)* unregl *Imp* – Sag! 6, 5
día a día – Tag um Tag, täglich 4, 7b
al día – am Tag 5, 11c
al día siguiente – am nächsten Tag 6, 7b

a diferencia de – im Unterschied zu 1, 3b
diferenciar – unterscheiden 2, 8a
* **dificultad** w – Schwierigkeit 6, Ev a; 11, 11a
¿Diga? / ¿Dígame? – Hallo? *(am Telefon, in Spanien)* 2, 5a
dinerito *Dim – Verkleinerungsform von* dinero; etwas Geld 9, Ev a
* **Dios** – Gott 5, Ev a
* **directamente** *Adv* – direkt 1, Ev a
director/a de cine – Film-Regisseur/in 1, 10a
disciplina w – Disziplin 5, 7a
disciplinado/-a *Adj Part* – diszipliniert 12, 1a
disco *m – hier:* Schallplatte 1, Ev a
discretamente *Adv* – diskret, vorsichtig 6, 2a
discreto/-a *Adj – hier:* bescheiden, diskret 7, Ev a
* **discusión** w – Diskussion 8, 2c
diseñador/a de moda – Modedesigner/in 9, 6b
diseño *m* – Design 9, 6b
* **disfrutar (de)** – genießen 3, 9a
disminuir *– hier:* sinken 3, Ev b
disquete *m* – Diskette 4, Ev b; R2, 1
distante *Adj m/w – hier:* abweisend, „zugeknöpft" 12, 4c
distinguir – unterscheiden 2, Ev a
* **distinto/-a** *Adj – hier:* verschieden 7, 12a
diverso/-a *Adj* – verschieden 9, 6b
dividirse *– hier:* sich aufteilen 7, 12a
* **divorciarse** – sich scheiden lassen 11, 3
* **doctor/a** – Doktor/in, Arzt / Ärztin, 5, 7a
* **documento** *m* – Dokument 9, 8a
* **doler** – wehtun, schmerzen 5, 6a
* **dolor** *m* – Schmerz 5, 6c
dolor(es) de cabeza *m* – Kopfschmerzen 5, 6c
dominicano/-a *Adj* – aus der Dominikanischen Republik 6, Ev a
don *m* – Gabe 5, Ev a
* **dormitorio** *m* – Schlafzimmer 7, 1a
dos veces más – doppel so viel 11, 5a
* **dudar** – (be)zweifeln 12, 6c
dueño/-a de la casa – Hausherr/in 7, 3a
dulce *m* – Süßigkeit 10, Ev a
duración w – Zeitdauer 3, Ev b
duradero/-a *Adj* – dauerhaft 5, Ev a
durante *Adv* – während 7, Ev a; 9, Ev a
* **duro/-a** *Adj* – hart 9, 5

E

ecuatorial *Adj m/w* – äquatorial, Äquator- 3, Ev b
editorial *Adj m/w* – aus dem Verlagswesen 1, 3b
educación básica w – Grundschule 11, 1
efectivo/-a *Adj* – effektiv 5, Ev a
el de… / la de… – der mit … / die mit … 12, 1a
el más + Adj *Superl* – der …-ste 6, 2a
* **eléctrico/-a** *Adj* – elektrisch 7, 9a
* **elegante** *Adj m/w* – elegant 7, 1a
elevador *m LA* – Aufzug 7, 13
elogiar – loben 7, 3c
elogio *m* – Lob 7, 3c
embarcarse – an Bord gehen 11, 11a
emocional *Adj m/w* – emotional 5, 12b
emocionante *Adj m/w* – aufregend 9, 5
empleado/-a – Angestellte/r R2, 5a
emprendedor/a *Adj* – unternehmungslustig 12, 3a

empresa en expansión w – expandierendes Unternehmen 9, 6b
en sí – in sich 9, 9a
* **enamorado/-a** *Adj Part* – verliebt 5, 1d
* **enamorarse** – sich verlieben 4, 4a
* **¡Encantado/-a!** *Adj Part – hier:* Sehr gern! 10, 3b
encantado/-a *Adj Part – hier:* begeistert 8, 2c
encanto *m – hier:* Schatz *(Kosewort)* 6, 7b
encargar – bestellen, beauftragen 8, Ev a
* **encontrarse** *– hier:* sich fühlen 5, 6c
encuentro *m – hier:* Begegnung 6, Ev a; Treffen 12, Ev b
encuesta w – Umfrage 5, 12b
* **enfadado/-a** *Adj Part* – verärgert 6, 11a
enfermar (de) – (an …) erkranken 11, 1
* **enfermo/-a** *Adj* – krank 5, 6c
engañar – betrügen 12, Ev a
enmarcar – umrahmen 11, 5a
enólogo/-a – Weinfachmann / -fachfrau 9, 9a
enriquecedor/a *Adj* – bereichernd 4, 7b
enseñado/-a (por) *Adj Part* – gezeigt, gelehrt (von) 11, Ev b
* **enseñar (a)** – zeigen, lehren 5, Ev a; *hier:* etwas beibringen 11, 11a
* **entrar** – hereinkommen 7, 1a
entre plato y plato – zwischen zwei Gängen (Mahlzeiten) 6, 1b
entre semana – unter der Woche 7, 12a
* **entregar** – abgeben, einreichen 4, Ev b; überreichen 10, 10a
* **enviar** – zuschicken, zusenden 9, 6b
epidemia w – Epidemie 3, Ev b
episodio *m* – Episode 3, Ev b
* **época** w – *hier:* (Jahres-)Zeit 9, 9a
en aquella época – damals 11, 5a
equilibrio *m* – Gleichgewicht 5, 12b
equipaje *m* – Gepäck 4, Ev b
* **equipo** *m* – Team 9, 6b
equipo de música *m* – Stereoanlage 7, 9a
* **equivocarse** – sich irren, *hier:* sich verwählen 2, 6a
* **es decir, …** – das heißt, … 5, 12b
escala w – *hier:* Zwischenlandung 4, Ev b
escalar – klettern, bergsteigen 3, 11a
* **escalera** w – Treppe 7, 12a
escalón *m* – Treppenstufe 7, 12a
escenario *m* – Bühne 11, Ev b
esclavo/-a – Sklave, Sklavin 1, 9c
* **escoger** – auswählen 7, 6b
escoba w – Besen 7, 12a
escribir a máquina – Schreibmaschine schreiben 9, 6a
escrito/-a *(v. «escribir»)* *Adj Part* – geschrieben, schriftlich 10, 1a
escritorio *m* – Schreibtisch 7, 9a
escuela preparatoria w LA – auf die Universität vorbereitende Schuleinrichtung 11, 1
* **espalda** w – Rücken 5, 3a
de espaldas – Rücken an Rücken 2, 5c
especie w – Art 8, Ev a
específico/-a *Adj* – spezifisch 9, 6b
* **espectáculo** *m* – Veranstaltung, Darbietung 1, 10a
En espera de sus noticias… – *etwa:* In Erwartung Ihrer Antwort … R3, 2a
esperanza w – Hoffnung 1, Ev a
* **esperar** – warten, jdn erwarten 10, 5

esperar turno – warten, bis man an der Reihe ist 5, Ev a
espíritu *m* – Geist 7, Ev a
espontáneo/-a *Adj* – spontan 2, Ev a
esquina w – Ecke 7, Ev a
esta vez – diesmal 8, Ev a
estable *Adj m/w* – stabil 5, 12b
estadística w – Statistik 3, 9a
estado de salud *m* – gesundheitlicher Zustand 11, 1
estándar *Adj m/w; Nom* – Standard- 8, 2c
estantería w – Regal 7, 9a
* **estar asociado/-a** – Mitglied sein 4, 8
* **estar en (el) paro** – arbeitslos sein 9, 2b
estereotipo *m* – Stereotyp 12, 5a
al estilo… – im …-Stil 7, 1a
Estimado/-a… – Sehr geehrter / Sehr geehrte … *(Briefkopf)* R1, 5
* **estómago** *m* – Magen 5, 3a
estrecho/-a *Adj – hier:* schmal 5, 1 b; eng 8, 9a
estridencia w – Schrillheit 11, Ev b
estructura gramatical w – grammatikalische Struktur 12, Ev b
estudio *m – hier:* Studio 7, 6b
estudios medios – Schulabschluss 9, 6b
estudios superiores – Universitätsabschluss 9, 6b
estudioso/-a *Adj; Nom* – lerneifrig, wissbegierig; Wissbegierige/r 11, Ev b
europeo/-a *Adj; Nom* – europäisch, Europäer/in 2, 8a
* **evitar** – vermeiden 1, Ev a; 8, 2c
exactitud w – Genauigkeit 3, Ev b
excelente *Adj m/w* – ausgezeichnet 9, 13b
exigente *Adj m/w* – anspruchsvoll 11, Ev b
de gran éxito – sehr erfolgreich 11, 1
expansión w – Expansion, Ausdehnung 9, 6b
* **experiencia** w – Erfahrung 4, 7b
experto/-a *m/w* – Experte/in, Fachmann / Fachfrau 4, 7b
explosivo/-a *Adj* – explosiv 10, 5
exportar – exportieren 1, Ev a
* **exposición** w – Ausstellung 1, 10a
expresivo/-a *Adj* – ausdrucksvoll, herzlich 6, 11a
éxtasis *m* – Ekstase 8, Ev a
extraño/-a *Adj; Nom* – fremd, Fremde/r 12, Ev b
exuberante *Adj m/w – hier:* exotisch, hübsch, üppig 6, Ev a

F

* **fábrica** w – Fabrik 9, 3c
fabricación w – Herstellung 7, 1a
fabricado/-a (en) *Adj Part* – hergestellt (in) 7, 1a
* **falda** w – Rock 8, 1a
falta de respeto w – Missachtung, mangelnder Respekt 6, 2a
fama w – Ruf, Ruhm 11, Ev b
* **familiar** *Adj m/w* – familiär, Familien- 5, Ev a, 9, 9 a; Verwandte/r 10, 5
fantasía w – Fantasie 11, 9a
farra w LA – *hier:* lärmendes Vergnügen, Rummel 2, Ev a
* **favor** *m* – Bitte, Gefallen 6, 7b
a favor – für, zugunsten von 8, 2c
fe w – Glaube 5, Ev a
* **felicidad** w – Glück, Glücklichsein 5, 12b

Alphabetischer Wortschatz

* ¡Felicidades! – Herzlichen Glückwunsch!, Alles Gute! 10, Titel
felicitación w – Glückwunsch 10, 9a
¡Feliz Año Nuevo! – Gutes neues Jahr! 10, 9a
¡Feliz cumpleaños! – Alles Gute zum Geburtstag!, Herzlichen Glückwunsch zum Geburtstag! 10, 9a
¡Feliz Navidad! – Frohe Weihnachten! 10, 9a
feminismo m – Feminismus 11, 1
fenómeno m – Phänomen 3, Ev b
* feo/-a Adj – hässlich 8, 9a
festival m – Festival, Musikfest 1, 9b
fiambre m – Aufschnitt 12, 4c
* fiebre w – Fieber 5, 6a
fiesta danzante – Tanzfest 10, 1b
fiesta de gala w – Gala (Fest) 8, 13a
figura clave w – Schlüsselfigur 11, 1
* fijo/-a Adj – fest, fix, sicher 3, 9a
Filipinas – Philippinen 1, Ev a
filipino/-a Adj; Nom – philippinisch, Filipino/-a 1, Ev a
filmar – (ver)filmen 11, 1
filosofía w – Philosophie 11, Ev b
a finales de / del (+ Nom) Adv – Ende (+ Gen, Zeitangabe) 1, Ev a
al final – am Ende 4, 10a
* físico/-a Adj – physisch, körperlich 8, 2c
flexible Adj m/w – flexibel R3, 2a
flor w – Blume 7, Ev a
florido/-a Adj – blühend 10, 1b
fomentar – fördern 12, 9
* al fondo – da hinten 8, 11c
* en el fondo – hier: im Hintergrund 2, 8a
fonética w – Phonetik, Aussprache 1, 7a
* formación w – Fortbildung, Ausbildung 9, 6b
* formal Adj m/w – formell 6, 2a
formar – bilden 6, Ev a
fórmula w – Formel 3, 9a
fotógrafo/-a – Fotograf/in 1, 10a
frase hecha w – Redewendung 5, 4a
frecuencia de vuelo w – hier: Flüge R1, 4a
* frío m – Kälte 3, 1a
* frito/-a (v. «freír») Adj Part unregl – frittiert 2, 8a
fuente w – hier: Schüssel, Platte 7, Ev a
* fuerza w – Kraft 1, 1b
* fumador/a – Raucher/in 3, 6b
* fumar – rauchen 2, 8a
funcional Adj m/w – funktionell, praktisch 7, 12a
fútbol m – Fußball 2, Ev a
* futuro/-a Adj – zukünftig, -e, -er, -es 5, Ev a; 11, 5a

G

gala w – Festkleidung 8, 13a
galería w – Kunstgalerie 2, 1a
ganadería w – Viehzucht 6, Ev a
* ganar dinero – Geld verdienen 5, 12b
ganarse el pan de cada día – sich sein täglich Brot verdienen 9, 2b
ganarse la vida – seinen Lebensunterhalt verdienen 9, Titel
* ganas wPl – Lust 5, 7a
* garaje m – Garage 7, 6b
garganta w – Hals, Kehle 8, Ev a
gas natural m – Erdgas 7, 6b
gasa w – Gaze 7, Ev a
gastos de comunidad mPl – Gemeinschaftskosten 7, 6b

gastronómico/-a Adj – gastronomisch 7, 1a
gato m – Katze 7, Ev a
* general Adj m/w – allgemein 1, 3b
* en general – im Allgemeinen 7, 12a
generalización w – Verallgemeinung 12, 5a
generalizado/-a Adj Part – verbreitet 6, 2a
género musical m – Musikart 1, 9c
* generoso/-a Adj – großzügig 12, 1a
* genial Adj m/w – genial, super 10, 3b
gesto m – Geste 6, 1b
gitano/-a – Zigeuner/in 12, 7a
globalización w – Globalisierung 4, 7b
* gobierno m – Regierung 12, 8
golosina w – Süßigkeit 10, Ev a
gorro m – Mütze 8, 1a
gozar – genießen 4, 4a
grabar – aufnehmen 11, Ev b
gracia w – hier: Gabe, Gnade 5, Ev a
* gracias (a) – dank (+ Gen) 1, 3b
* gracias por... – danke für ... 10, 3b
* gracioso/-a Adj – hier: graziös, anmutig 5, 1b
gramatical Adj m/w – grammatikalisch 12, Ev b
gran parte de – ein großer Teil von 12, 5a
grapadora w – Heftmaschine (Büro) R2, 1
grasa w – Fett 7, Ev a
grave Adj m/w – schwer, schwerwiegend 3, Ev b
* gripe w – Grippe 5, 5
guagua w LA – Reisebus (Kuba, Puerto Rico) 1, 4b
Guinea Ecuatorial – Äquatorialguinea 1, Ev a
con gusto y placer – mit großem Vergnügen 10, Ev c
* con mucho gusto – mit großem Vergnügen 6, 7b

H

habitar – (be-)wohnen 7, 12a
* habitual Adj m/w – gewöhnlich, tagtäglich 2, Ev a; gebräuchlich, üblich 9, 6b
* hace (v. «hacer») + Zeit – vor (+ Zeitangabe) 3, 6b
* hace buen tiempo – das Wetter ist schön / es ist schönes Wetter 3, 1a
hace calor – es ist warm 3, 1a
hace frío – es ist kalt 3, 1a
hace mal tiempo – das Wetter ist schlecht 3, 1a
Hace mucho que... – Es ist lange her, dass ... 4, 10a
hace sol – es ist sonnig, die Sonne scheint 3, 1a
hace viento – es ist windig 3, 1a
hacer el agosto – viel verdienen, sich eine goldene Nase verdienen (span. Redewendung) 9, Ev a
hacer escala – eine Zwischenlandung machen 6, 7b
hacer gestos – gestikulieren 6, 1b
* hacer las maletas – Koffer packen 3, 10b
hacer prácticas – ein Praktikum machen 9, 9a
hacer submarinismo – tauchen 3, 11a
hacer una barbacoa – grillen, ein Grillfest veranstalten 6, 10
hacer una presentación – einen Vortrag halten 4, Ev a
hacer una reclamación – reklamieren 4, Ev a
* hacia Präp – in Richtung ..., nach 4, 7b

Hala... ugs – Also dann ... 8, Ev a
hamaca w – Liegestuhl, Hängematte 9, Ev a
hamaquero/-a – Liegestuhl-Verleiher/in 9, Ev a
hambre w (Art.) – Hunger 3, Ev b
hasania m – mit dem Arabischen verwandte Sprache 1, Ev a
hay niebla – es ist neblig 3, 1a
* hay que + Inf – man muss + Inf 10, 14b
haz (tú) (v. «hacer») unregl Imp – mach! 5, 10
hecho m – Tat 6, Ev a
hecho real m – Tatsache 6, Ev a
* herir – verletzen 6, 2a
hipótesis w – Hypothese, Annahme 9, 3b
hispano/-a Adj; Nom – hispanoamerikanisch, Hispanoamerikaner/in 1, 1b
hispanoamericano/-a Adj; Nom – hispanoamerikanisch, Hispanoamerikaner/in 1, 4a
hogar m – Zuhause, Heim 7, Titel
Hogar, dulce hogar... – span. Sprichwort, etwa: „Zu Hause ist es am schönsten." („Home, sweet home") 7, Titel
hombro m – Schulter 5, 3a
honor m – Ehre 10, 1b
horrible Adj m/w – schrecklich 4, 8b
hospitalario/-a Adj – gastfreundlich 12, 3a
hospitalidad w – Gastfreundlichkeit 4, 1a
hostal m – (kleineres) Hotel 3, 9a
hueso m – Knochen 5, Ev a; 11, 5a
humanista Adj m/w – humanistisch 5, Ev a
humilde Adj m/w – hier: bescheiden 8, Ev a
huracán m – Orkan 3, Ev b

I

iberoamericano/-a Adj; Nom – iberoamerikanisch, Iberoamerikaner/in 1, 10a
* ideal Adj m/w – ideal, sehr gut geeignet 7, 6b
identidad w – Identität 1, Ev a; 8, 2c
identificarse con – sich identifizieren mit 5, 12b
idílico/-a Adj – idyllisch 7, 1a
ídolo m – Idol 4, 7b
igualar – gleichstellen, gleichmachen 8, 2c
igualdad w – Gleichheit 4, 7b
igualdad de derechos w – Gleichberechtigung 4, 7b
* igualmente Adv – hier: gleichfalls 10, 9a
ilusión w – hier: Traum, Illusion 10, Ev a
* Imagínate que... – Stell dir vor ... 4, 10a
imitar – nachmachen, imitieren 6, Ev a
impetuoso/-a Adj – ungestüm 11, 5a
se ha impuesto (v. «imponer») Part unregl – hier: er / sie hat sich durchgesetzt 1, Ev a
importar – hier: ausmachen 9, Ev a
imposibilidad w – Unmöglichkeit 11, 1
impresionar – beeindrucken 1, Ev a
impresora w – Drucker (Computer) R2, 1
imprevisible Adj m/w – unvorhersehbar 9, 9a
inca m – Inka 4, 7b
incómodo/-a Adj – unbequem 8, 9a
incorporación w – Einstieg 9, 6b
incorregible Adj m/w – unverbesserlich 11, 5a
independencia w – Unabhängigkeit 1, Ev a
* independiente Adj m/w – unabhängig 9, 2b
indígena Adj m/w – einheimisch, indianisch 11, 5a
indispensable Adj m/w – unentbehrlich 5, Ev b
individuo – Individuum, Person 8, 2c

* **industria** *w* – Industrie 1, 3b
industria editorial *w* – Verlagswesen 1, 3b
industrial *Adj m/w* – industriell 6, Ev a
inestable *Adj m/w* – unbeständig, wechselhaft 3, 4
infantil *Adj m/w* – Kinder- 10, Ev a
inferior *Adj m/w* – minderwertig 12, 7a
infernal *Adj m/w* – höllisch 2, 8a
infusión *w* – hier: Kräutertee 5, 9a
infusión de manzanilla *w* – Kamillentee 5, 9a
ingresar – hier: eintreten 11, 1
iniciarse – seinen Anfang nehmen 11, Ev b
iniciativa propia *w* – Eigeninitiative 9, 6b
inicio *m* – Anfang R3, 2b
* **inmediatamente** *Adv* – sofort 9, 13b
inmediato/-a *Adj* – sofortig 9, 6b
inmigración *w* – Immigration, Einwanderung 6, Ev
innumerable *Adj m/w* – unzählig 11, 1
* **insistir (en)** – auf etwas bestehen 6, 2a
insomnio *m* – Schlaflosigkeit 5, Ev a
inspirar – inspirieren 11, 1
instalarse (en) – sich niederlassen (in) 11, 1
institucional *Adj m/w* – institutionell 5, 12b
insulto *m* – Schimpfwort, Beleidigung 8, Ev a
intacto/-a *Adj* – unberührt, intakt 7, Ev a
con la intención de + *Inf* – mit der Absicht, … 6, Ev a
intensidad *w* – Intensität, Stärke 3, Ev b
intenso/-a *Adj* – stark, intensiv 3, Ev b
interacción *w* – Interaktion 3, Ev b
intercambiar – austauschen 4, 9
* **intercambio** *m* – Austausch 4, 7b
interesado/-a *Adj Part; Nom* – interessiert; !nteressent/in 9, 6b
* **interior** *Adj m/w* – innere/r/s 7, 1a
interregional *Adj m/w* – überregional 4, 1b
* **íntimo/-a** *Adj* – intim, gemütlich 7, 1a
se introdujo *unregl Indef* – es wurde eingeführt 8, 2c
introvertido/-a *Adj Part* – introvertiert 6, Ev a; 8, 2c
intuición *w* – Intuition 5, Ev a
inundación *w* – Überschwemmung 3, Ev b
inversión *w* – Investition 8, 2c
* **invitación** *w* – Einladung 10, 1a
invitado/-a *Adj Part; Nom* – eingeladen; Gast 7, 3c
ir al encuentro de – jdm. entgegenkommen 6, Ev a

J

jamás *Adv* – niemals 4, Ev b
jarabe *m* – Hustensaft, Sirup 5, 9a
jaula *w* – Käfig 7, Ev a
jazmín *m* – Jasmin 7, 1a
* **jersey** *m* – Pullover 8, 1a
jornada *w* – hier: Tagung 4, 7 b; Arbeitszeit 9, Ev a
jubilado/-a *Adj Part* – in Rente, pensioniert 5, 7a
* **judío/-a** *Adj; Nom* – jüdisch, Jude / Jüdin 11, 5a
juerguista *Adj; Nom* – nachtschwärmerisch, Nachtschwärmer/in 12, 1a
* **jugar al tenis** – Tennisspielen 2, 4a
juguete *m* – Spielzeug 10, Ev a
* **justo/-a** *Adj* – hier: gerecht 9, 13b
juventud *w* – Jugend 11, Ev b

L

laberinto *m* – Labyrinth 5, 1b
lácteo/-a *Adj* – Milch-, milchig 9, 3c
* **al lado de** – neben 7, 10b
* **lago** *m* – See 3, 11a
laguna *w* – Lagune 4, 1a
* **lámpara** *w* – Lampe 7, 1a
lámpara de pie *w* – Stehlampe 7, 9a
* **lana** *w* – Wolle 8, 5a
lanzar al mercado – auf dem Markt werfen (Marketing) R1, 2a
lanzarse (a) – sich stürzen (auf) 10, Ev a
* **lápiz** *m* – Bleistift 6, 5
lavadora *w* – Waschmaschine 7, 9a
* **lavar** – waschen 8, 14a
leche asada *LA* – Art Karamell-Pudding 7, Ev a
lejano/-a *Adj* – fern 4, 7b
lengua oficial *w* – offizielle Sprache, Amtssprache 1, 1b
levantar – hier: hochheben 7, Ev a
leve *Adj m/w* – leicht 3, 4
leyenda *w* – Legende 11, Ev b
en libertad – frei, in Freiheit 3, 11a
* **ligero/-a** *Adj* – leicht 7, 1a
* **limpiar** – putzen 9, 8a
* **limpio/-a** *Adj* – sauber 7, 12a
lindo/-a *Adj LA* – schön 4, 10a
lino *m* – Leinen 8, 5a
* **listo/-a** *Adj* – klug, listig 12, 7a
llamada *w* – Anruf 4, Ev b
llamar por teléfono – anrufen R1, 2a
Llamo por… – Ich rufe wegen … an 7, 7a
* **llave** *w* – Schlüssel 3, 10b
al llegar – bei der Ankunft 4, Ev b
* **llenar** – füllen 1, 10a
llenarse (de) – sich füllen (mit) 7, Ev a
* **llevar** – hier: führen 5, 7a
llevar (a) – hier: dazu führen 9, 9a
llevar a pasear – ausführen, spazieren führen 6, 8
* **llover** – regnen 3, 1a
* **lluvia** *w* – Regen 3, 4
Lo malo es que… – Das Schlimmmste ist, dass 9, 3c
* **lo primero** – hier: als Erstes, zunächst einmal 4, 1a
lograrse – schaffen, erreichen 11, Ev b
* **luchar (por)** – (um etwas) kämpfen 4, 7b
lugar de origen *m* – Herkunftsort 1, Ev a
luminoso/-a *Adj* – hell 7, 1a
luna *w* – Mond 10, Ev c
luna de miel *w* – Flitterwochen 7, Ev a
* **luz** – Licht 6, 5

M

macrofestival *m* – Makrofestival 1, 10a
* **madera** *w* – Holz 7, 1a
madrileño/-a *Adj; Nom* – madrilenisch, Madrilene / Madrilenin 12, 7a
mágico/-a *Adj* – magisch 7, 1a
* **magnífico/-a** *Adj* – toll, wunderbar 1, 10a
mal *m* – hier: Krankheit 4, 1b
mal de altura *m* – Höhenkrankheit 4, 1b
* **mala suerte** *w* – Pech (wörtl. schlechtes Glück) 3, 6b
malecón *m* – Kai, Mole 2, Ev a
* **maleta** *w* – Koffer 3, 10b
* **manera** *w* – Art und Weise 8, 2c
* **¡De ninguna manera!** – Auf gar keinen Fall! 6, 2a
manifestación *w* – Erscheinung 3, Ev b

* **mano** *w* – Hand 5, 3a
a mano – per Hand 8, Ev a
mapa meteorológico *m* (!) – Wetterkarte 3, 3b
máquina de café *w* – Kaffeemaschine 2, 8a
* **máquina de escribir** *w* – hier: Schreibmaschine 9, 6a
* **marca** *w* – Marke 8, 2a
marcado/-a *Adj Part* – hier: geprägt 9, 10b
marcha *w* – hier: von Kneipe zu Kneipe ziehen 2, 8b
* **marchar** – hier: laufen, funktionieren 4, 1a
mármol *m* – Marmor 7, 1a
marquismo *m* – Markenversessenheit 8, 2c
más tarde – später 2, 7
masajear – massieren 5, Ev a
* **masculino/-a** *Adj* – männlich 5, 4b
mate de coca *m LA* – Koka-Tee 4, 1a
* **material** *m* – Material, Stoff 7, 1a
* **máximo/-a** *Adj* – maximal 3, 4
Me toca a mí. – Ich bin dran. 6, 2a
mediano/-a *Adj* – mittlere/r 6, Ev a
de mediana edad – mittleren Alters 6, Ev a
* **medias** *wPl* – Strumpfhose 8, 4a
medicina natural *w* – Natur-Medizin 5, Ev a
médico de familia *m/w* – Hausarzt 9, Ev a
Médicos sin Fronteras – Ärzte ohne Grenzen 9, Ev a
medida *w* – Maß 11, Ev b
medio mundo – die halbe Welt 11, Ev b
mediterráneo/-a *Adj* – aus dem Mittelmeerraum 7, 1a
mejor *(v. «bueno») Adj Komp* – besser 11, Ev b
a lo mejor… – vielleicht … 12, 8
* **mejorarse** – sich erholen (gesundheitlich) 5, 7a
* **¡Que se mejore!** – Gute Besserung! 5, 7a
menos + adj + que *Komp* – weniger + *Adj* + als 8, 8b
mensaje *m* – Nachricht R1, 1b
mente *w* – Geist, Sinn, Verstand 8, Ev a
* **mentira** *w* – Lüge 12, 7a
Mercosur *m* – lateinamerikanische Handelsorganisation 4, Ev b
Merece la pena. – Es lohnt sich. 8, 2c
* **metal** *m* – Metall 7, 1a
meteorológico/-a *Adj* – Wetter-, meteorologisch 3, 3b
meterse en camisa de once varas – sich übernehmen, sich zu viel vornehmen (span. Sprichwort) 8, 14a
metro cuadrado *m* – Quadratmeter 7, 6a
* **mezcla** *w* – Mischung 1, 9c
mi bien – mein/e Liebste/r 10, Ev c
micro *m LA* – Bus (Argentinien) 4, Ev b
miedo *m* – Angst 4, Ev b
miel *w* – Honig 7, Ev a
mímica *w* – Mimik 5, 6b
minerales *mPl* – Mineralien 5, 7a
minero *m* – Bergmann 4, 7b
minero/-a *Adj* – bergmännisch 11, Ev b
mini- – Mini-, ganz kleine/r/s 7, 12a
* **mínimo/-a** *Adj* – minimal 3, 4
minoría *w* – Minderheit 1, 3b
estar en minoría – in der Minderheit sein 1, 3b
minué *m* – Menuett 5, 1b
mío, mía *PossesPron* – meins, meine/r 6, 2a
mirada *w* – Blick 11, Ev b
* **misa** *w* – Messe, Gottesdienst 10, 1a
* **mismo/-a** *Adj* – hier: selbst 9, 3c

místico/-a *Adj; Nom* – mystisch, Mystiker/in
5, Ev a
* **mitad** *w* – Hälfte 7, 12a
mito *m* – Mythos 11, Ev b
* **mochila** *w* – Rucksack 1, 6a
de última moda – topmodisch 8, 2c
* **modelo** *m* – Modell 7, 1a
* **moderado/-a** *Adj* – *hier:* mäßig 3, 4
* **moderno/-a** *Adj* – modern 7, 12a
molino *m* – Mühle 7, 1a
en este momento – momentan 2, 5a
monísimo/-a *Superl* – sehr schön,
wunderschön 8, 11c
mono/-a *Adj; Nom* – hübsch, schön; Affe /
Äffin 8, 14a
montaña *w* – Berg 6, Ev a
* **morir** – sterben 3, Ev b; 7, Ev a; 11, 1
* **mostrar** – zeigen 7, 3c
motivación *w* – Motivation 1, 7a
motivar – motivieren 8, 2c
* **motor** *m* – Motor 1, 7b
* **muchacho/-a** – Junge, Mädchen 2, Ev a;
4, 1a
muchas veces – sehr oft, häufig 1, 5b
* **mueble** *m* – Möbel 7, 1a
* **muela** *w* – Backenzahn 5, 6a
muerte *w* – Tod 7, Ev a
mujeriego *m* – Frauenheld 11, 5a
multicolor *Adj m/w* – bunt 10, Ev a
multicultural *Adj m/w* – multikulturell 1, 10a
mundial *Adj m/w* – weltweit, Welt- 1, Ev a;
3, Ev b; 11, 1
muralista *Adj m/w* – Wandmaler/in 11, 1
música latina *w* – lateinamerikanische Musik
1, 9b

N

* **nacer** – geboren werden 5, Ev a; 10, Ev c;
11, 1
nacido/-a (en) *Adj Part* – geboren (in)
11, Ev b
nalgas *w Pl* – Gesäß 5, 3a
naranjo *m* – Orangenbaum 7, 1a
* **nariz** *w* – Nase 5, 1b
* **natural** *Adj m/w* – natürlich 3, 11a
naval *Adj m/v* – See- ; Schiffs- ,
Marine- 10, 1b
navegar – zur See fahren, segeln 3, 11a
* **necesidad** *w* – Notwendigkeit 2, 8a
* **negativo/-a** *Adj* – negativ 8, 14b
negociar – verhandeln 9, 6b
* **negro/-a** *Adj; Nom* – schwarz, Schwarze/r
12, 7a
* **nevar** – schneien 3, 1a
* **nevera** *w* – Kühlschrank 7, 12a
* **¡Ni hablar!** – Ausgeschlossen! Von wegen!
6, 2a
nicaragüense *Adj; Nom m/w* – nicaragua-
nisch, Nicaraguaner/in 1, 6a
* **niebla** *w* – Nebel 3, 1a
Niño Jesús *m* – Jesuskind 3, Ev b
* **nivel** *m* – Niveau, Höhe 4, 7b
* **a nivel...** – auf ... -Niveau 9, 6b
a nivel del mar – auf Höhe des Meeres-
spiegels 4, 7b
a nivel usuario – Grundkenntnisse 9, 6b
noble *Adj m/w* – *hier:* edel 7, 1a
nocturno/-a *Adj* – nächtlich 2, Ev a
nombrar – nennen 8, Ev a
nombre propio *m* – Vorname 1, Ev a
nómina *w* – Arbeitsvertrag 7, 6b
* **norma** *w* – Norm 1, 3b

nostalgia *w* – Sehnsucht, Nostalgie 11, 9a
nota *w* – *hier:* Notiz 8, Ev a
novedad *w* – Neuheit 7, 3c
nublado *Adj* – bewölkt 3, 1a
nubosidad variable *w* – aufgelockerte
Bewölkung 3, 4
nudo *m* – Knoten, *hier:* Kloß *(im Hals)* 8, Ev a
nuevamente (= de nuevo) *Adv* –
noch einmal R1, 1b
número *m* – *hier:* Schuhgröße 8, 11a
¿Qué número calza? – Welche Schuhgröße
tragen Sie? 8, 11a
nutriente *m* – Nährstoff 3, Ev b

O

* **objeto** *m* – Objekt 11, 1
objeto de culto *m* – Kultobjekt 11, 1
* **obra de teatro** *w* – Theaterstück 2, 4a
observación *w* – *hier:* Bemerkung R1, 4a
obsesión (por) *w* – Versessenheit (auf),
Besessenheit 8, 2a
* **ocasión** *w* – Gelegenheit 4; Ev b;
hier: Anlass 10, 9a
occidental *Adj m/w* – westlich 6, Ev a
océano *m* – Ozean 3, Ev b
ocultar – verstecken 8, 14b
ocupado/-a *Adj Part* – beschäftigt 9, 3c
* **ocurrir** – passieren 1, 3 b; stattfinden
3, Ev b
odisea *w* – Odyssee 4, 7b
* **oeste** *m* – Westen 4, 7b
* **oferta** *w* – Angebot 3, 9a
* **oficialmente** *Adv* – offiziell 10, 1a
* **¡Ojo!** – Vorsicht! 5, 4a
¡Olé! – bravo! 5, 1b
* **olor** *m* – Geruch 2, 8a
ómnibus *m LA* – Reisebus *(Peru)* 4, 1a
ONG, «Organización no Gubernamental»
w – Nichtregierungsorganisation 4, 7a
ópera *w* – Oper 2, 4a
* **operación** *w* – *hier:* Operation *(chirurg.)*
11, 1
* **opinar** – meinen 1, 7b
* **oportunidad** *w* – *hier:* Gelegenheit,
Schnäppchen 7, 6b
orden de importancia *m* – Rangfolge 1, 8a
ordenado/-a *Adj Part* – aufgeräumt 7, 12a;
ordentlich 12, 1a
* **ordenar** – aufräumen, ordnen R2, 2a;
hier: ordnen 9, 8a
* **organización** *w* – Organisation 3, 9a
* **orgullo** *m* – Stolz 6, 2a
* **orgulloso/-a** *Adj* – stolz 12, 1a
oriental *Adj m/w* – östlich 3, Ev b
ser originario/-a (de) – kommen aus /
stammen aus 1, 3b
ortografía *w* – Rechtschreibung 1, 3b
ortopedista *m/w* – Orthopäde / Orthopädin
5, Ev a
* **oscuro/-a** *Adj* – dunkel 7, 1a
* **otoño** *m* – Herbst 3, 1b
el otro día – neulich 4, 2

P

pachanga *w LA* – Party 2, Ev a
paciente *m/w* – Patient/in 5, 5
pagado/-a *Adj Part* – bezahlt 9, 5
pagar «la voluntad» *w* – nach Gutdünken
zahlen 5, Ev b
palabra clave *w* – Schlüsselwort 8, 2a
palabra vulgar *w* – *hier:* Schimpfwort 6, 2a
palabrota *w* – Schimpfwort 6, 2a

palo *m* – Stock 10, Ev a
pantalón de jean *m LA* – Jeans 4, Ev b
pantalones vaqueros *mPl* – Jeans 8, 1a
papa *w LA* – Kartoffel 12, 4c
papel higiénico *m* – Toilettenpapier 7, 10b
papelera *w* – Papierkorb R2, 1
* **en un par de...** – in ein paar ...
(+ Zeitangabe) 5, 7a
* **¿para qué?** – wofür?, wozu? 1, 7b
parador *m* – *in Spanien: Luxushotel* 3, 9a
paralelamente *Adv* – *hier:* gleichzeitig
5, Ev b
* **parar** – halten 9, 3 c; *hier:* Pause machen
9, Ev a
pared *w* – Wand 7, Ev a
* **pariente** *m/w* – Verwandte/r 6, 8
* **paro** *m* – Arbeitslosigkeit 9, 2b
parqué *m* – Parkett 7, 4a
parque infantil *m* – Spielplatz 7, 6b
¿De parte de quién, por favor? –
Wer ist bitte am Apparat? 2, 5a
en gran parte de – in weiten Teilen von
10, 1a
participar – teilnehmen 1, 8a
* **particular** *Adj m/w* – *hier:* eigen 8, 2c
particularidad *w* – Besonderheit 12, 6a
* **partido** *m* – *hier:* Partei 11, 1
Partido Comunista *m* – Kommunistische
Partei 11, 1
a partir de *Präp* – ab 7, 6b
Pasa, pasa (tú). *Imp* – Komm rein!
10, 10c
* **pasado/-a** *Adj Part* – vergangene/r, letzte/r
4, 2
pasaporte *m* – Reisepass 1, Ev a
* **pasar** – *hier:* hereinkommen 5, 7a
pasar (por) – durch ... gehen 5, Ev a
pasar las vacaciones – den Urlaub
verbringen 3, 8a
pasarlo bien – Spaß haben 1, 8a
¡Que usted lo pase bien! – Alles Gute! 8, Ev a
pasarlo bomba *ugs* – sich blendend
unterhalten, amüsieren 10, 5
Pase (usted) por caja. *Imp* – Zahlen Sie bitte
an der Kasse. 8, 11c
* **¿Qué le pasa?** – Was fehlt Ihnen? 5, 7a
pasión *w* – Leidenschaft 5, 12b
* **pasta** *w* – *hier:* Pasta, Nudeln 12, 4c
* **pasteles** *m Pl* – *hier:* Kuchenteile, Törtchen
10, 10a
pata *w* – *hier:* (Tisch-)Bein 7, Ev a
paterno/-a *Adj* – väterlich/e, -er 11, 1
* **patio** *m* – Hof 7, 1 a; *hier:* Schulhof 8, 2c
patio interior *m* – Innenhof 7, 1a
pecho *m* – Brust 5, 1a
pedir hablar con alguien – jdn sprechen
wollen (am Telefon) R1, 1b
pedir hora – um einen Termin
(z. B. beim Arzt) bitten 5, 5
* **pedir perdón** – sich entschuldigen 2, 7
pedir permiso – um Erlaubnis bitten 6, 4a
* **pedir un favor** – um einen Gefallen bitten
6, 7b
* **peinado** *m* – Frisur 11, 5a
pelear – streiten 6, 2a
* **película** *w* – *hier:* Kinofilm, Spielfilm 2, 1a
¿Qué película ponen...? – Welcher Film
läuft ...? 2, 1a
pendiente *m* – *hier:* Ohrring 11, 5a
pensar + *Inf* – vorhaben 1, 8b
pensionista *m/w* – Rentner/in, Pensionär/in
2, 8a

peor *(v. «malo/-a») Adj Komp m/w* – schlechter, schlimmer 4, Ev b
percibir – wahrnehmen 11, Ev b
perder – *hier:* verlieren 4, Ev a
perder el tiempo – Zeit verlieren 8, Ev a
pérdida *w* – Verlust 3, Ev b
* **perfectamente** *Adv* – perfekt, problemlos 1, 3b
* **perfecto** *Adv* – *hier:* prima, o.k., einverstanden 2, 3a
perfumado/-a *Adj Part* – *hier:* aromatisch, duftend 7, Ev a
permanecer – bleiben 7, Ev a
permanente *Adj m/w* – ständig, fortwährend 9, 2b
* **permiso** *m* – Erlaubnis 6, 4a
* **perro** *m* – Hund 3, 10b
persa *Adj; Nom m/w* – persisch; Perser/in 7, 1a
perseguir – folgen, verfolgen 11, Ev b
* **personalidad** *w* – Persönlichkeit 8, 2c
perspectiva *w* – Perspektive 12, Ev b
peruano/-a *Adj; Nom* – peruanisch, Peruaner/in 1, 10a
* **pesar** – wiegen 11, 5a
a pesar de – trotz 6, Ev a
pesca *w* – Fischfang 3, Ev b
pescador/a – Fischer/in 3, Ev b
pescar – angeln 3, 11a
* **pie** *m* – Fuß 5, 1 a; *hier:* Schuh 8, 11a
* **piedra** *w* – Stein 4, 7b
* **piel** *w* – Haut 5, 1 b; *hier:* feines Leder 8, 5a
* **pierna** *w* – Bein 5, 1a
pies planos *mPl* – Plattfüße 5, Ev a
pieza *w* – Musikstück 1, Ev a; *LA* – Raum 7, 13
pijama *m* – Pyjama, Schlafanzug 8, 4a
piñata *w* – *Figur aus Pappe, gefüllt mit Süßigkeiten* 10, Ev a
* **pintar** – *hier:* streichen 4, 7b
pintura *w* – Malerei 11, 1
pionero/-a *Adj Nom* – Pioniers-, Pionier/in 6, Ev a
Pirineo Occidental *m* – Westpyrenäen 6, Ev a
pisar – *hier:* auf etwas treten 11, Ev b
pista de tenis *w* – Tennisplatz 7, 6b
* **placer** *m* – Genuss 9, 2b
plano/-a *Adj* – flach, platt 5, Ev a
* **planta** *w* – Pflanze 6, 10; Geschoss, Etage 7, 4a
plata *w LA* – Silber, *hier:* Geld 2, Ev a
poblar – bevölkern 6, Ev a
pobre *Adj m/w* – arm 5, Ev b; 11, Ev b
pobreza *w* – Armut 3, Ev b
poco a poco – nach und nach 7, Ev a
polarizar – polarisieren 8, 2c
* **policía** *m/w* – Polizist/in 9, 5
poliomielitis *w* – Kinderlähmung (Poliomyelitis) 11, 1
* **político/-a** *Adj* – politisch 11, 1
* **poner** – laufen, zeigen *(Film)* 2, 1a; verbinden *(Telefon)* R1, 1 b; schreiben 8, Ev a
¿Podría ponerme con…? – Könnten Sie mich mit … verbinden? R1, 1b
* **ponerse** – ans Telefon gehen 2, 5a; sich anziehen 8, 1a
Pongan una excusa. – Entschuldigen Sie sich (dafür). 2, 4c
Pónganse de espaldas. – Setzen Sie sich mit dem Rücken zueinander. 2, 5c
* **popular** *Adj m/w* – *hier:* verbreitet, populär, beliebt 7, 12a

* **por cierto** – übrigens 4, 1a
por completo – völlig 7, Ev a
por cortesía – aus Höflichkeit 6, 2a
por cuenta propia – auf eigene Faust 3, 8a
por dentro – innen 10, Ev a
por desgracia – leider 1, 10a
* **por ejemplo (por ej.; p.e.)** – zum Beispiel (z. B.) 1, 3b
por escrito – schriftlich 10, 1a
por estos motivos – aus diesen Gründen R3, 2a
por fin – endlich 9, 9a
* **por muchas razones** – aus vielen Gründen 9, 3c
por otro (lado) – andererseits, auf der anderen Seite 8, 2b
por parte de… – seitens, durch … 9, 6b
por primera vez – zum ersten Mal 7, Ev a
por razones desconocidas – aus unbekannten Gründen 3, Ev b
por su parte – *hier:* ihrerseits 7, 3c
* **por suerte** – glücklicherweise 4, 10a
* **por supuesto** – selbstverständlich 8, 11c
por teléfono – telefonisch R1, 2a
por todo el mundo – rund um die ganze Welt 9, Ev b
por último – zuletzt, schließlich 5, 12b
por un lado – einerseits, auf der einen Seite 8, 2b
* **porcentaje** *m* – Prozentsatz 7, 12a
portero automático *m* – Gegensprechanlage 7, 6b
portero físico *m* – Pförtner, Hausmeister 7, 4a
* **posibilidad** *w* – Möglichkeit, Chance 9, 6b; Mittel 10, 1a
practicar deporte – Sport treiben 2, Ev a
pragmático/-a *Adj* – pragmatisch 5, Ev a
* **precioso/-a** *Adj* – wunderschön 7, 3b
precisión *w* – Präzision 5, Ev a
predominar – überwiegen, höher sein 1, 3b
preferente *Adj m/w* – *hier:* 1. Klasse 3, 7
preferiblemente *Adv* – vorzugsweise 3, 9a
* **prejuicio** *m* – Vorurteil 12, 4c
* **premio** *m* – Preis, Auszeichnung 1, 10a
prenda de vestir *w* – Kleidungsstück 8, 1a
* **preocupar** – Sorgen machen 3, 9a
preparatorio/-a *Adj* – vorbereitend 11, 1
presentación *w* – Vortrag, Präsentation 4, Ev a
* **presentarse** – sich vorstellen 4, 4a
* **prestar** – (ver-)leihen 6, 8
prestigio *m* – Prestige 9, 2b
prever – vorhersehen 3, Ev b
primo/-a – Cousin/e 9, Ev a
principal *Adj m/w* – Haupt- R2, 4
príncipe *m* – Prinz 11, Ev b
principiante *m/w* – Anfänger/in 11, Ev b
a principios de / del *Adv* – Anfang + *Gen (Zeitangabe)* 1, Ev a
prioridad *w* – Priorität, Vorrang 5, 12b
* **privado/-a** *Adj* – privat 5, 12b
privilegio *m* – Privileg 1, 10a
* **probablemente** *Adv* – wahrscheinlich 5, 7a
probador *m* – Ankleidekabine 8, 11c
* **probar** – *hier:* kosten (Essen), probieren 10, 10c
* **probarse** – anprobieren (Kleidung) 8, 11c
procedencia *w* – Herkunft 6, Ev a
* **procedente (de)** *Adj m/w* – (her)stammend (aus) 10, 1a
* **producción** *w* – Herstellung, Produktion 5, 12b

producir – produzieren 7, Ev a
producirse – sich ergeben, entstehen 3, Ev b
producto lácteo *m* – Milchprodukt 9, 3c
productor/a – Hersteller 9, 9a
* **profesional** *Adj m/w* – *hier:* beruflich 9, 10a
progresivamente *Adv* – nach und nach 12, Ev b
promocionar – fördern, werben 12, 7a
* **pronto** *Adv* – *hier:* früh 2, 3a
propio/-a *Adj* – eigen 1, Ev a
protagonista *m/w* – Hauptfigur, Protagonist/in 1, 10a
proverbio *m* – Sprichwort 5, 4c
psicología *w* – Psychologie 5, Ev a
psicoterapeuta *m/w* – Psychotherapeut/in 5, Ev a
* **publicidad** *w* – Werbung 9, 3c
publicitario/-a *Adj* – Werbe- … 3, 11a
* **público/-a** *Adj* – öffentlich 5, 12b
en público – in der Öffentlichkeit 6, 1b
pueblecito de montaña *m* – kleines Bergdorf 6, Ev a
pueblo de montaña *m* – Bergdorf 11, 11a
pulóver *m LA* – Pullover *(Argentinien)* 8, 7b
punto medio *m* – Mittelpunkt 7, 12a
puntualmente *Adv* – pünktlich 1, 8a
puro *m* – Zigarre 2, 8a

Q

quechua *m LA* – Ketschua *(indian. Sprache, Andenraum)* 4, 7b
¿Qué tal si…? – *hier:* Wie wäre es, wenn …? 2, 3a
quedar – *hier:* stehen, passen (Kleidung) 8, 11c
¿Qué tal le queda? – *hier:* Wie passt / steht er Ihnen? 8, 11c
quedar(se) – bleiben 7, Ev a
quedarse en blanco – plötzlich leer sein 8, Ev a
* **quedarse en casa** – zu Hause bleiben 5, 9a
quinceañera *w LA* – Mädchen, das seinen 15. Geburtstag feiert 10, 1a
Quisiera (Quería) hablar con… – Ich hätte gern (gesprochen)… R1, 1b
quitar importancia (a algo) – *hier:* eine Sache herunterspielen 7, 3c
* **quitarse** – *hier:* (sich) etwas ausziehen 5, 7a

R

radiografía *w* – Röntgenaufnahme 5, Ev a
* **raro/-a** *Adj* – komisch, ungewöhnlich 5, 7 a; selten, rar 11, 5a
rasgo *m* – Merkmal, Zug 12, 1b
rasgo de carácter *m* – Charakterzug 12, 1b
* **rato** *m* – Weile 4, 10a
un buen rato – *hier:* eine ganze Weile 4, 10a
ratón *m* – Maus *(auch Computer)* R2, 1
raya *w* – Streifen, Strich 8, 1a
a rayas – gestreift 8, 1a
raza *w* – Rasse 12, 7a
* **razón** *w* – Recht 5, 7 a; Grund 9, 3c
* **reacción** *w* – Reaktion 10, 9a
real *Adj m/w* – wirklich 6, Ev a
* **realidad** *w* – Wirklichkeit 12, 7a
en realidad – eigentlich 8, Ev a
* **realizar** – *hier:* verwirklichen 9, 2b
realizar prácticas – ein Praktikum machen R3, 2a
realmente *Adv* – wirklich 5, 12b
rebelar – *hier:* rebellisch machen 8, 2c
rebelde *Adj m/w* – rebellisch 8, 2c

receta *w* – Rezept 5, 7a
recetar – verschreiben 5, Ev a
Recibido/-a por... *Adj Part* – Angenommen
   (von) ... R1, 1b
* **reciente** *Adj m/w* – hier: aktuell 9, 6b
reclamación *w* – Reklamation 4, Ev a
reclamo *m LA* – Reklamation 4, Ev b
* **recoger** – abholen 3, 10b
recolección *w* – Ernte 9, 9a
* **recomendación** *w* – Empfehlung 5, 10
* **recorrer** – durch ... laufen 5, 1b
recuperar – zurückerhalten 4, Ev a
recuperarse – sich erholen (von einer
   Krankheit) 5, Ev a
redactar – hier: abfassen, redigieren 1, Ev a
referirse a – sich beziehen auf 3, Ev b
* **reformado/-a** *Adj Part* – renoviert 7, 4b
refresco *m* – Erfrischungsgetränk 2, Ev a
refrigeradora *w LA* – Kühlschrank 7, 13
regar – gießen 6, 10
Regional (tren) *m* – hier: Regionalzug 3, 6b
regresar (de) – zurückkommen (von) 7, Ev a
* **regreso** *m* – Rückkehr 4, 1a
regularidad *w* – Regelmäßigkeit 5, 7a
regularmente *Adv* – regelmäßig 1, 8a
rehabilitación *w* – Rehabilitation 5, Ev a
* **reírse** – lachen 1, 4a
en relación a – in Bezug auf 5, 12b
relajado/-a *Adj Part* – entspannt 9, 13b
relajante *Adj m/w* – erholsam, entspannend
   5, 8
* **religión** *w* – Religion 5, 12b
religioso/-a *Adj* – religiös 5, Ev a
* **remedio** *m* – (Heil-)Mittel 5, 9a
remera *w LA* – Jacke (Argentinien) 4, Ev a
remitente *m/w* – Absender/in R3, 2a
renacer – wiedergeboren werden 11, Ev b
reserva natural *w* – Naturschutzgebiet
   3, 11a
* **resfriado/-a** *Adj Part* – erkältet 5, 6a
residencia *w* – Residenz, Wohnheim 3, 10b
residencia canina *w* – Hundepension 3, 10b
* **respeto** *m* – Respekt, Achtung 6, 2a
* **respirar** – atmen 5, 7a
* **responsabilidad** *w* – Verantwortung 9, 3c
* **responsable** *Adj m/w* – hier: verantwortungs-
   voll 12, 3a
* **responsable (de)** *Adj m/w* – verantwortlich
   (für) 9, 3c
restaurado/-a *Adj Part* – restauriert 7, 1a
restaurar – restaurieren 7, 1a
* **resulta que...** – also ..., demnach ...,
   folglich ... 4, 10a
retrato *m* – Bildnis 11, 1
reunido/-a *Adj Part* – hier: in einer
   Besprechung R1, 1b
revelar – zeigen 3, 9a
revivir – aufleben 6, Ev a
rey *m* – König 10, Ev c
Reyes (Los) *mPl* – die Heiligen Drei Könige
   12, 7a
rincón *m* – Ecke 11, Ev b
risas *wPl* – Gelächter 2, 8a
rito *m* – Ritus, Ritual 10, 1a
ritual *m* – Ritual 6, 2a
rollo *m* – Film(-rolle) (Fotoapparat) 6, 2a
romántico/-a *Adj* – romantisch 11, Ev b;
   12, 1a
romper – kaputtmachen 10, Ev a
ropa interior *w* – Unterwäsche 8, Ev a
* **rosado/-a** *Adj* – rosa 8, 8b
rótulo *m* – Etikett 8, Ev a

rubio/-a *Adj* – hier: hell 7, Ev a
* **ruido** *m* – Geräusche, Krach 2, 8a
rural *Adj m/w* – ländlich 5, Ev b
rústico/-a *Adj* – rustikal 7, 1a

S

saber de... – ...-Kenntnisse haben 9, 6a
sabor *m* – Geschmack 3, 10b
sabroso/-a *Adj* – lecker, schmackhaft 12, Ev a
sacar a pasear – ausführen (Hund) 6, 10
* **sacar dinero** – Geld abheben 3, 10b
* **sacar fotos** – fotografieren 3, 11a
sacarse – hier: herauskriegen, bekommen
   9, Ev a
saharaui *Adj; Nom m/w* – Sprache und Volk
   in der Westsahara 1, Ev a
sala de estar *w* – Wohnzimmer 7, 1a
salchicha *w* – (Brat-, Bock- etc.) Wurst 12, 4c
* **salir** – hier: wegfahren, abfahren 3, 6a
salir de vacaciones – in Urlaub fahren 3, 8a
salir del paro – die Arbeitslosigkeit
   überwinden 9, 2b
salón *m* – Salon, Wohnzimmer 7, Ev a
saltar a la fama – schlagartig berühmt
   werden 11, Ev b
* **salud** *w* – Gesundheit 5, 12b
saludar – begrüßen 11, Ev b
saludo *m* – Gruß R3, 2a
Saludos a... – Grüße an ... 4, 1a
les saludo (les saluda) atentamente – mit
   freundlichen Grüßen (Brief-Abschieds-
   formel) R3, 2a
salvaje *Adj m/w* – wild 6, Ev a
sanitario *m* – hier: Toilette 7, 6b
satisfecho/-a *Adj Part* – zufrieden 5, 12b
Se alquila. – Zu vermieten. 7, 6b
se ofrece – hier: wir bieten 9, 6b
Se requiere – hier: Anforderungsprofil 9, 6b
* **Se vende.** – Zu verkaufen. 7, 4a
* **o sea, que...** – also ... 7, 12a
sección *w* – hier: Abteilung 8, Ev a
seco/-a *Adj* – hier: kurz angebunden,
   einsilbig 6, 2a
secreto *m* – Geheimnis 11, Ev b
seda *w* – Seide 7, Ev a; 8, 5a
* **seguir** – hier: (darauf) folgen 5, 12b
en segundo lugar – an zweiter Stelle 5, 12b
Seguridad Social *w* – staatliche Krankenkasse
   (Spanien) 5, Ev a
seleccionar – auswählen 9, 6b
* **seminario** *m* – Seminar, Fortbildung 1, 10a
* **sencillo/-a** *Adj* – einfach 7, 1 a; bescheiden,
   einfach 11, Ev b
* **sentarse** – sich hinsetzen 2, 8a
* **sentido** *m* – hier: Sinn 1, 3b
en muchos sentidos – in vielerlei Hinsicht
   1, 3b
señal de identidad *w* – Identitäts-Merkmal
   8, 2c
señorial *Adj m/w* – herrschaftlich 7, 1a
separar – trennen 1, 10a
separarse – sich trennen 11, 1
sequía *w* – Dürre, Trockenperiode 3, Ev b
* **servicio** *m* – hier: Dienstleistung 7, 12a
* **servir (para)** – (dazu) dienen 4, 11a
si bien – während 9, 2b
Sí, cierto. – Ja, (das) stimmt. 2, Ev a
de siempre – ewig 12, 7a
* **siglo** *m* – Jahrhundert 1, Ev a; 7, 1a
* **silencioso/-a** *Adj* – leise, schweigsam, ruhig
   2, 8a
* **sillón** *m* – Sessel 7, 9a

similar *Adj m/w* – ähnlich 4, Ev b
simplemente *Adv* – einfach 7, 3c
sin embargo – trotzdem 5, Ev a
sin éxito – ohne Erfolg, vergeblich 4, Ev b
sin ganas de nada – vollkommen lustlos
   5, 7a
sin nada que hacer – ohne etwas zu tun
   2, Ev a
sin pelos en la lengua – ohne Umschweife
   (span. Redewendung) 6, Ev a
sincero/-a *Adj* – ehrlich 12, Ev a
singular *Adj m/w* – einzigartig 11, 1
* **sino** *Konj* – sondern 8, 2b
sino que – sondern 7, 3c
sistema *m (!)* – System 12, Ev b
sistema climático *m* – Klimasystem 3, Ev b
sistema de valores *m* – Wertesystem,
   Prinzipien 12, Ev b
sobrevivir – überleben 4, 7b
* **social** *Adj m/w* – sozial 5, 12b
* **sociedad** *w* – Gesellschaft 5, 12b
solamente (= sólo) *Adv* – nur 8, Ev a
soleado/-a *Adj* – sonnig 3, 4
soledad *w* – Einsamkeit 6, Ev a
* **soler + Inf** – etwas zu tun pflegen 3, 8a
solicitar – sich bewerben um 9, 6b;
   beantragen 12, 8
solidaridad *w* – Solidarität 1, 10a
* **solución** *w* – Lösung 5; Ev a; 7, 12a
son *m* – hier: kubanische Liedform 1, 9c
sonar – klingen 8, Ev a
soñador/a *Adj* – träumerisch, verträumt
   12, 1a
* **soñar (con)** – (von etwas) träumen 9, 2b
sonreír – lächeln 4, 4a
sonrisa *w* – Lächeln 5, 1b
soroche *m LA* – Höhenkrankheit 4, 1a
sorprenderse – überrascht sein 4, 10a
sorpresa *w* – Überraschung 10, Ev a
sostén *m* – hier: Büstenhalter 8, Ev a
Sr. / Sra. *Abk v.* «Señor», «Señora» –
   Herr ... / Frau ... 2; 5a
suavemente *Adv* – leise, weich 8, Ev a
submarinismo *m* – Unterwassersport 3, 11a
* **sucio/-a** *Adj* – schmutzig 8, 14a
sudamericano/-a *Adj; Nom* – südamerika-
   nisch, Südamerikaner/in 1, 6a
sueco/-a *Adj; Nom* – schwedisch, Schwede /
   Schwedin 2, 8a
Sueldo a negociar. – Gehalt verhandelbar.
   9, 6b
* **suelo** *m* – Boden 7, 6b
* **sueño** *m* – Traum 4, 7b
suéter *m LA* – Pullover (Argentinien) 8, 7b
* **sufrir** – leiden 5, 12 b; erleiden 11, 1
sufrir un accidente – einen Unfall erleiden
   11, 1
sugerencia *w* – Anregung, Vorschlag 1, 8a
sujetador *m* – Büstenhalter 8, 4a
suma *w* – Summe 11, 11a
suma total *w* – Gesamtsumme 2, 8a
superficie *w* – Oberfläche 3, Ev b
* **superior** *Adj m/w* – hier: Hochschul- 9, 6b
superluminoso/-a *Adj* – sehr hell 7, 6b
suspirar – seufzen 8, Ev a
sustituir – ersetzen 2, 8a

T

tacaño/-a *Adj* – geizig 12, 1a
tagalo *m* – Sprache der Malaien auf den
   Philippinen 1, Ev a
tal como – so wie 7, Ev a

TALGO *m* – spanischer Zugtyp 3, 7
talla *w* – Größe 8, 11a
* **tan** – so 2, 3a
tan + *adj* + que – so + *Adj* + dass 4, Ev b
* **tan... como...** *Komp* – so ... wie ... 1, 3b
* **tanto/-a** *Adj* – so viel 2, 8a
tanto tiempo – *hier:* so viel Zeit 2, 8a
tapado/-a *Adj Part* – *hier:* verbunden 10, Ev a
tapar – *hier:* verbinden (Augen) 10, Ev a
tapizado/-a *Adj Part* – tapeziert 7, Ev a
tapizar – tapezieren 7, Ev a
tarifa *w* – Tarif 5, Ev b
tarro *m* – Topf 7, Ev a
Te presento a... – Ich stellen dir ... vor. 10, 10c
teclado *m* – Tastatur *(Computer)* R2, 1
telefonear *LA* – anrufen, telefonieren R1, 1b
telefónico/-a *Adj* – telefonisch 9, 6b
teleoperador/a *Nom* – Angestellte/r in einem Call-Center 9, 6b
* **temperatura** *w* – Temperatur 3, 4
temporalmente *Adv* – vorübergehend 3, 12, Ev b
* **tener lugar** – stattfinden 10, 1b
tener medida – Maß halten 11, Ev b
tener razón – Recht haben 5, 7a
tensión *w* – Spannung 9, 9a
terminar – fertig werden, zu Ende bringen 8, Ev a
terrible *Adj m/w* – fürchterlich, schrecklich, schlimm 3, Ev b
* **terrorista** *Adj; Nom m/w* – terroristisch, Terrorist/in 4, 7b
ticket *m LA* – *hier:* Fahrschein 4, Ev b
* **tiempo** *m* – *hier:* Wetter 3, 1a
en tiempo de juventud – in der Jugendzeit 11, Ev b
* **tijeras** *wPl* – Schere 7, 10b
típico/-a *Adj* – typisch 6, Ev a
tirita *w* – Pflaster 3, 10b
* **tocar** – anfassen, berühren 6, 1 b; dran sein 6, 2 a; ein Instrument spielen 11, 11a
tocar el piano – Klavier spielen 11, 11a
* **en todas partes** – überall 6, 2a
* **todavía** *Adv* – noch 3, 8a
todo exterior – zur Straße hin 7, 4a
todo tipo de... – jede Art von ... 4, 7b
tolerancia *w* – Toleranz 6, Ev a
tomar – *hier:* übernehmen 1, Ev a
tomar algo – etwas trinken 10, 10c
tomar el sol – sich sonnen 9, Ev a
tomar nota – notieren 8, Ev a
* **tomar una copa** – etwas trinken gehen 2, 4a
tomarse vacaciones – sich Urlaub nehmen 3, 9a
tonto/-a *Adj* – blöd, dumm 8, Ev a
* **tormenta** *w* – Sturm 3, 4
tos *w* – Husten 5, 6c
* **total** *m* – Gesamtheit, Gesamtsumme 1, 3b
* **total, que...** – also ... 4, 10a
* **totalmente** *Adv* – *hier:* vollständig, völlig 7, 6b
* **trabajador/a** *Adj* – fleißig 12, 1a

* **tradición** *w* – Tradition 8, 2a
traducir – übersetzen 8, Ev a
* **tráfico** *m* – Verkehr 11, 1
trago *m* – Schluck 11, Ev b
* **traje de chaqueta** *m* – Anzug, Kostüm 8, 4a
traje largo *m* – Abendkleid 10, 1b
transcurrir – *hier:* vergehen (Zeit) 2, 8a
transformarse (en) – sich verwandeln (in) 7, Ev a
transmitir – vermitteln 11, Ev b
* **transporte público** *m* – öffentliches Verkehrsmittel 7, 6a
trastero *m* – Abstellkammer 7, 4a
tratamiento *m* – Behandlung 5, Ev b
* **tratar (de)** + *Inf* – versuchen (etwas zu tun) 7, 3c
a través de – durch 1, 9c
* **trayecto** *m* – Weg 7, 3a
trenza *w* – Zopf 11, 5a
* **tristeza** *w* – Traurigkeit 1, 9c
trova *w* – Trova *(kubanische Liedform)* 11, Ev b
trovador/a – Troubadour, Bänkelsänger/in 11, Ev b
tumbarse – sich hinlegen 5, 7a
turbina *w* – Turbine R1, 2a
tuteo *m* – Du-Form, Duzen 6, 2a

U

últimamente *Adv* – in letzter Zeit 5, 7a
* **último/-a** *Adj* – letzte/r 1, 10a; top, super 8, 2c
un día – einmal, irgendwann 2, 3a; eines Tages 6, 2a
una vez – einmal 3, 8a
unido/-a *Adj Part* – verbunden 7, 12a
* **uniforme** *m* – *hier:* Schuluniform 8, 1a
de uniforme – in Uniform 8, 1a
universalmente *Adv* – im Allgemeinen 1, 3b
universidad *w* – Universität R3, 1a
urbanización *w* – Wohnsiedlung 7, 6b
urgencias *wPl* – Notaufnahme 9, Ev a
urgente *Adv m/w* – eilig R1, 1b
urgentemente *Adv* – dringend 9, 6b
usar – benutzen 3, Ev b
* **usarse** – gebräuchlich sein 1, 4a
* **uso** *m* – Gebrauch 1, 3b
usuario/-a – Benutzer/in 9, 6b
uva *w* – Weintraube 9, 9a

V

vaciar – entleeren 6, 10
vacío/-a *Adj* – leer 7, Ev a
* **vago/-a** *Adj* – faul 12, 1a
valenciano/-a *Adj; Nom* – *hier:* aus Valencia *(Spanien)* 7, 1a
valija *w LA* – Koffer *(Argentinien)* 4, Ev b
valioso/-a *Adj* – wertvoll 5, 12b
* **valle** *m* – Tal 9, 9a
* **valor** *m* – Wert 5, 12 b; Wert, *hier:* moralisches Prinzip 12, Ev b
valoración *w* – Bewertung 6, Ev a
valorar – wertschätzen 4, 7b

Vamos a ver. – Mal sehen. 5, 7a
vaquero/-a *Adj; Nom* – Jeans-, Jeans 8, 1a
vara *w* – Stab, Stange, *hier:* Elle 8, 14a
* **variable** *Adj m/w* – wechselhaft, unbeständig 3, 4
varias veces – mehrere Male 1, 5b
* **varios/-as** *AdjPl* – mehrere 1, 5b
* **vaso** *m* – Glas 2, 8a
* **¡Vaya...!** – Na so etwas! 8, Ev a; Was für ein/e ...! 9, 3c
* **ve (tú)** *(v. «ir»)* *unregl Imp* – geh! 5, 10
vegetariano/-a *Adj; Nom* – vegetarisch, Vegetarier/in 12, 4c
velero *m* – Segelschiff 7, Ev a
ven (tú) *(v. «venir»)* *unregl Imp* – Komm! 6, 5
vendedor/a – Verkäufer/in 9, 5
* **venta** *w* – Verkauf R1, 2 a; 9, 9a
veraneo *m* – Sommerurlaub 3, 9a
* **¿De veras?** – Wirklich? 4, 10a
* **verdadero/-a** *Adj* – wahr, wirklich 4, 7b
* **verse** – *hier:* sich sehen, sich treffen 2, 3a
vertical *Adj m/w* – senkrecht 7, 12a
vertiente *w* – *hier:* „Ableger" einer anderen Sprache 1, Ev a
* **vestido** *m* – Kleid 8, 4a
vestir – *hier:* tragen 8, 2c
* **vez** *w* – Mal 3, 8a
* **vía** *w* – *hier:* Weg 8, 2c
viaje de negocios *m* – Geschäftsreise R2, 4
* **viaje de regreso** *m* – Rückreise 4, 1a
viaje itinerante *m* – Rundreise 3, 8a
viento *m* – Wind 3, 1a
viña *w* – Weinberg 9, 9a
vinatero/-a *Adj* – Wein- 9, 9a
* **violencia** *w* – Gewalt 4, 7b
viscosa *w* – Viskose 8, 5a
visible *Adj m/w* – sichtbar 3, Ev b
* **visita** *w* – Besuch 7, 3a
vitalista *Adj m/w* – vital 5, Ev a
vitamina *w* – Vitamin 5, 7a
* **vivienda** *w* – Wohnung 7, 3c
viviente *Adj m/w* – lebendig 11, Ev b
* **vocabulario** *m* – Wortschatz 1, 3b
volumen *m* – *hier:* Lautstärke 6, 5
* **volver a** + *Inf* – etwas wieder tun 7, Ev a; 11, 1
voz *w* – Stimme 8, Ev a
* **vuelta** *w* – *hier:* Runde 2, 4a
* **vuelta (a)** *w* – *hier:* Rückkehr (nach) 8, 2c
* **vulgar** *Adj m/w* – vulgär 6, 2a

Y

y bien... – nun gut 8, Ev a
Ya... – *hier:* Verstehe ... 5, 7a

Z

zapatilla de deporte *w* – Turnschuh 8, 1a
zapato alto *m* – Schuh mit hohem Absatz 10, 1a
* **zona** *w* – Lage, Viertel 7, 4a
zona ajardinada *w* – Gartenanlage 7, 6b
zona céntrica – zentrale Lage 7, 4a

QUELLENVERZEICHNIS

Im Folgenden finden Sie eine Gesamtübersicht zur Audio-CD zum Übungsteil.

CD zum Übungsteil, Lección 1 – Lección 12

Index	Lección	Laufzeit	Index	Lección	Laufzeit	Index	Lección	Laufzeit
1	Ansage	0'20"	10	4 Ej. 2 b)	1'12"	19	8 Ej. 11	3'09"
2	1 Ej. 1	0'47"	11	4 Ej. 6 b)	1'40"	20	9 Ej. 7	2'14"
3	1 Ej. 3*	1'45"	12	4 Ej. 8	1'20"	21	9 Ej. R1*	3'00"
4	2 Ej. 3	1'24"	13	5 Ej. 7	1'37"	22	10 Ej. 5 b)	1'42"
5	2 Ej. 8 b)*	1'07"	14	5 Ej. 9 b)	0'38"	23	10 Ej. 9 b)	0'47"
6	2 Ej. 11	0'45"	15	6 Ej. 6	1'31"	24	11 Ej. 7	1'38"
7	3 Ej. 3	0'55"	16	7 Ej. 3 b)	0'34"	25	12 Ej. 7 b)	0'55"
8	3 Ej. 7*	1'57"	17	7 Ej. 6	1'27"			
9	3 Ej. 9 c)	0'49"	18	7 Ej. 9	1'40"			

* In diesen Aufnahmen haben Sie die Gelegenheit, Sprecher aus verschiedenen spanischsprachigen Ländern zu hören.

Ton, Studio, Schnitt und Mischung: Beryl Productions, Paris, David Hassici
Koordination und Regie: Elisa Chappey
Musik: Koka Media
Gesamtlaufzeit: 34'53"